BIBLIOTHÈQUE DES CAMPAGNES

HISTOIRE
DE LA
LITTÉRATURE FRANÇAISE
PAR LES MONUMENTS
DEPUIS SES ORIGINES JUSQU'A NOS JOURS
PUBLIÉE
Par CHARLES LOUANDRE

II.

POËTES

SAINT-AVIT. — CHARLES D'ORLÉANS. — VILLON. — CL. MAROT. — J. DU BELLAY. — RONSARD. — CHARLES IX. — RÉGNIER. — MALHERBE. — SCARRON. — RACAN. — MOLIÈRE. — CORNEILLE. — LA FONTAINE. — RACINE. — REGNARD. — BOILEAU. — CHAULIEU. — J.-B. ROUSSEAU. — MALFILATRE. — GRESSET. — VOLTAIRE. — GILBERT. — FLORIAN. — ANDRÉ CHÉNIER. — SEDAINE. — SAINT-LAMBERT. — LEBRUN. — DELILLE. — DUCIS. — MILLEVOYE. — ANDRIEUX. — HÉGÉSIPPE MOREAU. — CASIMIR DELAVIGNE. — BÉRANGER. — ALFRED DE MUSSET. — BRIZEUX. — ALFRED DE VIGNY, ETC., ETC.

PARIS,
LIBRAIRIE CLASSIQUE DE PAUL DUPONT
Rue de Grenelle-Saint-Honoré, 45

1864

HISTOIRE

DE LA

LITTÉRATURE FRANÇAISE

PAR LES MONUMENTS.

BIBLIOTHÈQUE DES CAMPAGNES

HISTOIRE

DE LA

LITTÉRATURE FRANÇAISE

PAR LES MONUMENTS

DEPUIS SES ORIGINES JUSQU'A NOS JOURS

PUBLIÉE

Par CHARLES LOUANDRE

II

POËTES

SAINT-AVIT. — CHARLES D'ORLÉANS. — VILLON. — CL. MAROT. — J. DU BELLAY. —
RONSARD. — CHARLES IX. — RÉGNIER. — MALHERBE. — SCARRON. — RACAN. — MOLIÈRE. —
CORNEILLE. — LA FONTAINE. — RACINE. — REGNARD. — BOILEAU. — CHAULIEU. — J.-B. ROUSSEAU.
MALFILATRE. — GRESSET. — VOLTAIRE. — GILBERT. — FLORIAN. — ANDRÉ CHÉNIER. —
SEDAINE. — SAINT-LAMBERT. — LEBRUN. — DELILLE. — DUCIS. — MILLEVOYE. —
ANDRIEUX. — HÉGÉSIPPE MOREAU. — CASIMIR DELAVIGNE. — BÉRANGER. —
ALFRED DE MUSSET. — BRIZEUX. — ALFRED DE VIGNY, ETC., ETC.

PARIS,

LIBRAIRIE CLASSIQUE DE PAUL DUPONT

Rue de Grenelle-Saint-Honoré, 45

1864

LA LITTÉRATURE FRANÇAISE

DEPUIS

SES ORIGINES JUSQU'A NOS JOURS.

LES POËTES.

SAINT AVIT.

Né d'une grande famille de la Gaule romaine, ce saint est l'un des plus remarquables poëtes chrétiens des premiers âges de notre littérature. Élevé, en 490, sur le siége épiscopal de Vienne, en Dauphiné, il eut des rapports bienveillants et suivis avec Clovis, même avant l'époque de sa conversion, et avec Gondebaud, roi des Bourguignons; il fit même rentrer dans le sein de l'Église le fils de ce dernier roi, qui s'était rallié à l'hérésie de l'arianisme (1). Saint Avit a laissé des lettres qui contiennent les plus précieux détails sur la situation de la Gaule au moment des invasions. Il a, de plus, ainsi que nous l'avons déjà dit, composé des poëmes latins qui ont pour titres : *la Création*, *le Péché originel*, *le Passage de la mer Rouge*, etc.

Il mourut en 525, laissant dans l'Église de France une grande réputation de science et de vertu.

LE PARADIS TERRESTRE (2).

Par delà l'Inde, là où commence le monde, où se joignent,

---

(1) Nous avons dit dans notre introduction ce que c'est que cette hérésie.
(2) Traduction de M. Guizot.

dit-on, les confins de la terre et du ciel, est un asile élevé inaccessible aux mortels, et fermé par des barrières éternelles depuis que l'auteur du premier crime en fut chassé après sa chute et que les coupables se virent justement expulsés de leur heureux séjour... Nulle alternative des saisons ne ramène là les frimas ; le soleil de l'été n'y succède point aux glaces de l'hiver ; tandis qu'ailleurs le cercle de l'année nous rend d'étouffantes chaleurs, ou que les champs blanchissent sous les gelées, la faveur du ciel maintient là un printemps éternel ; le tumultueux Auster n'y pénètre point ; les nuages s'enfuient d'un air toujours pur et d'un ciel toujours serein. Le sol n'a pas besoin que les pluies viennent le rafraîchir, et les plantes prospèrent par la vertu de leur propre rosée. La terre est toujours verdoyante, et sa surface, qu'anime une douce tiédeur, resplendit de beauté. L'herbe n'abandonne jamais les collines, les arbres ne perdent jamais leurs feuilles, et quoiqu'ils se couvrent continuellement de fleurs, ils réparent promptement leurs forces au moyen de leurs propres sucs. Les fruits, que nous n'avons qu'une fois par an, mûrissent là tous les mois ; le soleil n'y fane point l'éclat des lis ; aucun attouchement ne souille les violettes ; la rose conserve toujours sa couleur et sa gracieuse forme... Le baume odoriférant y coule sans interruption de branches fécondes. Si, par hasard, un léger vent s'élève, la belle forêt, effleurée par son souffle, agite avec un doux murmure ses fleurs et ses feuilles qui laissent échapper et envoient au loin les parfums les plus suaves. Une claire fontaine y sort d'une source dont l'œil atteint sans peine le fond ; l'argent le mieux poli n'a point un tel éclat ; le cristal de l'eau glacée n'attire pas tant de lumière. Les émeraudes brillent sur ses rives ; toutes les pierres précieuses que vante la vanité mondaine sont là éparses comme des cailloux, émaillent les champs des couleurs les plus variées, et les parent comme d'un diadème naturel.

ABBON LE COURBE.

Moine de Saint-Germain-des-Prés, de Paris, Abbon habitait ce monastère lorsque les pirates scandinaves connus sous le nom de Normands, qui déjà avaient ravagé cette ville et ses environs en 841, 845, 856 et 861, se présentèrent pour la cinquième fois sous ses murs, dans le cours de l'année 885. Les Parisiens, que ces invasions réduisaient à la plus cruelle misère, avaient fortifié par des tours en bois l'Île de la Cité, qui formait encore à cette date la partie la plus importante de la capitale du royaume. L'abbé de Saint-Germain, qui était le proche parent de l'empereur Charles le Chauve, et qui monta sur le siége épiscopal de Paris en 883, le vaillant évêque Gozlin, se mit à la tête des assiégés avec le comte Eudes; il les repoussa sans jamais se laisser entamer, et tua de sa main Sigefroid, chef des Normands. Ceux-ci, après un siége de treize mois, furent obligés de battre en retraite; cette retraite fut l'un des plus grands événements du IXe siècle, car en sauvant Paris de la domination étrangère, elle conserva à la nationalité française la ville à laquelle devaient successivement se réunir tous les fiefs du duché de France, et par suite tous les fiefs du royaume. Abbon, qui était né vers 850, mourut en 923. Il avait été le témoin du siége, et c'est là ce qui donne un intérêt tout particulier au poëme latin qu'il a composé pour conserver le souvenir de l'attaque et de la défaite des Normands.

LE SIÉGE DE PARIS PAR LES NORMANDS (1).

Tandis que le soleil répand ses rayons sous un ciel rougeâtre, les Normands parcourent les rives de la Seine que protége le bienheureux Denys, et travaillent à se construire autour de Saint-Germain-le-Rond un camp fermé de palissades et d'un rempart de pierres et de terre confondues pêle-mêle ; ensuite, à pied, à cheval, ces hommes sanguinaires parcourent les monts et les champs, les bois et les plaines découvertes ; envahissent les villages et tuent les enfants, même au berceau, les jeunes gens, la vieillesse blanchie, les pères, les fils, et même les mères. Ils massacrent le mari sous les yeux de l'épouse ; la mort saisit la femme sous les yeux du mari, les enfants sous les yeux de leurs pères et de leurs mères.

L'esclave est rendu libre, l'homme libre esclave ; le valet devient le maître, le maître le valet ; le vigneron, le laboureur, avec les vignes et la terre, subissent le joug cruel de la mort.

Privée des maîtres et des serviteurs, la France s'afflige, elle est dans les larmes ; car elle a perdu ses seigneurs, qui faisaient sa joie ; aucune maison n'a plus de maître vivant pour la régir. Hélas ! cette terre si riche est dépouillée de ses trésors : blessures sanglantes, pillages destructeurs, meurtres affreux, flammes dévorantes, tout est mis en usage avec une égale fureur ; tout est abattu, pillé, tué, brûlé, ravagé par ce peuple cruel, cette phalange de mort, cette multitude impitoyable ; et ils pouvaient tout

---

(1) Traduction de M. Tarane.

ce qu'ils voulaient, car ils portaient devant eux l'effroi, rien que par leur aspect. Ces Alpes, si orgueilleuses naguère, s'abaissent en humbles vallées ; les armées ne cherchent plus que les bois pour fuir plus sûrement ; personne ne se présente ; personne, hélas ! ne résiste ; tous ont pris la fuite. Ainsi, autant qu'ils l'ont pu, les barbares ont enlevé l'ornement de ce beau royaume, et ils transportent sur leurs bateaux la parure d'une illustre région. Cependant, malgré ces terribles armées, Paris se tint debout, tranquille, inébranlable, au milieu des traits qu'on lui lançait de toutes parts.....

Alors ils construisent des machines monstrueuses, sans mesure, portées par seize roues, vraie merveille de l'art : elles étaient trois, réunies en une masse compacte, et formées de grandes pièces de chêne. Sur chacune était un bélier couvert par un toit qui dominait tout l'édifice, et les cavités profondes de leurs flancs ténébreux contenaient, à ce qu'on dit, soixante hommes armés. La première fut construite dans une assez vaste dimension ; déjà deux étaient complètes, et l'on achevait la troisième, lorsque de la tour est lancée avec autant d'adresse que de vigueur une basiliste, qui, d'un même choc, frappe les deux artistes inventeurs de la machine. Ainsi, les premiers de tous, ils reçurent la mort qu'ils nous avaient préparée, et un seul coup abattit ce couple si terrible.

Ils dressent aussi sur de longues perches mille tentes couvertes de peaux enlevées au col et aux flancs des taureaux, et capables de protéger trois ou quatre guerriers. La nuit n'admet ni repos, ni sommeil ; ils aiguisent, repassent, forgent des flèches rapides, préparent les boucliers et rajeunissent les armes vieillies par l'usage.

Et lorsque le vieux Phœbus remonte tout brillant sur ses agiles coursiers, chasse les ténèbres de la nuit, et envoie, en se levant, ses regards sur la ville, les fils de Satan s'élancent tout à coup hors de leur camp, chargés de traits qu'ils agitent avec fureur ; ils marchent vers la tour ; et, de même que l'abeille légère regagne son royaume les ailes chargées de thym, de romarin et de fleurs, soit d'un bois, soit d'une belle campagne, de même ce peuple malheureux marche à grands pas contre le fort, le dos pressé par des arcs courbés en voûte et par des flèches qui tremblent sur leurs épaules ; ils couvrent la plaine de leurs épées, la Seine de leurs boucliers ; des balles de plomb volent par milliers dans la ville, et les décharges des catapultes criblent de traits et les ponts et les tours. De part et d'autre, Mars s'agite furieux et règne en vainqueur superbe. De chaque église, l'airain concave mugit et remplit les airs de sons lugubres. La citadelle tremble, les citoyens s'agitent, les trompettes font entendre leur voix terrible, et l'effroi pénètre tous les habitants et les défenseurs des tours. Là brillaient plusieurs grands et généreux guerriers; mais le pontife Gozlin s'élevait par-dessus tout. Près de lui était son neveu Ebles, abbé favori de Mars; là étaient aussi Robert, Eudes, Ragenaire, Ullon, Erilang; tous étaient des comtes; mais le plus noble était Eudes, qui abat autant de Danois qu'il lance de javelots.

Le peuple réprouvé lutte avec efforts; le peuple chéri de Dieu se défend avec vigueur. Le barbare avait trois corps d'armée, dont il oppose le plus nombreux à la citadelle, et les deux autres, dans leurs bateaux ornés de peinture, devaient attaquer le pont, croyant, s'ils pouvaient le renverser, qu'ils seraient facilement les maîtres de la tour. Elle soutient de rudes combats; mais le pont souffre plus encore : l'une gémit, rougie du sang qui s'échappe de plus d'une blessure; l'autre pleure une foule de guerriers qui perdent et leurs forces et la vie. Point de voie pour pénétrer dans la ville qui ne soit souillée de sang. La tour ne voit à ses pieds, loin devant elle, que des boucliers peints, sous lesquels disparaissait la terre, et au-dessus, que des pierres cruelles et des dards formidables traverser l'air aussi serrés qu'un essaim d'abeilles. Il n'était rien autre chose à recueillir entre le ciel et la tour. Les cris, les alarmes, le bruit redoublent; des deux côtés la guerre et le fracas des armes; car les Normands, ingénieux dans leur fureur, livrent des combats terribles. Aucun des fils de la terre qui doivent vivre encore ne saurait voir tant de fantassins armés, de glaives réunis en un seul corps, ni admirer une aussi vaste tortue de boucliers : ils s'en sont fait un ciel pour protéger leur vie, et personne n'oserait élever la tête au-dessus, mais au-dessous ils agitent les armes qui doivent donner la mort. Ainsi mille guerriers combattaient en troupe serrée; mille autres, car tous ne pouvaient frapper la tour à la fois, commencent à voltiger autour d'elle en escadrons légers. Les écus gémissent sous les pierres qui les frappent; des casques qui s'agitent dans l'air s'échappent des cris de sang; la cuirasse est percée par la pointe d'un fer acéré. Le Tout-Puissant, voyant son peuple et les hommes qu'il s'est plu à façonner lui-même presque vaincus par les Danois, ranime le courage et les forces de nos guerriers, et

(1) Il fut élu roi de France en 888.

envoie aux autres un sentiment d'effroi; alors les Normands tombent en foule, et, tournant leurs armes vers leurs vaisseaux, y portent leurs compagnons expirants.

ERMOLD LE NOIR.

Les détails que l'on possède sur la vie de cet écrivain sont peu explicites, et tout ce que l'on sait, c'est qu'il était moine de l'abbaye de Saint-Benoît-d'Aniane, aujourd'hui chef-lieu de canton du département de l'Hérault, à 30 kilomètres de Montpellier. L'empereur Louis le Débonnaire l'exila à Strasbourg; les motifs de cette disgrâce ne sont point connus; mais au milieu des discordes qui agitaient l'époque carlovingienne, les membres du clergé eux-mêmes se trouvaient poussés sans cesse sur le terrain de la politique et de la lutte, et c'est ce qui explique, d'une part, les mesures violentes dont ils furent souvent victimes, et, de l'autre, le soin qu'ils ont pris de nous transmettre les événements des temps au milieu desquels ils ont figuré comme acteurs. C'est dans le lieu même de son exil, à Strasbourg, qu'Ermold le Noir composa le poëme dont on va lire un fragment. Ce poëme, divisé en quatre chants, contient le récit des principaux faits du règne de Louis le Débonnaire. Nous en extrayons deux passages importants sous le rapport de l'histoire plutôt que sous le rapport de la poésie, car ce n'est pas la poésie qu'il faut chercher dans cette époque barbare. Le premier de ces passages met sous nos yeux le tableau animé de la fondation d'un monastère célèbre. Le second nous fait connaître dans un récit pittoresque la coutume barbare qui décidait par les armes des querelles et des procès. Le poëme d'Ermold Le Noir fut terminé en 826.

FONDATION DU MONASTÈRE DE CONQUES (1).

Il est un lieu célèbre par le culte de la religion que le premier roi de la race de Charles a lui-même nommé Conques. Autrefois l'asile des bêtes fauves et des oiseaux mélodieux, il était resté inconnu à l'homme que rebutait son aspect sauvage. Aujourd'hui on y voit briller une troupe de pieux frères adorateurs du Christ, dont la célébrité s'étendit bientôt au loin jusqu'aux cieux. Le monastère qui les renferme, le religieux monarque l'a construit de ses dons, en a posé les fondements, l'a comblé de biens et s'est fait un devoir de l'honorer spécialement. Il est situé dans une grande vallée que baigne un fleuve bienfaisant et que couvrent des vignes, des pommiers et tout ce

(1) Traduction de M. Guizot.

qui sert à la nourriture de l'homme. C'est Louis qui a fait tailler le roc à force de travail et de bras, et ouvrir le chemin qui a rendu ce lieu accessible. Un certain religieux, nommé Date, est, dit-on, le premier qui vint l'habiter. Pendant qu'il conservait encore sa mère et vivait avec elle sous le toit de ses pères jusqu'alors échappé à la rage des ennemis, voilà que tout à coup les Maures répandent un effroyable désordre et ravagent de fond en comble la contrée du Rouergue. La mère de Date, les débris de sa maison et tous ses meubles firent, dit-on, partie du riche butin de ces cruels ennemis. Dès que ceux-ci se sont retirés, chacun des fugitifs court à l'envi revoir sa maison et visiter les penates qui lui sont connus. Date, dès qu'il a la triste certitude que sa mère et sa maison ont été la proie des Maures, sent peser sur son cœur mille pensers divers. Il équipe son coursier, se couvre de ses armes, réunit les compagnons de son malheur, et se prépare à poursuivre les ravisseurs. Le hasard veut que le camp où les Maures se sont retirés avec leur butin soit fortifié par un rempart et des murailles de marbre. Le rapide Date, ses compagnons et tout le petit peuple y volent à l'envi et se préparent à en rompre les portes. Ainsi, quand un épervier étendant ses ailes fond à travers les nues, enlève un oiseau dans ses serres et s'enfuit vers l'aire dont la route lui est bien connue, c'est en vain que les compagnons de la victime poussent des cris, font retentir les airs de leurs voix lugubres et poursuivent le ravisseur; celui-ci, retiré dans son nid, à l'abri de tout danger, étouffe sa proie dans ses serres, la tue et la retourne sur le côté qui lui plaît pour la dévorer : de même les Maures, défendus par un rempart et maîtres de leur butin, ne craignent pas davantage l'attaque de Date, sa lance et ses menaces. Un d'eux l'interpelle du haut des murs et lui adresse d'une voix moqueuse ces cruelles paroles :

« Sage Date, dis-nous donc, je t'en conjure, quelle cause
« amène toi et tes compagnons vers notre camp. Si tu veux
« nous donner sur-le-champ, en échange du présent que nous te
« ferons, le coursier sur lequel tu viens couvert de ton armure,
« ta mère ira te rejoindre saine et sauve, et nous te rendrons
« le reste des dépouilles qu'on a enlevées; si tu refuses, tes yeux
« seront témoins de la mort de ta mère. »

Date profère cette réponse affreuse à redire : « Fais donc
« périr ma mère, peu m'importe, car ce coursier que tu deman-
« des, jamais je ne consentirai à te le donner ; il n'est pas fait,
« vil misérable, pour recevoir un frein de ta main. » Sans plus

différer, le Maure cruel fait monter la mère de Date sur le rempart et la déchire, sous les yeux mêmes de son fils, par d'horribles supplices.

L'infortuné, furieux du meurtre de celle qui lui donna le jour, grince des dents, gémit et flotte incertain entre mille projets divers ; mais, pour venger son trépas, aucune voie ne lui est ouverte, et la force lui manque : triste et l'esprit égaré, il fuit loin de ces funestes lieux. Abandonnant tout, et revêtu d'armes plus sûres pour son salut, il devient bientôt un pieux habitant du désert. D'autant plus dur pour lui-même qu'il s'était montré cruellement insensible autrefois à la mort de sa mère, ô Christ ! il revient d'un pas plus ferme sous ton joug. Longtemps plein de mépris pour la vie criminelle du monde, il pratiqua sur lui-même et dans la solitude de rudes mortifications. La renommée en arriva aux oreilles du pieux roi qui, sur-le-champ, appelle dans son palais le serviteur de Dieu ; et le prince et l'homme du Seigneur, tous deux égaux en piété, passent alors toutes leurs journées dans des entretiens où tous deux s'entendent également bien ; alors aussi le monarque et Date jettent les fondements de Conques, et préparent des retraites futures pour de saints moines. C'est ainsi que dans le lieu où naguère des troupes redoutables d'animaux sauvages trouvaient un abri s'élèvent maintenant des moissons agréables à Dieu.

UN DUEL JUDICIAIRE (1).

Les Francs ont une coutume qui remonte à la plus haute antiquité, dure encore, et sera, tant qu'elle subsistera, l'honneur et la gloire de la nation. Si quelqu'un, cédant à la force, aux présents ou à l'artifice, refuse de garder envers le roi une éternelle fidélité, ou tente, par un art criminel, contre le prince, sa famille ou sa couronne, quelque entreprise qui décèle la trahison, et si l'un de ses égaux se présente et se porte son accusateur, tous deux doivent à l'honneur de se combattre le fer à la main en présence des rois, des Francs et de tout ce qui compose le conseil de la nation, tant est forte l'horreur qu'a la France pour un tel forfait. Un grand, nommé Béro, célèbre par d'immenses richesses et une excessive puissance, tenait de la munificence de l'empereur Charles le comté de Barcelone, et y exerçait

---

(1) Traduction de M. Guizot.

depuis longtemps les droits attachés à son titre. Un autre grand, auquel son propre pays donnait le nom de Sanilon, exerça des ravages sur ses terres ; tous deux étaient Goths de naissance. Ce dernier se rend auprès de son roi et porte, en présence du peuple et des grands assemblés, une horrible accusation contre son rival. Béro nie tout. Alors tous deux s'élancent à l'envi, se prosternent aux pieds illustres du monarque, et demandent qu'on leur mette dans les mains les armes du combat. Béro s'écrie le premier : «César, je t'en supplie, au nom même de ta piété,
« qu'il me soit permis de repousser cette accusation ; mais qu'il
« me soit permis aussi, conformément aux usages de notre na-
« tion, de combattre à cheval, et de me servir de mes propres
« armes. » Cette prière, Béro la répète avec insistance. « C'est
« aux Francs, répond César, qu'il appartient de prononcer ;
« c'est leur droit ; il convient qu'il en soit ainsi, et nous l'ordon-
« nons. » Les Francs rendent leur sentence dans les formes consacrées par leurs antiques usages. Alors les deux champions préparent leurs armes, et brûlent de s'élancer dans l'arène du combat. César, poussé par son amour pour Dieu, leur adresse cependant ce peu de paroles, expression vraie de sa bonté : « Quel
« que soit celui de vous qui se reconnaîtra volontairement de-
« vant moi coupable du crime qu'on lui impute, plein d'indul-
« gence et enchaîné par mon dévouement au Seigneur, je lui
« pardonnerai sa faute, et lui remettrai toutes les peines dues à
« son délit. Croyez-le, il vous est plus avantageux de céder à mes
« conseils que de recourir aux cruelles extrémités d'un horrible
« combat. » Mais ces deux ennemis renouvellent leur demande avec instance et crient : « C'est le combat qu'il nous faut ; que
« tout soit disposé pour le combat. » Le sage empereur, cédant à leurs désirs, leur permet de combattre selon la coutume des Goths, et les deux rivaux ne tardent pas un instant à lui obéir.

Tout près du château impérial, nommé le palais d'Aix, est un lieu remarquable, dont la renommée s'étend au loin. Entouré de murailles toutes de marbre, défendu par des terrasses de gazon et planté d'arbres, il est couvert d'une herbe épaisse et toujours verte. Le fleuve, coulant doucement dans un lit profond, en arrose le milieu, et il est peuplé d'une foule d'oiseaux et de bêtes fauves de toute espèce. C'est là que le monarque va souvent, et quand il lui plaît, chasser avec une suite peu nombreuse ; là, ou bien il perce de ses traits des cerfs d'une immense stature et dont la tête est armée de bois élevés, ou bien il abat des daims et d'autres animaux sauvages. Là encore, lorsque, dans la saison de l'hiver, la glace a durci la terre, il lance contre les oiseaux ses faucons aux fortes serres. Là se rendent Béro et Sanilon tremblants de colère. Ces guerriers, d'une haute taille, sont montés sur de superbes coursiers ; ils ont leurs boucliers rejetés sur leurs épaules, et des traits arment leurs mains. Tous deux attendent le signal que le roi doit donner du haut de son palais ; tous deux aussi sont suivis d'une troupe de soldats de la garde du monarque, armés de boucliers, conformément aux ordres du prince, et qui, si l'un des champions a frappé du glaive son adversaire, doivent, suivant une coutume dictée par l'humanité, arracher celui-ci des mains de son vainqueur et le soustraire à la mort. Dans l'arène est encore Gundold qui, comme il en a l'habitude dans ces occasions, se fait suivre d'un cercueil. Le signal est enfin donné du haut du trône. Un combat d'un genre nouveau pour les Francs, et qui leur était inconnu jusqu'alors, s'engage entre les deux rivaux ; ils lancent d'abord leurs javelots, se servent ensuite de leurs épées, et en viennent à une lutte furieuse, ordinaire chez leur nation. Déjà Béro a percé le coursier de son ennemi ; aussitôt l'animal furieux se cabre sur lui-même, et fuit à toute course à travers la vaste prairie. Sanilon feint de se laisser emporter, lâche enfin les rênes, et de son épée frappe son adversaire qui alors s'avoue coupable. Aussitôt la vaillante jeunesse accourt, et, fidèle aux ordres de César, arrache à la mort le malheureux Béro épuisé de fatigue. Gundold s'étonne et renvoie son cercueil sous le hangar dont il l'avait tiré ; mais il le renvoie vide du fardeau qu'il devait porter. César cependant accorde la vie au vaincu, lui permet de se retirer sain et sauf, et pousse même la clémence jusqu'à consentir qu'il jouisse des produits de ses terres.

LA CHANSON DE ROLAND.

En 778, Charlemagne franchit les Pyrénées pour aller combattre les Sarrasins d'Espagne. Au moment où il rentrait en France, son arrière-garde fut assaillie par les Gascons, dans la vallée de Roncevaux, et subit un sanglant échec. Un paladin du nom de Roland fut tué dans le combat ; le souvenir de sa mort et la défaite de Roncevaux inspirèrent l'un des premiers essais de notre poésie héroïque, et nous donnèrent dans la chanson de geste dite *Chanson de Roland* un chef-d'œuvre de grandeur et de patriotisme. Ce poëme, divisé en cinq chants, est écrit en vers français de dix syllabes, et il a pour auteur le trouvère Théroulde. D'après l'histoire positive, Roland était préfet des marches de la Bretagne, c'est-à-dire commandant militaire des frontières de cette province. D'après la légende, c'était un géant d'une force et d'un courage extraordinaires. Outre ses armes, il portait toujours à la guerre une espèce de cor nommé olifant, dont il se servait pour rallier ses compagnons d'armes, et le son de cet olifant était si terrible qu'il ébranlait les montagnes et qu'on l'entendait de plusieurs lieues. La Chanson de Roland nous donne, dans leur expression la plus élevée et la plus idéale, le résumé des légendes merveilleuses où figurent Charlemagne, ses douze pairs et ses invincibles guerriers. Jusqu'à la fin du xive siècle elle fut le chant de guerre des Français, et dans la journée d'Hastings, dans cette journée triomphante qui donna l'Angleterre à Guillaume le Bâtard, le jongleur *Taillefer* animait au combat les aventuriers normands en la chantant en tête de leurs bataillons.

Nous empruntons les trois fragments suivants à ce poëme héroïque.

LE DÉBAT DE GANELON ET DU DUC NAISME.

Roland, accablé par le nombre, a dédaigné longtemps d'appeler du secours, mais il va périr; seul contre une armée, il se décide enfin à faire connaître à ses compagnons d'armes la position désespérée dans laquelle il se trouve, il sonne son olifant. Charlemagne, qui s'avançait à longue distance du champ de bataille, entend cet appel. Mais Ganelon, l'ennemi de Roland, Ganelon qui restera dans tous les romans chevaleresques comme le type de la perfidie et de la trahison, veut détourner Charlemagne d'aller secourir son neveu; le duc Naisme, au contraire, l'engage à marcher au plus vite.

Rollans ad mis l'olifan a sa buche,
Empeint le ben, par grant vertut le sunet,
Halt sunt li pui, e la voiz est mult lunge!
Granz liwes l'oïrent il respundre!
Karles l'oït e ses cumpaignes tutes :
Ço dit li reis : « Bataille funt nostre hume! »
E Guenelon li respundit encuntre :
« S'altre l' desist, ja semblast grant mensunge! »
Li quens Rollans par peine et par ahans,
Par grant dulor, sunet sun olifan ;
Parmi la buche en salt li cler sancs,
De sun cervel le temple en est rumpant;
Del corn qu'il tient l'oïe en est mult grant!
Karles l'entent, kiest a porz passant ;
Naismes l'oïd, si l'escultent li Franc.
Ço dist li reis : « Jo oi le corn Rollant!

Une ne l' sunast se ne fust en cumbatant. »
Guenes respunt : « De bataille est nient ;
Ja estes [vus] vellz e fluriz e blancs ;
Par tels paroles vos resemblez enfant !
Asez savez le grant orgoill Rollant :
Ço est [grant] merveille que Deus le soefret tant !

Ja prist il Naples sanz le vostre comant ;
Fors s'en eissirent li Sarrazins de deuz ;
Sis cuens i vinrent al bon vassal Rollant.

. . . .
Pur un seul levre vat tute jur cornant ;
Devant ses pers vait il ore gabant.
Suz cel n'ad gent ki [l'] osast querre en champ.
Car chevalcez : pur qu'alez arestant ?
Tere Major mult est loinz ça devant ! »

Li quens Rollant à la buche sanglente,
De sun cervel rumput en est li temples ;
L'olifan sunet a dulor e a peine ;
Karles l'oït, e ses Franceis l'entendent,
Ço dist li reis : « Cel corn ad lunge aleine ! »
Respont dux Naismes : « Baron i fait la peine !
Bataille i ad ! Par le men escientre,
Cil l'a traï ki vos en voevet feindre ;
Adubez vos, si criez vostre enseigne,
Si sucurez vostre maisnee gente :
Asez oez que Rollant se demente! »

TRADUCTION (1).

Roland approche l'olifant de ses lèvres, l'embouche bien et sonne d'un puissant effort. A travers les hautes montagnes, l'écho prolonge la voix du cor, si bien qu'on l'entend répondre à plus de trente lieues ! Charles l'entendit avec toute sa compagnie ; et dit le roi : « Nos gens livrent bataille ! » Mais Ganelon lui répondit : « Tel propos dans une autre bouche on l'appellerait fausseté ! »

Le preux Roland continue à sonner avec tel effort, aban et douleur immense, que le sang vermeil jaillit de sa bouche, et que la tempe de son front en éclata. La voix du cor aussi porta bien loin ! Charlemagne l'entend du bout des défilés ; le vieux duc Naisme et les Français l'écoutent, et dit le roi : « C'est le cor de Roland !

(1) Nous reproduisons la traduction de M. Génin, auquel on doit un très-bon travail sur le poème héroïque qui nous occupe.

jamais il ne le sonna qu'au cœur d'une bataille! » — « De bataille il ne s'agit point, répliqua Ganelon; vous êtes vieux, déjà tout blanc fleuri; avec de pareils discours vous ressemblez à un enfant! Vous savez du reste l'orgueil de votre neveu; c'est grande merveille comment Dieu le souffre si longtemps! Sans vos ordres déjà il a pris Naples; les Sarrazins qui l'habitaient en sortirent; six de leurs chefs vinrent trouver le preux Roland..... Pour un seul lièvre, il va cornant toute une journée! A cette heure, il est à rire et gaber devant ses pairs, car il n'est homme au monde qui l'osât appeler. Chevauchez donc; pourquoi vous arrêter? Le grand pays est bien loin devant nous! »

Le preux Roland a la bouche sanglante; la tempe de son front est rompue, et toujours sonne l'olifant à grand' douleur et grand' peine! L'empereur et ses Français l'entendent, et dit le roi : « Ce cor a longue haleine! » Naisme répond : « C'est un brave qui sonne! on se bat autour de Roland! sur ma conscience, celui-là l'a trahi qui voulait vous donner le change. Doncques adoubez-vous, criez votre devise, et secourez votre noble compagnon. Vous entendez assez si Roland désespère! »

LES ADIEUX DE ROLAND A SON ÉPÉE.

Charlemagne s'est enfin décidé à marcher, mais avant qu'il arrive, Roland, entouré d'ennemis dont le flot grossit toujours, tombe blessé sur le champ de bataille. Le sang coule de ses blessures, il ne veut pas dans ce péril suprême que sa vaillante épée, sa *durandale*, tombe aux mains de l'ennemi; il lui fait ses adieux et essaye de la briser.

   Ço sent Rollans la veue ad perdue;
   Met sei sur piez, quanqu'il poet s'esvertuet;
   En sun visage sa culur ad perdue.
   De devant lui ot une perre brune :
   X. colps i fiert par doel et par rancune;
   Cruist li acers, [mais] ne freint ne n'esgruignet;
   E dist li quens : « Sancte Marie, aiue!
   E, Durendal bone, si mare fustes!
   Quant jo n'ai prod de vos n'en ai mescure!
   Tantes batailles en camp en ai vencues,
   E tantes teres larges escumbatues
   Que Carles tient, ki la barbe ad canue!
   Ne vos ait hume ki pur altre [se] fuiet!
   Mult bon vassal vos ad lung tens tenue
   Jamais n'ert tel en France la solue! »

Rollant ferit el perrun de Sardoine;
Cruist li acer, ne briset ne n'esgruine.
Quant il ço vit que n'en pout mie freindre,
A sei meisme la cumencet a pleindre :
« E, Durendal, cum es e clere e blanche !
Cuntre soleill si luises e reflambes !
Carles esteit es vals de Moriane
Quant Deùs del cel li mandat par sun angle
Qu'il te dunast a un cunte cataigne;
Dunc la me ceinst li gentilz reis, li magnes;
Jo l'en cunquis Normandie e Bretaigne,
Si l'en cunquis e Peitou e le Maine,
Jo l'en cunquis Burguigne e Loheraigne,
Si l'en cunquis Provence e Equitaigne
E Lumbardie e trestute Romaine ;
Jo l'en cunquis Baivere e tute Flandres,
E Alemaigne e trestute Puillaine,
Costentinoble, dunt il ont la fiance,
E en Saisoine fait il ço qu'il demandet;
Jo l'en cunquis Escoce, Guale, Islande,
E Engleterre que il teneit sa cambre;
Cunquis l'en ai païs e teres tantes
Que Carles tient, ki ad la barbe blanche.
Pur ceste espee ai dulor e pesance!
Mielz voeill murir qu'entre paiens remaigne!
[Damnes] Deus pere n'en laiseit hunir France!

Rollant ferit en une perre bise,
Plus en abat que jo ne vos sai dire.
L'espee cruist, ne fruisset ne ne brise,
Cuntre le ciel amunt est resortie,
Quant veit li quens que ne la freindrat mie,
Mult dulcement la pleinst a sei meisme :
« E, Durendal, cum es bele e seintisme!
En l'oriet punt asez i ad reliques :
La dent seint Pere e del sanc seint Basilie,
E des chevels mun seignor seint Denise ;
Del vestement i ad seinte Marie;
Il nen est dreit que payens te baillisent :
De Chrestiens devez estre servie ;
Ne vos ait hume ki facet acurdie!

Mult barges teres de vus auerai cunquises
Que Carles tient, ki la barbe ad fluric;
E li empereres en est [e] ber e riches ! »

TRADUCTION.

Roland s'aperçoit qu'il n'y voit plus, se lève sur ses pieds tant qu'il peut, s'évertue, mais son visage est blême et sans couleur. Devant lui se dressait une roche brune; de grand depit et facherie, il y détache dix coups; l'acier grince mais sans rompre ni s'ébrécher. « Ah! dit le preux, sainte Vierge, aidez-moi ! Ah! ma Durandal, vôtre heur est inégal à vôtre bonté ! Vous m'êtes inutile à cette heure, indifférente, jamais ! J'ai par vous gagné tant de batailles, tant de pays, tant de terres conquises, qu'aujourd'hui possède Charles à la barbe chenue ! Jamais homme ne soit vôtre maitre à qui un autre homme fera peur ! Longtemps vous fûtes aux mains d'un vaillant capitaine, dont jamais le pareil ne sera vu en France, la terre de la liberté ! »

Après Roland férit au perron de Sardoine; l'acier grince mais sans la moindre brèche. Voyant alors impossible d'en rompre miette, il commence à la plaindre ainsi : « Hélas! ma Durandal, que tu es claire et blanche! Comme au soleil tu luis et reflamboies ! Charles était aux vallons de Maurienne, quand, du haut du ciel, Dieu, par son ange, lui commanda de te donner à un franc capitaine : doncques me la ceignit le noble Charlemagne. Je lui conquis avec Normandie et Bretagne, je lui conquis le Poitou et le Maine, je lui conquis la Bourgogne et la Lorraine, je lui conquis Provence, et Aquitaine, et Lombardie, et toute la Romagne; je lui conquis la Bavière, et toute la Flandre, et l'Allemagne, et la Pologne entière; Constantinople, dont il reçut la foi; le pays des Saxons, soumis à son plaisir; je lui conquis avec Ecosse, Galles, Islande et Angleterre, qu'il estimait sa chambre. En ai-je assez conquis des pays et des terres où règne Charlemagne à la barbe fleurie ! Aussi pour cette épée ai-je deuil et grevance; plûtot mourir qu'aux payens la laisser ! Dieu veuille épargner cette honte à la France ! »

Roland férit en une pierre bise; plus en abat que je ne vous sais dire. Grince l'acier, ne se tord ni ne se brise; contre le ciel l'épée est ressortie. Quand voit le preux qu'il n'en peut rompre miette, moult doucement la plaignit en soi-même : « Hé, Durandal, si belle et sanctissime ! Dans ta garde dorée assez y a reliques : une dent de saint Pierre; du sang de saint Basile; des cheveux de monseigneur saint Denis; des habits de la Vierge.

« Ce n'est le droit que payens te possèdent : des seuls chrétiens devez être servie. Ne vous ait hommé à faire couardises ! Combien de terres j'aurai par vous conquises, que Charles tient à la barbe fleurie, et dont l'empereur est brave et riche ! »

MORT DE ROLAND.

Ço sent Rollans de sun tens n'i ad plus !
Devers Espeigne est en un pui agut,
A l'une main si ad sun piz batud :
« Deus ! meie culpe vers les tues vertuz,
De mes pecchez, des granz e des menuz,
Que jo ai fait des l'ure que nez fui
Tresqu'a cest jur que ci sui consou ! »
Sun destre guant en ad vers Deu tendut ;
Angles del ciel i descendent a lui.

Li quens Rollans se jut desuz un pin,
Envers Espeigne en ad turnet sun vis ;
De plusurs choses a remembrer li prist :
De tantes teres cume li bers cunquist,
De dulce France, des humes de sun lign,
De Carlemagne sun seignor ki l'nurrit ;
Ne poet muer n'en plurt e ne suspirt !
Mais lui meisme ne volt mettre en ubli,
Cleimet sa culpe, si priet Deu mercit :
« Veire paterne, ki unkes ne mentis,
Seint Lazaron de mort resurrexis,
E Daniel des lions guaresis,
Guaris de mei l'anme de tuz perilz
Pur les pecchez que en ma vie fis ! »
Sun destre guant a Deu en puroffrit,
Seint Gabriel de sa main [il] l'ad pris.
Desur sun braz teneit le chef enclin,
Juntes ses mains est alet a sa fin.
Deus i tramist sun angle cherubin,
E seint Michel qu'on cleimet del peril,
Ensemble ad els seint Gabriel i vint,
L'anme du cunte i portent en pareis.

TRADUCTION.

Roland sent bien que son temps est fini ! Etendu sur un pic qui regarde l'Espagne, de la main droite il frappe sa poitrine : « *Mea culpa !* Seigneur, à tes vertus, pour mes péchés, les gros et les menus, que j'ai commis dès l'heure de ma naissance jusqu'à ce jour où je suis parvenu ! » Son dextre gant en a vers Dieu tendu ; anges du ciel descendent près de lui.

Le preux Roland gisait sous un grand pin, le visage tourné vers l'Espagne. Alors de mainte chose à remembrer lui prit ; de tant de terres conquises par sa valeur, de douce France, des gens de son lignage, de Charlemagne, son seigneur, qui le nourrit. Il ne se peut tenir d'en pleurer et soupirer ! mais ne se veut pas mettre en oubli soi-même : clame sa coulpe et prie à Dieu merci : « Nôtre vrai père, qui ne mentis oncques, qui retiras d'entre les morts Lazare, et Daniel des lions défendis, sauve mon âme et l'arrache au péril de ces péchés que j'ai faits en ma vie ! » Son dextre gant au bon Dieu en offrit, saint Gabriel de sa propre main le prit. Roland, le chef incliné sur son bras, s'en est allé mains jointes à sa fin. Dieu envoya vers lui un ange, et saint Michel que l'on invoque dans les dangers ; saint Gabriel vint aussi vers lui, et tous ensemble ils emportèrent son âme en paradis.

LE ROMAN DE RAOUL DE CAMBRAI.

L'auteur primitif de ce poëme est un jongleur du nom de Bertholais, de Laon. Mais le texte a subi de nombreuses modifications avant de parvenir jusqu'à nous, et le trouvère qui a donné à cette œuvre son caractère littéraire ne nous est pas connu. Le sujet est historique, c'est un épisode de la féodalité, le récit de la guerre du comte Raoul II contre les fils d'Herbert de Vermandois. Cette composition présente, sous une forme intéressante et dramatique, des tableaux pleins de force et de vérité ; et l'incendie de l'abbaye d'Origny, que nous avons choisi entre beaucoup d'autres, nous fait connaître, avec une grande vivacité de couleurs, un épisode de ces guerres féodales qui pendant tant de siècles ont couvert le royaume de sang et de ruines.

INCENDIE DE L'ABBAYE D'ORIGNY.

En Origni le bor grant et plaingnier,
Li fil Herbert orent le liu molt chier :
Clos à palis qu'entor fisent fichier ;
Mais por desfendre valoit I denier ;
I pré avoit mervillous et plagnier
Soz Origni, là ou sieut tournoier.
Ligues estoit as nonnains d'el mostier.
Lor buef i paissent dont doivent gaaingnier.
Sous ciel n'a home qui l'osast empirier,
Li quens Raoul i fait son tré drécier.
Tuit li paisson sont d'argent et d'or mier ;

Quatre C homes si purent herbergier,
De l'ost se partent III glouton pautonnier,
De ci al bors ne finent de broichier.
L'avoir i prisent, ne li volent laissier,
Sous en pesa qu'il devoit aïdier.
X en i querent, chascun porte I levier :
Les II ont mors por leur grant encombrier ;
Li tiers s'en vait fuiant sor son destrier ;
De ci as trez ne se vost atargier,
A pié descent de sor le sablonier,
Son droit signor va le souler baisier.
Tout en plorant merci prist à crier,
A haute voiz commença à huchier :
« La donnerdieu ne puist ton cors aidier,
« Se ne te vas ces borgois vengier,
« Qui tant sont riche et orguillos et fier.
« Toi ne autrui ne prisent I denier :
« Ainz te manascent la teste à rooignier
« Ce il te puent ne tenir ne baillier ;
« Ne te garroit tot l'or de Monpeslier.
« Mon frère vi ocire et détranchier,
« Et mon neveu morir et trébuchier,
« Mort m'i éusent, par le cors saint Richier,
« Quant je m'en ving fuiant sor cest destrier. »
Raoul l'oï, le sens quida changier ;
A vois c'escrie : « Férez, franc chevalier !
« Je vuel aller Origni pesoier,
« Puisqu'il me faut la gure commencier,
« Se Diex m'aït, il le comperront chier. »
Quant cil l'entendent si se vont haubergier
Isnèlement, qu'il ne l'osent laissier,
Bien sont X mile, tant les oï prisier.
Vers Origni commencent à broichier :
Es focez entrent par le miex esploitier ;
Le paliz tranchent à coigniés d'acier,
De sous lor piés le font jus trébuchier.
Le fosé passent par delez le vivier,
De ci as murs ne vollent atargier.
Li borgois n'ont à cel jor qu'a crier,
Quant d'el palis ne se porent aïdier.

Le borgois voient li paliz ont perdu :

Li plus hardi en furent esperdu.
As forteresce des murs sont revenu ;
Si gétent pières et maint grant pex agu.
Des gens Raoul i ont molt confondu.
Dedens la vile n'a home remasu,
As murs ne soient por desfendre venu,
Et jurent Dieu et la soie vertu,
Se Raoul truevent, mal li est avenu.
Bien se desfendent le jouene et li chenu.
Raoul le voit, le quer et irasqu,
Il jure Dieu et la soie vertu,
Se tuit ne sont afolé et pendu,
Il ne se prise valisant I festu.
A vois s'escrie : « Baron, touchiès le fu ! »
Et il si fisent quant il l'ont entendu,
Car au gaaing sont volentiers venu.
Malement a Raoul convent tenu
Qui entre lui et l'abeese fu.
Le jor lor a rendu malvais salu.
Le borc ont ars, n'i a rien remasu.
L'enfes Bernier en a grant duel éu,
Quant il voit ci Origni confundu.

Li quens Raoul ot molt le quer irié
Por les borgois qui l'ont contratoié.
Dieu en jura et la soie pitié
Qu'il ne laroit por Rains l'arseveschié,
Que toz n'es arde ainz qu'il soit annité.
Le fu cria, esquier l'ont touchié ;
Ardent ces sales et fondent cil planchier.
Tonnel esprenent, li sercle sont tranchié.
Li effant ardent à duel et à péchié.
Li quens Raoul en a mal esploitié,
Le sor devant ot Marcent fiancé,
Que n'i perdroient n'es I paile ploié.
Le sor les art, tant par fu erragiés.
El mostier fuient, ne lor a preu aidié,
Cel deffiassent n'i éussent lor pié.

En Origni le borc gant et plaignier,
Li fil Herbert orent le liu molt chier.
Marsent i misent qui fu mère Bernier,

Et C nonains por Damerdieu proier,
Li quens Raoul qui le coraige ot fier,
A fait le feu par les rues fichier.
Ardent ces loges, ci fondent li planchier ;
Li vin espandent et fondent li celié,
Li baron ardent, si chieent li lardié ;
Et li sains fai le grant feu esforcier.
Fiert soi ès tors, et el maistre cloichier :
Les covretures covint jus trébuchier.
Entre II murs et si grant charbonier,
Les nonains ardent trop i ot grant brasier.
Totes ci ardent par molt grant encombrier ;
Art Marsens qui fut mère Bernier,
Et Clamados la fille au duc Renier.
Parmi l'arcins les covint aflairier.
De pitié pleurent li hardi chevalier.
Quant Bernier voit si la cose empirier,
Tel duel en a, le sens quida changier.
Qui li véist son escu embracier,
Espée traite est venue au mostier,
Parmi les huis vit la flamme raier.
De tant c'on puet I home d'un dart lancier,
Ne puet nus home ver le feu aproichier,
Bernier esgarde dalez I marbre chier ;
La vit sa mère estendue couchier,
Sa tenre face estendue couchier.
Sor sa poitrine vit ardoir son sautier.
Lor dist li enfes : « Molt grant folie quier ;
« Jamais secors ne li ara mestier.
« Ha ! douce mère, vos me baïstes ier ;
« En moi avez mout malvais iretier,
« Je ne vos puis secore ne aidier.
« Dex ait vostre ame qui le mont doit jugier.
« El Raoul fel Dex te d'ouest encombrier ;
« Le tien homaje avant porter ne quiert
« Se ore ne me puis ceste honte vengier
« Je ne me pris le montant d'un denier. »

TRADUCTION (1).

Les fils d'Herbert aimaient beaucoup le beau et grand bourg d'Origni. Ils l'ont fait entourer de pieux fichés en terre; mais c'était là une bien faible défense. Près des palissades se trouvait une prairie fertile appartenant aux nonnes, et où les bœufs de l'abbaye paissaient pour s'engraisser. Il n'y avait personne sous le ciel qui l'eût osé endommager. Le comte Raoul y fait transporter sa tente; les draperies en étaient d'or et d'argent, et quatre cents hommes pouvaient s'y héberger à l'aise.

Cependant, trois soudarts mauvais ont quitté l'armée, et, chevauchant à franc étrier aux alentours d'Origni, ils prennent et ravagent tout sur leur passage.

Dix paysans armés de leviers sortent du bourg et leur courent sus. Ils en ont fait mourir deux à grands coups; le troisième s'enfuit sur son destrier, et regagne le camp au plus vite.

Il met pied à terre, va baiser le soulier de son droit seigneur, et se lamente en lui demandant sa merci.

« Sire, dit-il à haute voix, tu es perdu, et le Seigneur Dieu ne te sera jamais en aide si tu ne te venges pas de ces bourgeois qui sont si riches, si orgueilleux et si fiers. — Ils ne t'estiment ni toi ni les autres la valeur d'un denier. Ils font menace de te couper la tête s'ils peuvent te tenir un jour; et sois sûr que tout l'or que renferme Montpellier ne te garantirait pas de leur fureur. Je les ai vus occire et massacrer mon frère et mon neveu; et, par saint Riquier, ils m'eussent aussi mis à mort si je n'avais fui sur ce destrier. »

Raoul l'entend, et il pense perdre la raison de colère : « Frans chevaliers, s'écrie-t-il, or sus, je veux aller saccager Origni. Ah! les bourgeois commencent la guerre; si Dieu m'aide, je leur ferai payer cher leur audace! »

Les chevaliers courent aussitôt à leurs armes, car ils n'osent abandonner leur seigneur. Ils sont au nombre de dix mille, comme je l'ai ouï raconter, et commencent à éperonner vers Origni.

Bientôt ils tranchent les palissades de leurs cognées d'acier, et les font tomber à leurs pieds.

Ils traversent le fossé et le vivier, et s'avancent près de la muraille pour mieux l'attaquer.

Les bourgeois ont vu leurs palissades franchies. Les plus hardis en sont atterrés. Cependant ils se sont précipités aux tourelles des murailles, et de là ils lancent des pierres et une multitude de pieux aigus. Il n'y a pas homme ayant maison dans la ville qui ne soit à son poste. Déjà plusieurs des soldats de Raoul sont morts, et les

(1) Nous donnons ici la traduction de M. le Glay dans ses *Fragments d'épopées romanes*.

bourgeois jurent que, s'ils trouvent le comte, ils le mettront en pièces.

Raoul voit l'acharnement avec lequel ils se défendent, et il en est furieux. Il jure par Dieu et par son épée que, s'il ne les fait pas tous brûler avant la nuit, il ne se prise pas la valeur d'un fétu de paille.

« Barons, » s'écrie-t-il d'une voix terrible, « le feu ! le feu ! »

Les écuyers l'ont saisi aussitôt, car ils pilleraient volontiers. Ils escaladent les murs, et se répandent dans les rues. Bientôt le feu prend aux maisons. Alors ils enfoncent les celliers, brisent les cercles des tonneaux, et font couler le vin à grands flots. Les saloirs au lard s'embrasent ; la flamme gagne les planchers, qui s'écroulent, et les enfants sont brûlés vifs au berceau.

Les nonnes de l'abbaye se sont réfugiées à l'église ; mais cela leur a peu servi, car la flamme roule déjà dans le maître-clocher. Les cloches fondent : les charpentes et les brandons tombent avec fracas dans la nef. Le brasier alors devient si ardent et si chaud que les cent nonnes se consument en poussant des cris de désespoir ; avec elles expirent la mère de Bernier, Marcent et Clamados, la fille au duc Regnier.

A la vue de l'incendie, les hardis chevaliers pleurent de pitié.

Bernier surtout, Bernier en devient presque fou ; il prend son écu, et, l'épée nue, il court droit à l'église.

Mais la flamme coule encore parmi les portes, et la chaleur est telle qu'on ne peut s'en approcher qu'à une portée de flèche lancée de toutes forces.

Alors Bernier s'arrête derrière un tombeau de marbre, et, regardant, il voit sa mère étendue au milieu de l'église, sa belle face tournée contre terre ; il voit son psautier qui brûloit encore sur sa poitrine.

« Hélas ! s'écrie-t-il, tout est fini, et c'est folie d'essayer de la sauver ! Ah ! douce mère, vous m'embrassiez hier si tendrement ! et moi, aujourd'hui, je ne puis plus rien faire pour vous !.... Que Dieu qui doit juger le monde, prenne votre âme.... Et toi, félon Raoul, qu'il te confonde à jamais.... Je ne puis plus désormais t'accorder mon hommage.... Et je serois bien méprisable si je ne tirois vengeance de ce crime. »

BERTRAND DE BORN.

Ce poëte naquit d'une famille illustre du Périgord ; on ignore la date précise de sa naissance et de sa mort ; mais on voit figurer son nom, vers les dernières années du XII⁰ siècle, dans les démêlés qui eurent lieu entre un des fils de Henri, roi d'Angleterre, et son frère Richard Cœur de Lion pour la possession du duché d'Aquitaine. D'un esprit courageux et inquiet, Bertrand se mêla à un grand nombre d'intrigues et de guerres, apportant toujours une ardeur pleine de témérité dans toutes ses entreprises. Poëte et guerrier, il excella dans le *Sirvente*, sorte de chanson satirique, que les troubadours employèrent quelquefois comme une arme politique pour exciter les partis et faire triompher la cause à laquelle ils s'étaient dévoués. Le caractère de Bertrand se peint avec toute sa violence dans ses compositions ; elles sont empreintes de la vigueur qu'il déploya dans toutes ses actions et qui lui a valu dans les armes et dans la poésie un rang distingué parmi ses contemporains.

Les fragments d'épopées chevaleresques que nous avons donnés plus haut sont écrits dans la langue d'oil, c'est-à-dire dans la langue des pays situés au nord de la Loire; le *Sirvente* qui suit est écrit dans la langue d'oc, c'est-à-dire dans l'idiome en usage dans le midi de la France. La langue d'oc est la langue des Troubadours, comme la langue d'oil est celle des Trouvères.

SIRVENTE.

Be m play lo douz temps de pascor
Que fai fuelhas e flor venir ;
E play mi quant aug la baudor
Dels auzels que fan retenir
   Lor chan per lo boscatge ;
E play me quan vey sus els pratz
Tendas e pavallos fermatz ;
   E plai m'en mon coratge,
Quan vey per campanhas rengatz
Cavalliers ab cavals armatz.

E play mi quan li corredor
Fan las gens e'ls avers fugir ;
E plai me quan vey aprop lor
Gran ren d'armatz ensems brugir ;
   Et ai gran alegratge,
Quan vey fortz castelhs asseljatz,
E murs fondre e derocatz,
   E vey l'ost pel ribatge
Qu'es tot entorn claus de fossatz
Ab lissas de fortz pals serratz.

Atressi m play de bon senhor;
Quant es primiers a l'envazir,
Ab caval armat, ses temor ;
C'aissi fai los sieus enardir
   Ab valen vassallatge ;

E quant el es el camp intratz,
Quascus deu esser assermatz,
　　E segr'el d'agradatge,
Quar nulhs hom non es ren prezatz
Tro qu'a manhs colps pres e donatz.

Lansas e brans, elms de color,
Escutz traucar e desguarnir
Veyrem a l'intran de l'estor,
E manhs vassalhs ensems ferir,
　　Dou anaran a ratge
Cavalhs dels mortz e dels nafratz ;
E ja pus l'estorn er mesclatz,
　　Negus hom d'aut paratge
Nou peus mas d'asclar caps e bratz,
Que mais val mortz que vius sobratz.

Je us dic que tan no m'a sabor
Manjars, ni beure, ni dormir,
Cum a quant aug cridar : A lor!
D'ambas las partz ; et aug agnir
　　Cavals voitz per l'ombratge,
Et aug cridar : Aidatz ! Aidatz !
E vei cazer per los fossatz
　　Fanes e grans per l'erbatge,
Et vei los mortz que pels costatz
An los tronsons outre passatz.

Baros, metelz en gatge
Castels et vilas e ciutatz,
Enaus q'usquees no us guerriciatz
　　Papiol, d'agradatge
Ad Oc e No t'en vai viatz,
Dic li que trop estau en patz.

TRADUCTION.

Bien me plaît le doux temps de Pâques, qui fait feuilles et fleurs venir ; il me plaît quand j'entends la joie des oiseaux qui font retentir leur chant par le bocage ; il me plaît quand je vois sur le pré tentes et pavillons plantés ; et il plaît à mon courage quand je vois, par la campagne rangés cavaliers et chevaux armés. — Et il me plaît quand le destrier fait fuir hommes et troupeaux ; il me plaît quand je vois après eux grands rangs d'hommes d'armes gronder ensemble. Et j'ai grande allégresse quand je vois fort château assiégé, et murs brisés et *derochés*, et quand je vois l'armée sur le rivage, qui est tout autour clos de fossés, fermé par des palissades et des pieux forts. — Aussi me plaît d'un bon seigneur quand il est le premier à l'attaque, à cheval, armé, sans crainte; et ainsi fait enhardir les siens à de vaillants faits d'armes ; et, quand il est entré dans le camp, chacun doit être empressé, et le suivre de plein gré, car nul homme n'est estimé que pour maints coups reçus et donnés. Nous verrons lances, épées, heaumes colorés, écus percés et dégarnis à l'entrée de la lice, et maints preux frapper ensemble, d'où vagueront au hasard chevaux des morts et des blessés; et, lorsque la mêlée est engagée, nul homme de haut parage ne songe à autre chose qu'à couper têtes et bras, car mieux vaut mourir que vivre vaincu. — Je vous dis que tant ne m'a saveur manger, ni boire, ni dormir, que quand j'entends crier : A eux! des deux côtés, et j'entends hennir voix de chevaux sous l'ombrage; et j'entends crier : Aidez! aidez! et je vois tomber par les fossés petits et grands sur l'herbe, et je vois les morts qui par les côtés sont transpercés de tronçons d'épée. — Barons, mettez en gage châteaux et villages et cités au moment de vous faire la guerre. — Papiol, je te prie, vers Oui-et-Non va promptement; dis-lui qu'il reste trop en paix.

GUILLAUME DE LORRIS.

Dans l'un des passages de ce poëme immortel qu'on appelle la *Divine Comédie*, Dante s'écrie avec tristesse : « O hommes! vous êtes si faibles, que vous ne vivez pas assez de temps pour voir des glands aux chênes que vous avez plantés. » Ce mot douloureux et profond s'applique dans toute sa rigueur aux grandes compositions littéraires du moyen âge. Le souffle héroïque qui animait les chansons de gestes et les premiers poëmes chevaleresques fit place à la poésie allégorique ou railleuse, et ce changement est marqué par un ouvrage qui a joui dans le moyen âge d'une grande popularité, par le *Roman de la rose*, qu'on peut appeler un code de galanterie, dont les principales scènes se passent dans le *Verger d'amour*, et dont les principaux personnages sont : *Convoitise*, *Tristesse*, *Vieillesse*, *Largesse*, *Franchise*, etc. Quant à la rose, qui a donné son nom au roman, elle y symbolise la beauté.

Ce roman célèbre a pour auteur Guillaume de Lorris, qui mourut vers 1260. Ce poëte laissa son œuvre inachevée, et elle fut terminée quarante ans plus tard, par Jean de Meung. — Pour donner à nos lecteurs un exemple du genre allégorique dans le moyen âge, nous reproduisons ici le portrait de l'Oisiveté, en faisant remarquer que ce genre de composition a été adopté par nos plus grands écrivains, qui nous ont donné, comme Boileau et bien d'autres encore, le portrait de la Mollesse, le *Palais des songes*, etc.

Nous donnons ce morceau et les suivants sans traduction, car les progrès de la langue les rendent très-compréhensibles.

L'OISIVETÉ.

Je vis adonc une pucelle,
Qui estoit assez gente et belle :
Doulce haleine eut et savourée,
La face blanche et coulourée,
La bouche petite et grossette,
Et au menton une fossette.
La gorge aussi avoit très-blanche,
Comme est la nois dessus la branche,
Quand il a fraischement neigé ;
Si eut le corps bel et rangé,
Eut dessus son chapel d'orfrais (1)
Un chapel de roses tout frais :
En sa main tenait un mirouer,
Et si fut d'un riche tressouer (2)
Son chef tressé moult cointement ;
Bel et bien et estroitement,
De fil d'or eut cousues ses manches ;
Et pour mieux garder ses mains blanches
De haller, elle eut un gans blancs ;
Cotte eut d'un riche vert luisans,
Cousue à ligneul tout autour :
Il paroit bien à son atour
Qu'elle estoit peu embesognée.
Quand elle s'estoit bien pignée,
Et bien parée et atournée,
Si estoit faite sa journée.

(1) Son chapeau d'orfroi. L'orfroi était un métal composé qui servait à garnir les objets de toilette, et principalement les coiffures.
(2) Sorte de guirlande tressée en fils d'or ou d'argent.

MARIE DE FRANCE.

On ne possède aucun détail sur cette femme auteur. On la croit née en Normandie, et l'on sait seulement qu'elle vivait en Angleterre vers 1250, et qu'elle y composa un recueil de fables sous le nom de : *Dits d'Ysopet*, c'est-à-dire Récits d'Esope, dans lequel elle imite les fables que nous a léguées l'antiquité. Nous donnons ici deux de ces fables. Le même sujet, cinq siècles plus tard, a été traité par la Fontaine. La fable intitulée, dans Marie de France, *d'un Gresillon et d'un Fromi*, s'appelle, dans la Fontaine, *la Cigale et la Fourmi*; l'autre, *la Mors et le Bosquillon*, s'appelle dans le grand poëte *la Mort et le Bucheron*. Nos lecteurs, en comparant les deux versions, seront à même de juger la profonde révolution que notre langue a subie dans l'intervalle des deux poëtes.

D'UN GRESILLON E D'UN FROMI.

D'un gresillon dist la ménière
Qui dusqu'a une fromicère
El tans d'yvers (1) esteit alez,
Par aventure enz est entrez ;
La viande (2) demanda et quist,
Car n'en aveit nient ce dist
En sa mesun, n'en sun recet.
Dit la formiz, k'as-tu dunc fet
Kant tu deusses gaaingnier
En mois d'aoust è purchacier (3).
Je chantai, feit-il, è déduiz
Les autres bestes, mais ne truiz
K'il me voille guerreduner,
Pur ce mestuet ensi aler ;
Dist la formiz, or chante à mei,
Par cele fei que jeo te dei ;
Melx fust que tu te purchacasses
En mois d'aoust e gaaignasses,
Ke venisses de freit murant

---

(1) Au moment de l'hiver.
(2) Le mot viande au moyen âge s'appliquait à toute espèce d'aliments.
(3) Quand tu devais faire tes provisions pendant le mois d'août, on te donnant de la peine.

A mun wuis viande querant,
Pur coi te dunrai-je à mengier
Quant tu ne me pués mais aidier.

MORALITÉ.

Pur ce deffent que nus ne vive
En nun-caloir ne en voidive
Selunc ce que chascuns deit faire
Se doit pener de bien atraire;
Plus est chiers cil qui a quoi prendre
Que s'a l'autrui l'estuet attendre (1).

LA MORS ET LE BOSQUILLON.

Tant de loing que de prez n'est laide
La Mors. La clamoit à son aide
Tosjors ung povre bosquillon
Que n'ot chevance ne sillon :
« Que ne viens, disoit, ô ma mie,
« Finer ma doloreuse vie! »
Tant brama qu'advint ; et de voix
Terrible : « Que veux-tu ? — Ce bois
« Que m'aydiez à carguer, Madame ! »
Peur et labeur n'ont mesme game.

EUSTACHE DESCHAMPS.

Cet écrivain, qui a cultivé avec grand succès la ballade, genre de poésie longtemps populaire en France, est né vers 1350 à Vertus, en Champagne; il fut successivement huissier d'armes de Charles V et de Charles VI, et en dernier lieu bailli de Senlis. Il est mort en 1422. Eustache Deschamps, au milieu des guerres contre les Anglais, montra pour la cause de la France le plus noble attachement, et on peut justement le regarder comme le poëte national de son époque.

(1) Ceci montre que personne ne doit vivre en fainéantise, mais que chacun, selon sa position, doit se donner du mal, car l'homme qui a de quoi suffire à ses besoins est bien au-dessus de celui qui tient tout des autres.

On lui doit un grand nombre de poésies morales, politiques et patriotiques qui se distinguent par des pensées justes et élevées; des fables et une grande composition, le *Miroir de la Vérité*, où il se montre fort sévère vis-à-vis des mœurs de son temps.

BALLADE.

En une grande fourest et lie (1)
N'a gaires que je cheminoye,
Où j'ay maintes bestes trouvée;
Mais en un grand parc regardoye,
Ours, lions et liepars veoye,
Loups et renars qui vont disant
Au pauvre bestail qui s'effroye :
Sà, de l'argent; sà de l'argent.

La brebis s'est agenoillée
Lui a respondu comme coye :
J'ay esté quatre fois plumée
C'est an-ci; point n'ay de monnoye.
Le buef et la vache se ploye.
Là se complaignoit la jument,
Mais on leur respont toutevoye :
Sà, de l'argent; sà, de l'argent.

Où fut tel paroule trouvée
De bestes trop me mervelloye.
La chievre dest lors : ceste année
Nous fera moult petit de joye :
La moisson où je m'attendoye
Se destruit par ne sçay quel gent;
Merci, pour Dieu, et va ta voye !
Sà, de l'argent; sà, de l'argent.

La truie, qui fut désespérée,
Dist : il faut que truande soye,
Et mes cochons; je n'ay denrée
Pour faire argent. — Veu de ta soye,
Dist le loups; car où que je soye
Le bestail fault estre indigent;

(1) Dans une grande et riante forêt.

Jamais pitié de toy n'aroye :
Sà, de l'argent; sà, de l'argent.

Quant celle raison fut finée,
Dont forment esbahis estoye,
Vint à moy une blanche fée,
Qui au droit chemin me ravoye,
En disant : Se Dieux me doint joye,
Ces bestes vont à court souvent ;
S'ont ce mot retenu sans joye :
Sà, de l'argent; sà, de l'argent (1).

CHARLES D'ORLÉANS.

Charles, duc d'Orléans, petit-fils de Charles V, père de Louis XII et oncle de François Ier, naquit le 26 mai 1391, et mourut en 1467. Ce prince cultiva la poésie avec succès; il a composé un grand nombre de ballades, complaintes, rondeaux et chansons, réunis dans un recueil intitulé : *Balladicz du duc d'Orléans*. « La poésie de Charles d'Orléans, dit M. Geruzez, est la dernière et la plus délicate fleur de l'esprit chevaleresque; c'est d'ailleurs, peut-on dire en style de moissonneur, un regain, car le xive siècle a passé, et l'on sait que ce fut pour les sentiments tendres et délicats une morte saison. Les vers de ce poëte sont ingénieux, d'un tour facile, et, sous le rapport de la langue, ils sont, par l'élégance et la versification, fort en avance sur la plupart des poésies du même temps. »

Comme prince du sang royal de France et comme fils de Louis d'Orléans, chef de la maison d'Orléans-Valois, qui fut assassiné le 23 novembre 1407, à Paris, par les gens du duc de Bourgogne Jean sans Peur, Charles d'Orléans joua un rôle important dans les affaires politiques du xve siècle : en 1415, il était l'un des principaux chefs de l'armée française qui perdit contre les Anglais la bataille d'Azincourt. Il fut blessé et fait prisonnier dans cette malheureuse journée : pendant vingt-cinq ans il resta captif en Angleterre, et ne recouvra la liberté que moyennant une rançon de 200,000 écus d'or et la promesse de ne jamais porter les armes contre l'Angleterre. La plupart des vers qui nous sont restés de lui ont été composés pendant sa captivité.

(1) Cette pièce est une amère satire des exactions sans nombre auxquelles étaient soumises au moyen âge les classes non privilégiées, et surtout les paysans, dont la condition, ainsi que le dit un vieil historien, était pire que celle des bêtes.

RONDEAU.

Allez-vous-en, allez, allez,
Soucy, soin et mélancolie ;
Me cuidez-vous (1) toute ma vie
Gouverner, comme fait avez ?
Je vous promets que non ferez ;
Raison aura sur vous maistrie (2) ;
Allez-vous-en, allez, allez,
Soucy, soin et mélancolie.

Si jamais plus vous retournez
Avecque votre compagnie,
Je prie à Dieu qu'il vous maudie,
Et le jour que vous reviendrez :
Allez-vous-en, allez, allez.
Soucy, soin et mélancolie.

LE RENOUVEAU.

Le temps a laissé son manteau
De vent, de froidure et de pluye,
Et s'est vestu de broderie,
De soleil luisant, clair et beau.
Il n'y a beste, ni oiseau
Qu'en son jargon ne chante ou crie :
Le temps a laissé son manteau
De vent, de froidure et de pluye.

Rivière, fontaine et ruisseau
Portent en livrée jolie
Gouttes d'argent, d'orfavrerie ;
Chascum s'habille de nouveau :
Le temps a laissé son manteau
De vent, de froidure et de pluye.

(1) Pensez vous me gouverner toute ma vie?
(2) La raison triomphera de vous.

VILLON.

De tous les poëtes qui ont paru au déclin du moyen âge, Villon est sans contredit celui qui a fait faire à la langue les plus notables progrès, et c'est avec raison que Boileau a dit de lui :

> Villon sut le premier, dans ces siècles grossiers,
> Débrouiller l'art confus de nos vieux romanciers.

On ne sait rien de sa vie, si ce n'est qu'il naquit à Paris en 1431, et qu'il vécut en véritable bohémien, comme on dirait de nos jours, en véritable truand, comme on disait au moyen âge. Au XVe siècle, les vers, fussent-ils même des plus parfaits, ne donnaient pas même à leurs auteurs le pain du jour. Villon n'avait que son talent; trop paresseux pour travailler, il chercha des ressources dans les plus coupables industries, s'associa à des bandes de filous, et, avant l'âge de vingt-cinq ans, il avait déjà été enfermé plusieurs fois pour avoir volé aux étalages des marchands. Au moyen âge, et même jusqu'à la révolution française, le vol était puni de mort. L'incorrigible Villon fut condamné à être pendu; mais, *comme le jeu ne lui en plaisait point*, ainsi qu'il le dit lui-même, il en appela au parlement, obtint une commutation de peine, et fut exilé sur les frontières de la Bretagne. La faim, qui faisait « une si rude guerre à son corps, » ce sont ses propres mots, le poussa de nouveau à voler; il fut arrêté et conduit dans les prisons de Meung-sur-Loire. Les nombreux démêlés qu'il avait eus avec la justice rendaient la situation très-grave, et il ne fallut rien moins que l'intervention de Louis XI pour le sauver de la potence. La date de sa mort est inconnue.

Ce qui distingue les poésies de Villon, c'est la verve moqueuse, la malice, tempérée par une mélancolie souvent pleine de délicatesse. Tout y est naturel, simple et de prime venue; et, comme le dit M. Nisard, traits de sentiments, peintures énergiques ou touchantes, contrastes de la vie et de la mort, on y trouve tout ce qui fait la grande poésie; mais, par malheur, la vie désordonnée du poëte y a laissé souvent une sombre et douloureuse empreinte.

BALLADE.

> Je connois bien mouches en laict.
> Je connois à la robe l'homme.
> Je connois le beau temps du laid.
> Je connois au pommier la pomme.
> Je connois l'arbre à voir la gomme.
> Je connois quant tout est de mesme.

Je connois qui besogne ou chomme.
Je connois tout, fors que moy-mesme.

Je connois pourpoint au collet.
Je connois le moyne à la nonne.
Je connois le maistre au valet.
Je connois au voyle la nonne.
Je connois quand pipeur jargonne.
Je connois folz nourriz de cresme.
Je connois le vin à la tonne.
Je connois tout fors que moy-mésme.

Je connois cheval et mullet.
Je connois leur charge et leur somme.
Je connois bietrix et bellet.
Je connois gect qui nombre et somme.
Je connois la faute des bresmes.
Je connois le pouvoir de Romme.
Je connois tout fors que moy-mesme.

ENVOI.

Prince, je connois tout en somme.
Je connois coulorez et blesmes.
Je connois mort qui tout consomme.
Je connois tout fort que moy-mesme.

LE GIBET DE MONTFAUCON (1).

Frères humains, qui après nous vivez,
N'ayez les cueurs contre nous endurciz,
Car, si pitié de nous pouvres avez,
Dieu en aura plustost de vous merciz.
Vous nous voyez cy attachez cinq, six :
Quant de la chair, que trop avons nourrie,
Elle est pieça devorée et pourrie,

(1) Villon suppose qu'il a été pendu, avec d'autres criminels, aux fouches patibulaires de Montfaucon ; il fait parler son squelette, et l'on dit que c'est grâce à cette pièce de poésie que l'auteur obtint sa grâce de Louis XI.

Et nous, les os, devenons cendre et pouldre.
De nostre mal, personne ne s'en rie;
Mais priez Dieu, que tous nous veuille absoudre!

Se vous clamons, frères, pas n'en devez
Avoir desdaings, quoyque fusmes occis
Par justice. Toutefois, vous sçavez
Que tous les hommes n'ont pas bon sens assis;
Intercedez doncques, de cueur rassis,
Envers le Filz de la Vierge Marie :
Que sa grace ne soit pour nous tarie,
Nous préservant de l'infernale fouldre.
Nous sommes mors, ame ne nous harie (1);
Mais priez Dieu, que tous nous veuille absoudre!
La pluye nous a debuez (2) et lavez,
Et le soleil, dessechez et noirciz;
Pies, corbeaulx, nous ont les yeux cavez,
Et arrachez la barbe et les sourcilz.
Jamais, nul temps, nous ne sommes rassis
Puis ça, puis là, comme le vent varie,
A son plaisir, sans cesser, nous charie,
Plus becquetez d'oiseaulx que dez à couldre.
Hommes, icy n'usez de mocquerie,
Mais priez Dieu que tous nous veuille absoudre!

ENVOI.

Prince Jésus, qui sur tous seigneurie (3),
Garde qu'enfer n'ait de nous la maistrie (4) :
A luy n'ayons que faire ne que souldre (5);
Ne soyez donc de nostre confrairie,
Mais priez Dieu, que tous nous veuille absouldre!

LES DAMES DU TEMPS JADIS.

Dictes-moy où, n'en quel pays,
Est Flora, la belle Romaine;

---

(1) Nous sommes morts, qu'on nous laisse le repos
(2) A détrempé nos chairs.
(3) Qui sur tous a los droits d'un seigneur.
(4) Que l'enfer ne soit notre maitre.
(5) Payer, solder.

Archipiada, ne Thaïs,
Qui fut sa cousine germaine ;
Echo, parlant, quand bruit on maine,
Dessus rivière ou sus etan,
Qui beauté eut trop plus qu'humaine?...
Mais où sont les neiges d'antan (1)?

La royne Blanche (2) comme ung lys,
Qui chantoit à voix de sereine (3);
Berthe, au grand pied, Bietris, Allys;
Harembourges, qui tint le Mayne,
Et Jehanne, la bonne Lorraine (4),
Qu'Anglais bruslèrent à Rouen ;
Où sont-ilz, Vierge souveraine?...

ENVOI.

Prince, n'enquerez, de sepmaine,
Où elles sont, ne de cest an,
Que ce refrain ne vous remaine :
Mais où sont les neiges d'antan !

MARTIAL DE PARIS.

Ce poëte est né vers 1440, et il est mort en 1508. On lui doit un poëme historique intitulé : *les Vigiles de la mort du roy Charles VII.* Dans cet ouvrage le peuple, la noblesse, le clergé, France, Paix, Pitié, Chapelain des dames, Justice, etc., etc., se réunissent pour célébrer la mémoire de ce prince; mais ce n'est qu'une gazette rimée où l'on chercherait en vain le moindre trait d'inspiration. Martial de Paris a été plus heureux dans la poésie de pure imagination.

MORALITÉ.

Que ferai-je, ma douce dame,
Quand mon corps sera trépassé?
Ne s'en souviendra pas une âme,
Dès que le jour sera passé.

(1) Du latin *ante annum*, de l'année précédente.
(2) Blanche de Castille.
(3) Sirène.
(4) Jeanne d'Arc.

Tout le bruit lors sera cessé,
Sans secours d'amy ou d'amye;
Puis un court service troussé,
D'environ une heure et demye.....
J'oy, ce me semble, les sonnettes
En la rue, et tempesterie,
Que l'on fait en ces entrefaites;
Pendant que le cercueil charrie,
Torches devant, l'un brait et crie;
Pauvres vont pour la donnerie,
Puis les parents et héritiers,
Justice, sergent, commissaire,
S'emparent des biens volontiers,
Et plaignent le drap du suaire;
Curez serrent le luminoire;
Les crieurs viennent tout destendre :
Ainsi se passe la mémoire,
Et l'honneur du corps gist en cendre.

CLÉMENT MAROT.

Fils d'un poëte qui n'était point sans mérite, Marot hérita du talent de son père et son goût pour la poésie se développa de bonne heure. Il dédia ses premiers essais à François Ier et son début fut heureux, car Marguerite de Valois l'attacha à sa maison, où il brilla parmi les beaux esprits de la cour, et plus tard il succéda à son père dans la charge de valet de chambre du roi, place correspondant à celle que l'on appela dans la suite gentilhomme de la chambre. D'une humeur insouciante et railleuse, il ne tarda pas à s'attirer de violentes inimitiés par ses satires. Plusieurs fois, François Ier fut obligé d'intervenir pour protéger son favori; lui-même dut chercher à l'étranger un refuge contre les haines qu'il avait excitées, et sa vie se passa dans une continuelle agitation. Ses poésies se distinguent par la grâce, la finesse, l'originalité et un caractère propre qui fit donner à ce genre le nom de style *marotique*, qui a trouvé beaucoup d'imitateurs. L'épitre badine, la ballade, l'épigramme, le rondeau, le madrigal où il a atteint une rare perfection, l'ont placé au premier rang des poëtes du XVIe siècle Il était né à Cahors en 1495; il mourut à Turin en 1544.

ÉPITRE AU ROY.

Roy des François, plein de toutes bontez,
Quinze iours a (ic les ayc bien comptez)

Et dès demain feront iustement seize,
Que ie fuz faict confrere au diocèse
De Saint-Marry, en l'eglise Sainct Pris :
Si vous diray, comment y fuz surpris,
Et me deplaist, qu'il faut que ie le die.

Trois grans pendards vinrent à l'estourdie
En ce palais, me dire en désarroy,
Nous, vous faisons prisonnier par le Roy.
Incontinent, qui fut bien estonné,
Ce fut Marot, plus que s'il eust tonné.
Puis m'ont monstré un parchemin escrit,
Où n'y avoit seul mot de Iesuchrist :
Il ne parloit tout que de playderie,
De conseillers, et d'emprisonnerie.

Vous souvient il (me dirent ilz alors)
Que vous estiez l'autre iour là dehors,
Qu'on recourut un certain prisonnier
Entre noz mains : Et moy de le nier :
Car soyez seur, si i'eusse dict ouy,
Que le plus sourd d'entre eulx m'eust bien ouy :
Et d'autre part i'eusse publiquement
Esté menteur. Car pourquoy, et comment
Eusse ie peu un autre recourir,
Quand ie n'ay sceu moy mesme secourir ?
Pour faire court, ie ne sceu tant prescher,
Que ces paillars me voulsissent lascher.
Sur mes deux bras ilz ont la main posée
Et m'ont mené ainsi qu'une espousée,
Non pas ainsi, mais plus roy d'un petit :
Et toutesfois i'ay plus grand appetit
De pardonner à leur folle fureur,
Qu'à celle là de mon beau procureur :
Que male mort les deux iambes luy casse :
Il a bien prins de moy une beccasse,
Une perdrix, et un levreault aussi
Et toutesfois ie suis encor icy.
Encor ie croy, si i'en envoyois plus,
Qu'il le prendroit : car ilz ont tant de glus
Dedans leurs mains, ces faiseurs de pipée,
Que toute chose où touchent est grippée.

Mais pour venir au poinct de ma sortie :
Tant doulcement i'ay chanté ma partie,
Que nous avons bien accordé ensemble :
Si que n'ay plus affaire, ce me semble,
Si non à vous. La partie est bien forte :
Mais le droit poinct, où ie me reconforte,
Vous n'entendez procès, non plus que moy :
Ne plaidons point, ce n'est que tout esmoy.
Je vous en croy, si ce vous ay mesfaict,
Encor posé le cas que l'eusse faict,
Au pis aller n'y cherroit qu'une amende.
Prenez le cas, que ie la vous demande,
Je prens le cas, que vous me la donnez :
Et si plaideurs furent onc estonnez,
Mieulx que ceulx cy, ie veulx qu'on me delivre,
Et que soudain en ma place on les livre.

Si vous supply, (syre,) mander par lettre,
Qu'en liberté vos gens me vueillent mettre.
Et si j'en sors, i'espère qu'à grand'peine
M'y reverront, si on ne m'y rameine.

ÉPITRE A SON AMI LYON (1).

Je ne t'escry ne d'armes, ne de guerre,
Tu voys qui peult bien ou mal y acquerre ;
Je ne t'escry de Fortune puissante,
Tu voys assez s'elle est ferme ou glissante ;
Je ne t'escry d'abus trop abusant,
  Tu en sçais prou, et si n'en vas usant ;
Je ne t'escry, qui est rude ou affable,
Mais ie te veulx dire une belle fable :
C'est assavoir du Lyon, et du Rat.

  Cestuy Lyon. . . . .
Veit une fois, que le rat ne sçavoit
Sortir d'un lieu, pour autant qu'il avoit

---

(1) Marot était captif à la prison du Châtelet, lorsqu'il écrivit cette épitre à son ami Lyon Jamet, pour l'exhorter à solliciter sa délivrance.

Mangé le lard et la chair toute crue :
Mais ce Lyon (qui jamais ne fut Grue)
Trouva moyen, et manière, et matière
D'ongles et dens, de rompre la ratière :
Dont maistre rat eschappe vistement :
Puis meist à terre un genouil gentement,
Et en ostant son bonnet de la teste,
A mercié mille foys la grand' beste,
Iurant le dieu des souris et des ratz
Qu'il lui rendroit. Maintenant tu verras
Le bon du compte. Il advint d'aventure,
Que le Lyon, pour chercher sa pasture,
Saillit dehors sa caverne et son siége,
Dont (par malheur) se trouva pris au piége.
Et fut lié contre un ferme posteau.

Adonc le rat, sans serpe, ne cousteau,
Y arriva ioyeux, et esbaudy.
Et du Lyon (pour vray) ne s'est gaudy :
Mais despita chatz, chates et chatons,
Et prisa fort, ratz, rates et ratons,
Dont il avait trouvé temps favorable
Pour secourir le Lyon secourable :
Auquel a dit, tays toy Lyon lyé,
Par moy seras maintenant deslyé :
Tu le vaulx bien, car le cueur ioly as ;
Bien y parut, quand tu me deslyas,
Secouru m'as fort lyonneusement,
Or secouru seras rateusement.

Lors le Lyon ses deux grans yeulx vestit
Et vers le rat les tourna un petit,
En luy disant : ô povre vermynière,
Tu n'as sur toy instrument, ne manière,
Tu n'as cousteau, serpe ne serpillon,
Qui sceust coupper corde ne cordillon,
Pour me iecter de ceste estroicte voye,
Va te cacher, que le chat ne te voye.

Sire Lyon (dit le filz de souris),
De ton propos certes ie me soubris,
J'ay des cousteaulx assez, ne te soucie,

De bel os blanc plus tranchans qu'une sye :
Leur gaine c'est ma gencive et ma bouche :
Bien coupperont la corde qui te touche
De si tres près : car i'y mettray bon ordre.

Lors sire rat va commencer à mordre
Ce gros lien : vray est, qu'il y songea
Assez longtemps, mais il le vous rongea
Souvent, et tant, qu'à la parfin tout rompt,
Et le Lyon de s'en aller fut prompt,
Disant en soy : nul plaisir, en effect,
Ne se perd point, quelque part où soit faict.
Voyla le compte en termes rithmassez :
Il est bien long, mais il est vieil assez,
Tesmoins Esope, et plus d'un million.

Or viens me veoir, pour faire le Lyon,
Et ie mettray peine, sens et estude
D'estre le rat exempt d'ingratitude :
I'entends si Dieu te donne autant d'affaire
Qu'au grand Lyon : ce qu'il ne vueille faire.

MELLIN DE SAINT-GELAIS.

Des poésies légères, des rondeaux, des ballades, des sonnets, des quatrains, des chansons, des élégies, des épîtres, des épigrammes, la *traduction d'une élégie* d'Ovide, la *Déploration du bel Adonis*, imitée de Bion, la *Genèvre*, tirée de l'*Orlando furioso* de l'Arioste, une tragédie en prose intitulée : *Sophonisbe*, telles sont les œuvres de Mellin de Saint-Gelais, œuvres plus variées que remarquables. Ce poëte, qui cultiva la musique avec quelque succès, était entré de bonne heure dans l'Église ; François 1er lui donna une abbaye dans la diocèse de Troyes et le nomma bibliothécaire du château de Fontainebleau. Mellin de Saint-Gelais, né à Angoulême en 1473, est mort en 1558.

ÉPIGRAMME.

Un charlatan disoit, en plein marché,
Qu'il monstreroit le diable, à tout le monde,
Si n'y eust nul, tant fust il empesché,
Qui ne courust pour voir l'esprit immonde.

Lors une bourse assez large et profonde
Il leur desploie, et leur dit : Gens de bien,
Ouvrez vos yeux : voyez, y a-t-il rien?
Non, dit quelqu'un des plus près regardans.
Eh! c'est, dit-il, le Diable, oyez-vous bien?
Ouvrir sa bourse, et ne rien voir dedans.

JOACHIM DU BELLAY.

La Défense de la langue française, publiée en 1549, par Joachim du Bellay, attira sur cet écrivain l'attention du public, et ce livre est resté célèbre comme le manifeste de la réforme poétique tentée par Ronsard; mais c'est surtout par ses vers que Du Bellay a mérité d'occuper dans notre littérature un rang distingué. Il a laissé des odes, des élégies, des chansons, des fragments de traduction de *l'Enéide*, et il est, sans contredit, le plus correct et le plus élégant des écrivains de ce groupe poétique dont Ronsard était le chef et que l'on désigne sous le nom de *Pléiade*. Il naquit en 1524, en Anjou, et mourut en 1560.

DU BELLAY A SON VILLAGE DE LYRÉ.

Heureux qui, comme Ulysse, a fait un beau voyage,
Ou comme cestui là qui conquit la Toison,
Et puis est retourné, plein d'usage et raison,
Vivre entre ses parents le reste de son âge!

Quand revoiray-je, hélas! de mon petit village
Fumer la cheminée, et en quelle saison
Revoiray-je le clos de ma pauvre maison,
Qui m'est une province, et beaucoup davantage?

Plus me plaist le séjour qu'ont basti mes ayeux
Que des palais romains le front audacieux;
Plus que le marbre dur me plaist l'ardoise fine;

Plus mon Loire gaulois que le Tibre latin,
Plus mon petit Lyré que le mont Palatin,
Et plus que l'air marin la douceur angevine.

VILLANELLE DU VANNEUR DE BLÉ S'ADRESSANT AUX VENTS.

A vous troupe légère,
Qui d'aile passsagère
Par le monde volez,
Et d'un sifflant murmure
L'ombrageuse verdure
Doucement ébranlez :

J'offre ces violettes,
Ces lis et ces fleurettes
Et ces roses d'icy,
Ces vermeillettes roses
Tout freschement écloses,
Et ces œillets aussi :

A vostre douce haleine
Éventez cette plaine,
Éventez ce séjour ;
Ce pendant que j'ahanne
A mon blé que je vanne
A la chaleur du jour.

PIERRE DE RONSARD.

Ce poëte, l'un des plus célèbres du xvie siècle, naquit en 1524, au château de Poissonnière, dans le Vendômois. Après avoir rempli plusieurs fonctions à la cour de France et d'Écosse, et figuré dans diverses ambassades, il fut atteint d'une surdité qui le força de renoncer à la vie des affaires, et il se livra tout entier à la culture des lettres. « Il jeta, dit justement M. Sainte-Beuve, les fondements de la révolution poétique qui changea l'avenir de notre langue et de notre poésie, » et c'est ce rôle de novateur qui lui donne dans notre histoire littéraire un rôle tout à fait à part. Il réunit autour de lui quelques écrivains, épris de l'amour des vers, et ces écrivains formèrent, sous le nom de *Pléiade*, une école dont il fut le chef, et qui tenta, suivant le mot du temps, *d'orner la langue française des dépouilles de Rome et d'Athènes*. Ses premières œuvres furent imprimées vers 1551. Elles furent accueillies, comme toutes les productions qui s'écartent des sentiers battus, par l'admiration des uns et le dénigrement des autres ; mais l'admiration finit par l'emporter, du moins pour quelque temps, et jamais poëte ne fut comblé de pareils éloges.

Ses contemporains le comparaient à Homère et à Virgile; Charles IX voulait toujours l'avoir auprès de lui; Élisabeth, reine d'Angleterre, lui envoyait de magnifiques diamants, et le grave historien de Thou déclarait que Ronsard étant né le jour même où François Ier perdait la bataille de Pavie, la France se trouvait amplement dédommagée de ce désastre par l'apparition d'un si grand poëte.

Ronsard, qui était entré dans les ordres vers l'âge de trente ans, et qui avait été mis par la faveur de Charles IX en possession d'importants bénéfices, quitta Paris après la mort de ce prince, et mourut à Tours le 27 décembre 1585, dans le prieuré de Saint-Cosme. La grande réputation de Ronsard se maintint jusque dans les premières années du XVIIe siècle; mais, après la venue de Malherbe, une réaction complète s'opéra contre lui, et un profond dédain succéda aux exagérations d'un enthousiasme irréfléchi. Si Ronsard a étalé ce que Boileau appelle avec raison *les fastes pédantesques des grands mots*, si sa muse a trop souvent *parlé grec et latin en français*, s'il a sacrifié l'idée à la forme, il n'en faut pas moins reconnaître qu'il a trouvé parfois de belles inspirations, et qu'il a fait faire à notre langue poétique de notables progrès.

M. Sainte-Beuve a donné un choix des poésies de Ronsard dans le tome II de son *Tableau de la poésie française au* XVIe *siècle*, et nous ne pouvons mieux faire que de renvoyer à cet excellent livre ceux de nos lecteurs qui seraient curieux de connaître en détail Ronsard et ses œuvres.

A UN AUBESPIN.

Bel Aubespin fleurissant,
  Verdissant,
Le long de ce beau rivage,
Tu es vestu jusqu'au bas
  Des longs bras
D'une lambrunche sauvage (1).

Deux camps de rouges fourmis
  Se sont mis
En garnison sous ta souche :
Dans les pertuis de ton tronc
  Tout du long
Les avettes (2) ont leur couche.

Le chantre rossignolet

---

(1) Vigne sauvage.
(2 Les abeilles.

Nouvelet,
Courtisant sa bien-aimée
Pour ses amours alléger,
Vient loger
Tous les ans en ta ramée.

Sur ta cyme il fait son ny
Tout uny
De mousse et de fine soye,
Où ses petits esclorront,
Qui seront
De mes mains la douce proye.

Or vy, gentil Aubespin,
Vy sans fin,
Vy sans que iamais tonnerre,
Ou la coignée, ou les vents,
Ou les temps
Te puissent ruer par terre.

L'ALOVETTE.

Hé Dieu, que je porte d'envie
Aux plaisirs de ta douce vie,
Alouette, qui de l'amour
Degoizes dès le poinct du iour,
Secouant en l'air la rosée
Dont ta plume est toute arrousée !
Deuant que Phœbus soit leué,
Tu enleues ton corps laué
Pour l'essuyer près de la nue ;
Trémoussant d'une aile menue :
Et te sourdant à petits bons,
Tu dis en l'air de si doux sons
Composez de ta tirelire,
Qu'il n'est amant qui ne desire,
T'oyant chanter au renouueau,
Comme toy deuenir oiseau.

Tu vis sans offenser personne,
Ton bec innocent ne moissonne
Le froment, comme ces oiseaux

Qui font aux hommes mille maux,
Soit que le bled rongent en herbe,
Ou soit qu'ils l'égrainent en gerbe ;
Mais tu vis par les sillons vers
De petits fourmis et de vers,
Ou d'une mouche, ou d'une achée :
Tu portes aux tiens la bechée,
A tes fils non encore ailez,
D'un blond duvet emmantelez.

A tort les fables des poëtes
Vous accusent, vous, alouettes,
D'avoir vostre père hay
Jadis iusqu'à l'auoir trahy.
Mais quoy ! vous n'estes pas seulettes
A qui la langue des poëtes
A fait grand tort : dedans le bois
Le rossignol à haute vois,
Caché dessous quelque verdure,
Se plaint d'eux, et leur dit iniure.

Ne laissez pour cela de vivre
Joyeusement, et de poursuiure
A chaque retour du printemps
Vos accoustumez passetemps :
Ainsi iamais la main pillarde
D'une pastourelle mignarde,
Parmy les sillons espiant
Vostre nouveau nid pepiant,
Quand vous chantez, ne le desrobe
Ou dans sa cage ou sous sa robe.
Vivez, oiseaux, et vous haussez
Tousiours en l'air, et annoncez
De votre chant et de vostre aile
Que le printemps se renouvelle.

CONTRE LES BUCHERONS DE LA FOREST DE GASTINE.

Quiconque aura premier la main embesognée
A te coupper, forest, d'une dure congnée,
Qu'il puisse s'enferrer de son propre baston.

Et sente en l'estomac la faim d'Erisichthon,
Qui coupa de Cerès le chesne vénérable,
Et qui, gourmand de tout, de tout insatiable,
Les bœufs et les moutons de sa mère esgorgea :
Puis, pressé de la faim, soy mesme se mangea ;
Ainsi puisse engloutir ses rentes et sa terre,
Et se devore apres par les dents de la guerre !

Qu'il puisse pour venger le sang de nos forests,
Tousiours nouueaux emprunts sur nouveaux interests,
Deuoir à l'usurier, et qu'enfin il consomme
Tout son bien à payer la principale somme !

Que tousiours sans repos ne face en son cerueau
Que tramer pour néant quelque dessin nouueau,
Porté d'impatience et de fureur diuerse,
Et de mauuais conseil qui les hommes renverse !

Escoute, bucheron, arreste un peu le bras :
Ce ne sont pas des bois que tu jettes à bas ;
Ne vois-tu pas le sang lequel degoute à force
Des Nymphes qui vivoient dessous la dure escorce ?

Sacrilège meurdrier, si on pend un voleur
Pour piller un butin de bien peu de valeur,
Combien de feux, de fers, de morts et de détresses
Mérites-tu, meschant, pour tuer nos Déesses !

Forest, haute maison des oiseaux bocagers,
Plus le cerf solitaire et les chevreuls legers
Ne paistront sous ton ombre, et ta verte criniere
Plus du soleil d'esté ne rompra la lumière.
. . . .

Tout deviendra muet ; Echo sera sans vois ;
Tu deuiendras campagne, et en lieu de tes bois,
Dont l'ombrage incertain lentement se remue,
Tu sentiras le soc, le coutre et la charrue ;
Tu perdras ton silence, et Satyres et Pans,
Et plus le cerf chez toy ne cachera ses fans.

Adieu, vieille forest, adieu, testes sacrées,
De tableaux et de fleurs en tout temps reverées !
Maintenant le desdain des passans alterez,

Qui bruslez en l'esté des rayons etherez,
Sans plus trouver le frais de tes douces verdures
Accusent tes meurtriers, et leur disent injures!

Adieu, chesnes, couronne aux vaillans citoyens!
Arbres de Jupiter, germes dodonéens,
Qui premiers aux humains donnastes à repaistre ;
Peuples vrayment ingrats, qui n'ont sçeu recognoistre
Les biens receus de vous, peuples vrayment grossiers,
De massacrer ainsi leurs pères nourriciers!

Que l'homme est malheureux qui au monde se fie!
O Dieux, que véritable est la philosophie,
Qui dit que toute chose à la fin perira
Et qu'en changeant de forme une autre vestira!

De Tempé la vallée un iour sera montagne,
Et la cyme d'Athos une large campagne ;
Neptune quelquefois de blé sera couvert :
La matière demeure et la forme se perd.

OLIVIER BASSELIN.

Né à Vire en Normandie, Basselin exerçait la modeste profession d'ouvrier foulon, et on peut le regarder, du moins pour la France, comme le créateur de *la chanson à boire*. Les chansons de Basselin, qu'on désignait sous le nom de *Vaux-de-Vire*, avaient été, dit-on, ainsi nommées parce que l'auteur les chantait dans les *vaux*, c'est-à-dire dans les *vallées* qui bordent la rivière de Vire, et dans lesquelles, en sa qualité de foulon, il passait une partie de son temps à préparer des pièces de draps. C'est de ce nom de *Vaux-de-Vire*, qu'est venu le nom moderne de *vaudeville*, qui fut appliqué d'abord à des chansons populaires, et plus tard à des pièces de théâtre mêlées de couplets. On pense que Basselin faisait lui-même la musique de ses chansons, et ce qu'il y a de certain, c'est qu'elles ont obtenu pendant longtemps le plus grand succès, et qu'après avoir réjoui la Normandie, elles ont fait leur tour de France. Les combinaisons du rhythme y sont si heureuses qu'elles ont servi de modèle à Malherbe lui-même. Les *Vaux-de-Vire* d'Olivier Basselin n'ont été publiés que longtemps après sa mort, et, selon toute apparence, ils ont subi, au moment de l'impression, en 1605, de nombreuses retouches. Basselin est mort vers la fin du xv siècle.

A SON NEZ. — VAU-DE-VIRE.

Beau nez, dont les rubis ont cousté mainte pipe
    De vin blanc et clairet,
Et duquel la couleur richement participe
    Du rouge et violet :

Gros nez ! qui te regarde à travers un grand verre
    Te juge encor plus beau :
Tu ne ressembles point au nez de quelque hère
    Qui ne boit que de l'eau.

Un coq d'Inde, sa gorge, à toi semblable porte.
    Combien de riches gens
N'ont pas si riches nez ! pour te peindre en la sorte,
    Il faut beaucoup de temps..

Le verre est le pinceau duquel on t'enlumine ;
    Le vin est la couleur
Dont on t'a peint ainsi plus rouge qu'une guisne,
    En beuvant du meilleur.

On dit qu'il nuict aux yeux : mais seront-ils les maistres ?
    Le vin est guarison
De mes maux : j'aime mieux perdre les deux fenestres
    Que toute la maison.

CHARLES IX.

Ce prince, dont le nom est resté souillé par les massacres de la Saint-Barthélemy, naquit en 1550 et mourut en 1574. Second fils de Henri II et de Catherine de Médicis, il se laissa complètement dominer par sa mère, et se fit l'instrument docile de cette politique astucieuse et perfide que Machiavel avait mise en honneur. Placé sous une autre direction, il eût peut-être joué avec gloire son rôle de roi, car il était doué d'une brillante intelligence. On lui doit un traité de vénerie, intitulé : *la Chasse royale*, et des vers fort remarquables, comme le témoigne la pièce suivante :

A RONSARD.

Ton esprit est, Ronsard, plus gaillard que le mien ;
Mais mon corps est plus jeune et plus fort que le tien :

Par ainsi je conclus qu'en savoir tu me passe,
D'autant que mon printemps tes cheveux gris efface.

L'art de faire des vers, dût-on s'en indigner,
Doit être à plus haut prix que celui de régner.
Tous deux également nous portons des couronnes :
Mais roi, je la reçus ; poëte, tu la donnes.
Ton esprit, enflammé d'une céleste ardeur
Éclate par soi-même, et moi par ma grandeur.

Si, du côté des dieux, je cherche l'avantage,
Ronsard est leur mignon, et je suis leur image.
La lyre, qui ravit par de si doux accords,
Te soumet les esprits dont je n'ai que les corps :
Elle t'en rend le maître, et te fait introduire
Où le plus fier tyran n'a jamais eu d'empire ;
Elle amollit les cœurs, et soumet la beauté.
Je puis donner la mort, toi l'immortalité.

MATHURIN RÉGNIER.

Seize satires, trois épîtres, cinq élégies et quelques poésies diverses ont assuré au nom de Régnier, dans notre vieille littérature, une célébrité tout à fait exceptionnelle. Observateur profond de la race de Montaigne et de Molière, il excelle à peindre les ridicules ; il est simple, nerveux, malin, et il trouve souvent des beautés de style qui semblent appartenir aux plus grandes époques littéraires. Par malheur il s'est laissé aller trop souvent à la grossièreté de son temps, et les passages les plus remarquables de ses œuvres sont souillés par des détails cyniques qui lui ont justement attiré les sévérités de Boileau. Né à Chartres en 1573, Régnier fut destiné de bonne heure à l'état ecclésiastique. Il passa plusieurs années à Rome comme attaché à l'ambassade française, obtint divers bénéfices de la libéralité de Henri IV et mourut à Rouen en 1613.

FRAGMENT DE LA SATIRE A RAPIN.

Philosophes rêveurs, discourez hautement ;
Sans bouger de la terre, allez au firmament ;
Faites que tout le ciel branle à votre cadence,
Et pesez vos discours même dans sa balance ;
Connaissez les humeurs qu'il verse dessus nous,

Ce qui se fait dessus, ce qui se fait dessous ;
Portez une lanterne aux cachots de nature ;
Sachez qui donne aux fleurs cette aimable peinture,
Quelle main sur la terre en broye la couleur,
Leurs secrettes vertus, leurs degrés de chaleur ;
Voyez germer à l'œil les semences du monde ;
Allez mettre couver les poissons dedans l'onde ;
Déchiffrez les secrets de nature et des cieux :
Votre raison vous trompe aussi bien que vos yeux.

Or, ignorant de tout, de tout je me veux rire.
Faire de mon humeur moi-même une satire,
Aussi bien rien ne vaut que par affection ;
Et l'on juge, et l'on voit selon sa passion.

Le soldat tout ainsi pour la guerre soupire ;
Jour et nuit il y pense, et toujours la désire ;
Il ne rêve la nuit que carnage, que sang :
La pique dans le poing, et l'estoc sur le flanc,
Il pense mettre à chef quelque belle entreprise ;
Que forçant un château, tout est de bonne prise ;
Il se plaît aux trésors qu'il cuide (1) ravager,
Et que l'honneur lui rie au milieu du danger.

L'avare, d'autre part, n'aime que la richesse ;
C'est son roi, sa faveur, sa cour et sa maîtresse ;
Court à ses appétits qui, l'aveuglent si bien
Qu'encor qu'elle ait des yeux, si elle ne voit rien.
Nul choix hors de son goût ne règle son envie,
Mais s'aheurte où, sans plus, quelque appas la convie.
Selon son appétit, le monde se repaît,
Qui fait qu'on trouve bon seulement ce qui plaît.

. . . .

LES QUATRE AGES DE L'HOMME.

Nature ne peut pas l'âge en l'âge confondre :
L'enfant qui sait déjà demander et répondre,
Qui marque assurément la terre de ses pas,

---

(1) Qu'il pense.

Avecque ses pareils se plaît en ses ébats :
Il fuit, il vient, il parle, il pleure, il saute d'aise ;
Sans raison, d'heure en heure, il s'émeut, il s'apaise.
Croissant l'âge en avant, sans soin de gouverneur,
Relevé, courageux et cupide d'honneur,
Il se plaît aux chevaux, aux chiens, à la campagne ;
Facile au vice, il hait les vieux et les dédaigne :
Rude à qui le reprend, paresseux à son bien ;
Prodigue, dépensier, il ne conserve rien :
Hautain, audacieux, conseiller de soi-même,
Et d'un cœur obstiné se heurte à ce qu'il aime.
L'âge au soin se tournant, homme fait, il acquiert
Des biens et des amis, si le temps le requiert ;
Il masque ses discours comme sur un théâtre ;
Subtil, ambitieux, l'honneur il idolâtre :
Son esprit avisé prévient le repentir,
Et se garde d'un lieu difficile à sortir.
Maints fâcheux accidents surprennent sa vieillesse :
Soit qu'avec du souci gagnant de la richesse,
Il s'en défend l'usage et craint de s'en servir,
Que, tant plus il en a, moins s'en peut assouvir ;
Ou soit qu'avec froideur il fasse toute chose,
Imbécile, douteux, qui voudroit et qui n'ose,
Délayant (1), qui toujours a l'œil sur l'avenir ;
De léger (2) il n'espère, et croit au souvenir :
Il parle de son temps ; difficile et sévère,
Censurant la jeunesse, use des droits de père ;
Il corrige, il reprend, hargneux en ses façons,
Et veut que tous ses mots soient autant de leçons.

FRANÇOIS MALHERBE.

Jusqu'à la fin du xvie siècle, Villon, Marot et Ronsard marquent, dans l'histoire de notre littérature, les trois phases principales du développement de notre langue poétique, et c'est à Malherbe que revient l'honneur de l'avoir portée à un degré de perfection qui devait laisser peu de chose à faire aux écrivains du règne de Louis XIV.

(1) Prenant des délais, retardant toujours.
(2) Il n'a plus que des faibles espérances.

Ainsi que le dit Boileau, il a, le premier *enseigné dans les vers une juste cadence;* il a assoupli et régularisé le rhythme, il l'a rendu plus harmonieux, et, s'il n'a point le souffle puissant, la haute inspiration des grands poëtes, il a du moins la force, la correction, la noblesse, et ces qualités sont assez rares pour assurer à ceux qui les possèdent une renommée durable.

Malherbe, né à Caen vers 1556, est mort en 1628; il passa en Provence une partie de sa jeunesse. Vers l'âge de cinquante ans il fut attaché à la cour de Henri IV, et sous Louis XIII il reçut le titre de gentilhomme ordinaire de la chambre du roi. Mais il ne profita point, dans l'intérêt de sa fortune, de la faveur dont il jouissait, et il resta pauvre toute sa vie. C'était un homme intègre, religieux, obstiné à l'étude, qui suppléait à l'inspiration par la patience et le travail. Ses *Odes* et ses *Stances* sont ses premiers titres à la gloire, et, en bien des passages, elles n'ont point été surpassées même par les plus célèbres poëtes modernes.

SONNET. — ÉPITAPHE DE LA FEMME DE M. PUGET.

Celle qu'avoit hymen à mon cœur attachée,
Et qui fut ici-bas ce que j'aimois le mieux,
Allant changer la terre en de plus dignes lieux,
Au marbre que tu vois sa dépouille a cachée.

Comme tombe une fleur que la bise a séchée,
Ainsi fut abattu ce chef-d'œuvre des cieux ;
Et, depuis le trépas qui lui ferma les yeux,
L'eau que versent les miens n'est jamais étanchée.

Ni prières ni vœux ne m'y purent servir ;
La rigueur de la mort s'y voulut assouvir,
Et mon affection n'en put avoir dispense.

Toi, dont la piété vient sa tombe honorer,
Pleure mon infortune, et pour ta récompense,
Jamais autre douleur ne te fasse pleurer.

VERS A HENRI IV SUR LE RÉTABLISSEMENT DE L'ORDRE ET DE LA PAIX.

Tu vas nous rendre enfin nos douces destinées :
Nous ne reverrons plus ces fâcheuses années
Qui pour les plus heureux n'ont produit que des pleurs.

Toute sorte de biens comblera nos familles ;
La moisson de nos champs lassera les faucilles,
Et les fruits passeront la promesse des fleurs.

La terreur de ton nom rendra nos villes fortes :
On n'en gardera plus ni les murs, ni les portes ;
Les veilles cesseront au sommet de nos tours.
Le fer, mieux employé, cultivera la terre ;
Et le peuple, qui tremble aux frayeurs de la guerre,
Si ce n'est pour danser, n'orra plus de tambours.

La fin de tant d'ennuis dont nous fûmes la proie
Nous ravira les sens de merveille et de joie ;
Et d'autant que le monde est ainsi composé,
Qu'une bonne fortune en craint une mauvaise,
Ton pouvoir absolu, pour conserver notre aise,
Conservera celui qui nous l'aura causé.

Quand un roi fainéant, la vergogne des princes,
Laissant à ses flatteurs le soin de ses provinces,
Entre les voluptés indignement s'endort,
Quoique l'on dissimule, on en fait peu d'estime ;
Et, si la vérité se peut dire sans crime,
C'est avecque plaisir qu'on survit à sa mort.

Mais ce roi, des bons rois l'éternel exemplaire,
Qui de notre salut est l'ange tutélaire,
L'infaillible refuge et l'assuré secours,
Son extrême douceur ayant dompté l'envie,
De quels jours assez longs peut-il borner sa vie,
Que notre affection ne les juge trop courts ?

Nous voyons les esprits nés pour la tyrannie,
Ennuyés de couver leur cruelle manie,
Tourner tous leurs conseils à notre affliction ;
Et lisons clairement dedans leur conscience,
Que, s'ils tiennent la bride à leur impatience
Nous n'en sommes tenus qu'à sa protection.

Qu'il vive donc, Seigneur, et qu'il nous fasse vivre !
Que de toutes ces peurs nos âmes il délivre ;
Et, rendant l'univers de son heur étonné,
Ajoute chaque jour quelque nouvelle marque
Au nom qu'il s'est acquis du plus rare monarque
Que ta bonté propice ait jamais couronné !

STANCES.

CONSOLATION A DU PERRIER.

Ta douleur, du Perrier, sera donc éternelle,
    Et les tristes discours
Que te met en l'esprit l'amitié paternelle
    L'augmenteront toujours?

Le malheur de ta fille, au tombeau descendue
    Par un commun trépas,
Est-ce quelque dédale où ta raison perdue
    Ne se retrouve pas?

Je sais de quels appas son enfance étoit pleine,
    Et n'ai pas entrepris,
Injurieux ami, de soulager ta peine,
    Avecque son mépris.

Mais elle étoit du monde, où les plus belles choses
    Ont le pire destin;
Et, rose, elle a vécu ce que vivent les roses,
    L'espace d'un matin.

Puis, quand ainsi seroit que, selon ta prière,
    Elle auroit obtenu
D'avoir en cheveux blancs terminé sa carrière,
    Qu'en fût-il avenu?

Penses-tu que, plus vieille, en la maison céleste
    Elle eût eu plus d'accueil?
Ou qu'elle eût moins senti la poussière funeste
    Et les vers du cercueil?

C'est bien, je le confesse, une juste coutume
    Que le cœur affligé,
Par le canal des yeux versant son amertume,
    Cherche d'être allégé.

Même quand il avient que la tombe sépare
    Ce que nature a joint,
Celui qui ne s'émeut a l'âme d'un barbare,
    On n'en a du tout point.

Mais d'être inconsolable et dedans sa mémoire

Enfermer un ennui,
N'est-ce pas se haïr pour acquérir la gloire
De bien aimer autrui?

De moi, déjà deux fois d'une pareille foudre
Je me suis vu perclus,
Et deux fois la raison m'a fait si bien résoudre
Qu'il ne m'en souvient plus.

Non qu'il ne me soit mal que la tombe possède
Ce qui me fut si cher ;
Mais, en un accident qui n'a point de remède,
Il n'en faut point chercher.

La Mort a des rigueurs à nulle autre pareilles :
On a beau la prier,
La cruelle qu'elle est se bouche les oreilles
Et nous laisse crier.

Le pauvre en sa cabane, où le chaume le couvre,
Est sujet à ses lois ;
Et la garde qui veille aux barrières du Louvre
N'en défend point nos rois.

De murmurer contre elle et perdre patience
Il est mal à propos :
Vouloir ce que Dieu veut est la seule science
Qui nous met en repos.

SCARRON.

Romancier, poëte, auteur comique, Scarron est célèbre par la création du genre burlesque, la gaieté de son esprit, la bonté de son cœur, ses infirmités physiques et son mariage avec Mlle d'Aubigné, qui devint après sa mort Mme de Maintenon, laquelle fut, on le sait, épousée secrètement par Louis XIV. L'œuvre de cet écrivain se compose de tragi-comédies, de comédies, d'un pamphlet célèbre intitulé : *la Mazarinade;* de *l'Énéide travestie,* parodie vulgaire et triviale de l'épopée de Virgile; de poésies légères et du *Roman comique,* composition pleine de verve et de bon sens qu'on lit encore avec plaisir. Né à Paris en 1610, Scarron mourut dans cette ville en 1660, regretté de tous ceux qui l'avaient connu, et, en particulier, de Mme de Sévigné et de Turenne.

SONNET.

Superbes monuments de l'orgueil des humains,
Pyramides, tombeaux, dont la vaste structure
A témoigné que l'art, par l'adresse des mains
Et l'assidu travail, peut vaincre la nature;

Vieux palais ruinés, chefs-d'œuvres des Romains
Et les derniers efforts de leur architecture;
Colisée, où souvent ces peuples inhumains
De s'entr'assasiner se donnaient tablature,

Par l'injure des temps vous êtes abolis,
Ou du moins la pluspart vous êtes démolis.
Il n'est point de ciment que le tems ne dissoude:

Si vos marbres si durs ont senti son pouvoir,
Dois-je trouver mauvais qu'un méchant pourpoint noir
Qui m'a duré deux ans soit percé par le coude?

ÉPITAPHE DE SCARRON COMPOSÉE PAR LUI-MÊME.

Celui qu'ici maintenant dort,
Fit plus de pitié que d'envie,
Et souffrit mille fois la mort
Avant que de perdre la vie.
Passant, ne fais ici de bruit,
Prends bien garde qu'on ne l'éveille,
Car voici la première nuit.
Que le pauvre Scarron sommeille.

RACAN.

Une mélancolie douce, une élégance soutenue, un vif sentiment des beautés de la nature, telles sont les qualités qui distinguent quelques-unes des poésies de Racan. Ces poésies ont obtenu au moment de leur apparition une très-grande vogue; mais cette admiration ne s'est pas soutenue, et, à part deux ou trois pièces qui sont connues de toutes les personnes lettrées, tout le reste est tombé dans un oubli profond. Racan, qui appartenait à une famille noble, et qui fut maréchal de camp après avoir été page de Henri IV, naquit en Touraine en 1589, et mourut en 1670.

LE BONHEUR DE LA VIE CHAMPÊTRE.

Le bien de la fortune est un bien périssable ;
Quand on bâtit sur elle, on bâtit sur le sable:
Plus on est élevé, plus on court de dangers.
Les grands pins sont en butte aux coups de la tempête ;
Et la rage des vents brise plutôt le faîte
Des maisons de nos rois que des toits des bergers.

Oh ! bienheureux celui qui peut de sa mémoire
Effacer pour jamais ce vain espoir de gloire
Dont l'inutile soin traverse nos plaisirs ;
Et qui, loin, retiré de la foule importune,
Vivant dans sa maison, content de sa fortune,
A selon son pouvoir mesuré ses désirs !

Il voit de toutes parts combler d'heur sa famille,
La javelle à plein poing tomber sous la faucille,
Le vendangeur ployer sous le faix des paniers ·
Il semble qu'à l'envi les fertiles montagnes,
Les humides vallons et les grasses campagnes
S'efforcent à remplir sa cave et ses greniers.

Il ne va point fouiller aux terres inconnues,
A la merci des vents et des ondes chenues,
Ce que nature avare a caché de trésors ;
Et ne recherche point pour honorer sa vie
De plus illustre mort ni plus digne d'envie
Que de mourir au lit où ses pères sont morts.

S'il ne possède point ces maisons magnifiques,
Ces tours, ces chapiteaux, ces superbes portiques
Où la magnificence étale ses attraits,
Il jouit des beautés qu'ont les saisons nouvelles,
Il voit de la verdure et des fleurs naturelles,
Qu'en ces riches lambris l'on ne voit qu'en portraits.

Crois-moi, retirons-nous hors de la multitude,
Et vivons désormais loin de la servitude
De ces palais dorés où tout le monde accourt ;
Sous un chêne élevé les arbrisseaux s'ennuient,

Et devant le soleil tous les astres s'enfuient,
De peur d'être obligés de lui faire la cour.

Agréables déserts, séjour de l'innocence,
Où, loin des vanités, de la magnificence,
Commence mon repos et finit mon tourment,
Vallons, fleuves, rochers, plaisante solitude,
Si vous fûtes témoins de mon inquiétude,
Soyez-le désormais de mon contentement!

MOLIÈRE.

Ce grand homme, le plus célèbre des auteurs comiques modernes, est né à Paris le 15 janvier 1622. Il fit ses études à Paris, et, en 1645, il s'associa à des enfants de famille qui formèrent un théâtre de société, sous le nom de l'*Illustre Théâtre*, et qui se mirent à courir la province comme les comédiens ambulants de nos jours. Molière ne revint à Paris avec sa troupe qu'en 1658. Le 24 octobre de cette même année, il joua devant le roi la tragédie de *Nicomède*. Molière, après la pièce, adressa un compliment à Louis XIV, en le priant d'avoir pour agréable, « qu'il lui donnât un petit divertisse-« ment dont il régalait les provinces, et qui lui avait acquis quelque « réputation. » Ce divertissement, c'était *le Docteur amoureux*. Le roi fut satisfait, et autorisa la troupe à prendre le nom de Troupe de Monsieur, et à passer sur le théâtre du Petit-Bourbon. A dater de cette époque, Molière eut une position officielle: Il se consacra exclusivement à la composition de ses ouvrages, et, de 1660 à 1672, il donna successivement vingt-cinq pièces en prose et en vers, dont les plus célèbres sont : *l'Ecole des maris* (1661) ; *les Fâcheux* (1661) ; *l'École des femmes* (1662); *Don Juan*, ou *le Festin de Pierre* (1665); *l'Imposteur* ou *le Tartufe* (1667) ; *Amphitryon* (1668) ; *le Bourgeois gentilhomme* (1670); *les Femmes savantes* (1672).

Applaudi par le public, protégé par Louis XIV, qui lui témoignait une amitié particulière, lié avec les personnages les plus célèbres de son temps, et suffisamment riche pour vivre très à l'aise, Molière fut cependant loin d'être heureux. Les désordres de sa femme, qu'il affectionnait tendrement, lui causèrent de profonds chagrins qui finirent par altérer sa santé. Ses amis lui conseillaient de quitter le théâtre, mais il refusa de se rendre à leurs avis ; il était très-souffrant, crachant le sang depuis longtemps, mais il s'obstinait toujours à écrire et à jouer les principaux rôles de ses pièces. Le jour de la quatrième représentation du *Malade imaginaire*, c'est-à-dire le 17 février 1673, il se sentait plus mal que de coutume. Ses amis le pressaient de ne point paraître dans cette pièce où il remplissait le rôle d'Argant. « Comment voulez-vous que je fasse? répondit-il. Il y a cinquante pauvres ouvriers qui n'ont que leur journée pour vivre; que feront-ils si je ne joue pas? Je me reprocherais d'avoir négligé de leur donner du pain un seul jour le pouvant faire aisément. » Le grand poëte, qui se montrait en cette circonstance, comme toujours, un homme de bien, se rendit au théâtre, et joua avec de grands efforts et de vives douleurs. En prononçant le mot *juro*, dans la cérémonie, il fut saisi d'une crise qu'il eut encore la force de déguiser ; mais il était épuisé : on le porta chez lui, rue Richelieu. Là il fut pris d'un accès de toux convulsive, et mourut suffoqué par le sang à dix heures du soir. Deux sœurs de charité qui venaient tous les ans à Paris, et qui recevaient l'hospitalité dans sa maison, reçurent son dernier soupir. Comme écrivain en prose, comme poëte, comme observateur de la nature humaine, Molière est sans rival. La vérité dans ses œuvres est si profonde, si saisissante, qu'elle ne fait, comme sa gloire elle-même, que rajeunir en vieillissant.

Louis XIV demanda un jour à Boileau quel était le plus grand écrivain de son règne. Boileau répondit : « Sire, c'est Molière. » Ces simples mots étaient comme l'arrêt de la postérité.

Bussy-Rabutin, comme Boileau, devinait l'avenir, lorsqu'il écrivait, peu de jours après la perte du grand poëte : « Voilà Molière mort en un moment, j'en suis fâché : de nos jours, nous ne verrons personne prendre sa place, et peut-être le siècle suivant n'en verra-t-il pas un de sa façon. » Deux siècles sont passés, et nous attendons encore.

LE MISANTHROPE (1).

ACTE I. — SCÈNE Ire.

PHILINTE, ALCESTE.

PHILINTE.

Qu'est-ce donc ? Qu'avez-vous ?

---

(1) *Le Misanthrope* est l'une des plus belles productions de notre scène; il nous offre le type parfait de la comédie de mœurs et de caractère, et, suivant l'opinion de Voltaire, il doit être regardé comme le chef-d'œuvre du vrai comique. Les abus et les vices inséparables de la société y sont admirablement retracés, et, par la misanthropie d'Alceste, dont la franchise s'attaque à tout et prend ombrage de tout, Molière a fait ressortir la sagesse d'une conduite indulgente qui tolère les défauts des autres, et prête à la vertu le charme de la douceur. — Cette pièce a été le sujet de quelques critiques violentes, et la plus célèbre est celle de J.-J. Rousseau, qui accusait l'auteur de « faire rire aux dépens de la vertu. » — Mais Rousseau, dans cette circonstance, comme dans beaucoup d'autres, s'était laissé entraîner par l'esprit de système et son amour pour le paradoxe.

ALCESTE, *assis*.

     Laissez-moi, je vous prie.

PHILINTE.

Mais encor, dites-moi, quelle bizarrerie....

ALCESTE.

Laissez-moi là, vous dis-je, et courez vous cacher.

PHILINTE.

Mais on entend les gens au moins sans se fâcher.

ALCESTE.

Moi, je veux me fâcher, et ne veux point entendre.

PHILINTE.

Dans vos brusques chagrins je ne puis vous comprendre ;
Et, quoique amis, enfin, je suis tout des premiers....

ALCESTE, *se levant brusquement*.

Moi, votre ami ? rayez cela de vos papiers.
J'ai fait jusques ici profession de l'être ;
Mais, après ce qu'en vous je viens de voir paraître,
Je vous déclare net que je ne le suis plus,
Et ne veux nulle place en des cœurs corrompus.

PHILINTE.

Je suis donc bien coupable, Alceste, à votre compte ?

ALCESTE.

Allez, vous devriez mourir de pure honte.
Une telle action ne saurait s'excuser,
Et tout homme d'honneur s'en doit scandaliser.
Je vous vois accabler un homme de caresses,
Et témoigner pour lui les dernières tendresses ;
De protestations, d'offres et de serments,
Vous chargez la fureur de vos embrassements ;
Et, quand je vous demande après quel est cet homme,
A peine pouvez-vous dire comme il se nomme ;
Votre chaleur pour lui tombe en vous séparant,
Et vous me le traitez, à moi, d'indifférent.
Morbleu ! c'est une chose indigne, lâche, infâme,
De s'abaisser ainsi jusqu'à trahir son âme ;

Et si, par un malheur, j'en avais fait autant,
Je m'irais, de regret, pendre tout à l'instant..

PHILINTE.

Je ne vois pas, pour moi, que le cas soit pendable ;
Et je vous supplierai d'avoir pour agréable
Que je me fasse un peu grâce sur votre arrêt,
Et ne me pende pas pour cela, s'il vous plaît.

ALCESTE.

Que la plaisanterie est de mauvaise grâce !

PHILINTE.

Mais, sérieusement, que voulez-vous qu'on fasse ?

ALCESTE.

Je veux qu'on soit sincère, et qu'en homme d'honneur,
On ne lâche aucun mot qui ne parte du cœur.

PHILINTE.

Lorsqu'un homme vous vient embrasser avec joie,
Il faut bien le payer de la même monnoie ;
Répondre, comme on peut à ses embrassements,
Et rendre offre pour offre et serments pour serments.

ALCESTE.

Non, je ne puis souffrir cette lâche méthode
Qu'affectent la plupart de vos gens à la mode ;
Et je ne hais rien tant que les contorsions
De tous ces grands faiseurs de protestations,
Ces affables donneurs d'embrassades frivoles,
Ces obligeants diseurs d'inutiles paroles,
Qui de civilités avec tous font combat,
Et traitent du même air l'honnête homme et le fat.
Quel avantage a-t-on qu'un homme vous caresse,
Vous jure amitié, foi, zèle, estime, tendresse,
Et vous fasse de vous un éloge éclatant,
Lorsqu'au premier faquin il court en faire autant ?
Non, non, il n'est point d'âme un peu bien située
Qui veuille d'une estime ainsi prostituée ;
Et la plus glorieuse a des régals peu chers,
Dès qu'on voit qu'on nous mêle avec tout l'univers :
Sur quelque préférence une estime se fonde,
Et c'est n'estimer rien qu'estimer tout le monde.

Puisque vous y donnez, dans ces vices du temps,
Morbleu ! vous n'êtes pas pour être de mes gens :
Je refuse d'un cœur la vaste complaisance
Qui ne fait de mérite aucune différence ;
Je veux qu'on me distingue, et, pour le trancher net,
L'ami du genre humain n'est point du tout mon fait.

PHILINTE.

Mais, quand on est du monde, il faut bien que l'on rende
Quelques dehors civils que l'usage demande.

ALCESTE.

Non, vous dis-je, on devrait châtier sans pitié
Ce commerce honteux de semblants d'amitié.
Je veux que l'on soit homme, et qu'en toute rencontre,
Le fond de notre cœur dans nos discours se montre,
Que ce soit lui qui parle, et que nos sentiments
Ne se masquent jamais sous de vains compliments.

PHILINTE.

Il est bien des endroits où la pleine franchise
Deviendrait ridicule et serait peu permise ;
Et parfois, n'en déplaise à votre austère honneur,
Il est bon de cacher ce qu'on a dans le cœur.
Serait-il à propos et de la bienséance
De dire à mille gens tout ce que d'eux on pense ?
Et, quand on a quelqu'un qu'on hait ou qui déplaît,
Lui doit-on déclarer la chose comme elle est ?

ALCESTE.

Oui.

PHILINTE.

Quoi ! vous irez dire à la vieille Émilie
Qu'à son âge il sied mal de faire la jolie,
Et que le blanc qu'elle a scandalise chacun ?

ALCESTE.

Sans doute.

PHILINTE.

A Dorilas qu'il est trop importun,
Et qu'il n'est à la cour oreille qu'il ne lasse
A conter sa bravoure et l'éclat de sa race ?

ALCESTE.

Fort bien.

PHILINTE.

Vous vous moquez.

ALCESTE.

Je ne me moque point.
Et je vais n'épargner personne sur ce point.
Mes yeux sont trop blessés, et la cour et la ville
Ne m'offrent rien qu'objets à m'échauffer la bile :
J'entre en une humeur noire, en un chagrin profond,
Quand je vois vivre entre eux les hommes comme ils font.
Je ne trouve partout que lâche flatterie,
Qu'injustice, intérêt, trahison, fourberie :
Je n'y puis plus tenir, j'enrage ; et mon dessein
Est de rompre en visière à tout le genre humain.

PHILINTE.

Ce chagrin philosophe est un peu trop sauvage;
Je ris des noirs accès où je vous envisage ;
Et crois voir, en nous deux, sous mêmes soins nourris,
Ces deux frères que peint l'*École des maris*,
Dont....

ALCESTE.

Mon Dieu ! laissons là vos comparaisons fades

PHILINTE.

Non : tout de bon, quittez toutes ces incartades.
Le monde par vos soins ne se changera pas :
Et, puisque la franchise a pour vous tant d'appas,
Je vous dirai tout franc que cette maladie
Partout où vous allez donne la comédie,
Et qu'un si grand courroux contre les mœurs du temps
Vous tourne en ridicule auprès de bien des gens.

ALCESTE.

Tant mieux, morbleu ! tant mieux, c'est ce que je demande.
Ce m'est un fort bon signe, et ma joie en est grande.
Tous les hommes me sont à tel point odieux
Que je serais fâché d'être sage à leurs yeux.

PHILINTE.

Vous voulez un grand mal à la nature humaine.

ALCESTE.

Oui ; j'ai conçu pour elle une effroyable haine.

PHILINTE.

Tous les pauvres mortels, sans nulle exception,
Seront enveloppés dans cette aversion?
Encore en est-il bien dans le siècle où nous sommes....

ALCESTE.

Non, elle est générale, et je hais tous les hommes :
Les uns parce qu'ils sont méchants et malfaisants,
Et les autres pour être aux méchants complaisants,
Et n'avoir pas pour eux ces haines vigoureuses
Que doit donner le vice aux âmes vertueuses :
De cette complaisance on voit l'injuste excès
Pour le franc scélérat avec qui j'ai procès.
Au travers de son masque on voit à plein le traître :
Partout il est connu pour tout ce qu'il peut être ;
Et ses roulements d'yeux et son ton radouci
N'imposent qu'à des gens qui ne sont point d'ici.
On sait que ce pied-plat, digne qu'on le confonde,
Par de sales emplois s'est poussé dans le monde,
Et que par eux son sort, de splendeur revêtu,
Fait gronder le mérite et rougir la vertu.
Quelques titres honteux qu'en tous lieux on lui donne,
Son misérable honneur ne voit pour lui personne ;
Nommez-le fourbe, infâme et scélérat maudit,
Tout le monde en convient, et nul n'y contredit.
Cependant sa grimace est partout bienvenue :
On l'accueille, on lui rit, partout il s'insinue ;
Et, s'il est par la brigue un rang à disputer,
Sur le plus honnête homme on le voit l'emporter.
Tête-bleu ! ce me sont de mortelles blessures
De voir qu'avec le vice on garde des mesures ;
Et parfois il me prend des mouvements soudains
De fuir dans un désert l'approche des humains.

PHILINTE.

Mon Dieu ! des mœurs du temps mettons-nous moins en peine,
Et faisons un peu grâce à la nature humaine :

Ne l'examinons point dans la grande rigueur,
Et voyons ses défauts avec quelque douceur.
Il faut parmi le monde une vertu traitable ;
A force de sagesse on peut être blâmable :
La parfaite raison fuit toute extrémité,
Et veut que l'on soit sage avec sobriété.
Cette grande roideur des vertus des vieux âges
Heurte trop notre siècle et les communs usages :
Elle veut aux mortels trop de perfection.
Il faut fléchir au temps sans obstination ;
Et c'est une folie à nulle autre seconde
De vouloir se mêler de corriger le monde.
J'observe, comme vous, cent choses tous les jours
Qui pourraient mieux aller, prenant un autre cours :
Mais, quoi qu'à chaque pas je puisse voir paraître,
En courroux, comme vous, on ne me voit point être.
Je prends tout doucement les hommes comme ils sont :
J'accoutume mon âme à souffrir ce qu'ils font ;
Et je crois qu'à la cour de même qu'à la ville,
Mon flegme est philosophe autant que votre bile.

ALCESTE.

Mais ce flegme, Monsieur, qui raisonnez si bien,
Ce flegme pourra-t-il ne s'échauffer de rien ?
Et s'il faut, par hasard, qu'un ami vous trahisse,
Que, pour avoir vos biens, on dresse un artifice,
Ou qu'on tâche à semer de méchants bruits de vous,
Verrez-vous tout cela sans vous mettre en courroux ?

PHILINTE.

Oui : je vois ces défauts, dont votre âme murmure,
Comme vices unis à l'humaine nature ;
Et mon esprit enfin n'est pas plus offensé
De voir un homme fourbe, injuste, intéressé,
Que de voir des vautours affamés de carnage,
Des singes malfaisants et des loups pleins de rage.

ALCESTE.

Je me verrai trahir, mettre en pièces, voler,
Sans que je sois.... Morbleu ! je ne veux point parler,
Tant ce raisonnement est plein d'impertinence !

PHILINTE.

Ma foi! vous ferez bien de garder le silence.
Contre votre partie éclatez un peu moins,
Et donnez au procès une part de vos soins.

ALCESTE.

Je n'en donnerai point, c'est une chose dite.

PHILINTE.

Mais qui voulez-vous donc qui pour vous sollicite?

ALCESTE.

Qui je veux? la raison, mon bon droit, l'équité.

PHILINTE.

Aucun juge par vous ne sera visité?

ALCESTE.

Non. Est-ce que ma cause est injuste ou douteuse?

PHILINTE.

J'en demeure d'accord, mais la brigue est fâcheuse,
Et....

ALCESTE.

  Non. J'ai résolu de n'en pas faire un pas.
J'ai tort, ou j'ai raison.

PHILINTE,

   Ne vous y fiez pas.

ALCESTE.

Je ne remuerai point.

PHILINTE.

   Votre partie est forte,
Et peut, par sa cabale, entraîner...

ALCESTE.

    Il n'importe.

PHILINTE.

Vous vous tromperez.

ALCESTE.

  Soit. J'en veux voir le succès.

PHILINTE.

Mais...

ALCESTE.

J'aurai le plaisir de perdre mon procès.

PHILINTE.

Mais enfin;...

ALCESTE.

Je verrai, dans cette plaiderie,
Si les hommes auront assez d'effronterie,
Seront assez méchants, scélérats et pervers,
Pour me faire injustice aux yeux de l'univers.

PHILINTE.

Quel homme !

ALCESTE.

Je voudrais, m'en coûtât-il grand'chose,
Pour la beauté du fait, avoir perdu ma cause.

PHILINTE.

On se rirait de vous, Alceste, tout de bon,
Si l'on vous entendait parler de la façon.

ALCESTE.

Tant pis pour qui rirait....

LES FEMMES SAVANTES (1).

ACTE II. — SCÈNE VII.

PHILAMINTE, — CHRYSALE, — BÉLISE.

CHRYSALE.

Vous êtes satisfaite, et la voilà partie ;
Mais je n'approuve point une telle sortie :

---

(1) Poëte comique et moraliste, Molière présente à la fois ce double caractère dans sa comédie des *Femmes savantes*, et c'est à juste titre qu'on la place au rang de ses plus belles pièces, du *Misanthrope* et

C'est une fille propre aux choses qu'elle fait,
Et vous me la chassez pour un maigre sujet.

PHILAMINTE.

Vous voulez que toujours je l'aie à mon service,
Pour mettre incessamment mon oreille au supplice,
Pour rompre toute loi d'usage et de raison,
Par un barbare amas de vices d'oraison (1),
De mots estropiés, cousus, par intervalles,
De proverbes traînés dans les ruisseaux des halles?

BÉLISE.

Il est vrai que l'on sue à souffrir ses discours;
Elle y met Vaugelas (2) en pièces tous les jours;
Et les moindres défauts de ce grossier génie
Sont ou le pléonasme, ou la cacophonie.

CHRYSALE.

Qu'importe qu'elle manque aux lois de Vaugelas,
Pourvu qu'à la cuisine elle ne manque pas?
J'aime bien mieux, pour moi, qu'en épluchant ses herbes,
Elle accommode mal les noms avec les verbes,
Et redise cent fois un bas et méchant mot,
Que de brûler ma viande ou saler trop mon pot.
Je vis de bonne soupe, et non de beau langage.
Vaugelas n'apprend point à bien faire un potage,
Et Malherbe et Balzac, si savants en beaux mots,
En cuisine peut-être auraient été des sots.

---

du *Tartufe*. — Montrer le ridicule que les femmes s'attirent en s'écartant des devoirs de la famille pour se livrer à des études qui leur font oublier leur véritable vocation, prouver que ces études ne sont jamais pour elles un élément de bonheur, et ridiculiser le pédantisme, tel est le but que Molière a admirablement atteint. — Dans la scène ci-dessus, deux *savantes*, Philaminte et Bélise, viennent de chasser leur servante Martine, simple paysanne dont le bon sens choquait leurs vaniteuses prétentions, et à qui elles ne pouvaient pardonner son langage rustique et ses fautes de français. Chrysale, indigné de voir sa femme et sa sœur négliger leur famille, leur reproche énergiquement, dans un langage dicté par la raison, la folie de leur conduite.

(1) De fautes de langage.
(2) Célèbre grammairien du dix-septième siècle.

PHILAMINTE.

Que ce discours grossier terriblement assomme !
Et quelle indignité, pour ce qui s'appelle homme,
D'être baissé sans cesse aux soins matériels,
Au lieu de se hausser vers les spirituels !
Le corps, cette guenille, est-il d'une importance,
D'un prix à mériter seulement qu'on y pense?
Et ne devons-nous pas laisser cela bien loin?

CHRYSALE.

Oui, mon corps est moi-même, et j'en veux prendre soin ;
Guenille, si l'on veut, ma guenille m'est chère.

BÉLISE.

Le corps avec l'esprit fait figure, mon frère ;
Mais, si vous en croyez tout le monde savant,
L'esprit doit sur le corps prendre le pas devant ;
Et notre plus grand soin, notre première instance,
Doit être à le nourrir du suc de la science.

CHRYSALE.

Ma foi, si vous songez à nourrir votre esprit,
C'est de viande bien creuse, à ce que chacun dit ;
Et vous n'avez nul soin, nulle sollicitude
Pour....

PHILAMINTE.

  Ah ! sollicitude à mon oreille est rude ;
Il pue étrangement son ancienneté.

BÉLISE.

Il est vrai que le mot est bien collet monté.

CHRYSALE.

Voulez-vous que je dise ? Il faut qu'enfin j'éclate,
Que je lève le masque et décharge ma rate :
De folles, on vous traite, et j'ai fort sur le cœur...

PHILAMINTE.

Comment donc?

CHRYSALE, *à Bélise.*

  C'est à vous que je parle, ma sœur.
Le moindre solécisme en parlant vous irrite ;

Mais vous en faites, vous, d'étranges en conduite.
Vos livres éternels ne me contentent pas ;
Et, hors un gros Plutarque à mettre mes rabats,
Vous devriez brûler tout ce meuble inutile,
Et laisser la science aux docteurs de la ville ;
M'ôter, pour faire bien, du grenier de céans
Cette longue lunette à faire peur aux gens,
Et cent brimborions dont l'aspect importune ;
Ne point aller chercher ce qu'on fait dans la lune,
Et vous mêler un peu de ce qu'on fait chez vous,
Où nous voyons aller tout sens dessus dessous.
Il n'est pas bien honnête, et pour beaucoup de causes,
Qu'une femme étudie et sache tant de choses :
Former aux bonnes mœurs l'esprit de ses enfants,
Faire aller son ménage, avoir l'œil sur ses gens,
Et régler la dépense avec économie,
Doit être son étude et sa philosophie.
Nos pères, sur ce point, étaient gens bien sensés,
Qui disaient qu'une femme en sait toujours assez
Quand la capacité de son esprit se hausse
A connaître un pourpoint d'avec un haut-de-chausse ;
Les leurs ne lisaient point, mais elles vivaient bien,
Leurs ménages étaient tout leur docte entretien ;
Et leurs livres un dé, du fil et des aiguilles,
Dont elles travaillaient au trousseau de leurs filles.
Les femmes d'à présent sont bien loin de ces mœurs :
Elles veulent écrire et devenir auteurs :
Nulle science n'est pour elles trop profonde,
Et céans beaucoup plus qu'en aucun lieu du monde
Les secrets les plus hauts s'y laissent concevoir,
Et l'on sait tout chez moi hors ce qu'il faut savoir.
On y sait comme vont lune, étoile polaire,
Venus, Saturne et Mars, dont je n'ai point affaire ;
Et, dans ce vain savoir, qu'on va chercher si loin,
On ne sait comme va mon pot, dont j'ai besoin.
Mes gens à la science aspirent pour vous plaire,
Et tous ne font rien moins que ce qu'ils ont à faire.
Raisonner est l'emploi de toute ma maison,
Et le raisonnement en bannit la raison...!
L'un me brûle mon rôt en lisant quelque histoire ;
L'autre rêve à des vers quand je demande à boire :
Enfin je vois par eux votre exemple suivi,

Et j'ai des serviteurs, et ne suis point servi.
Une pauvre servante au moins m'était restée
Qui de ce mauvais air n'était point infectée;
Et voilà qu'on la chasse avec un grand fracas,
A cause qu'elle manque à parler Vaugelas.
Je vous le dis, ma sœur, tout ce train-là me blesse,
Car c'est, comme j'ai dit, à vous que je m'adresse.
Je n'aime point céans tous vos gens à latin,
Et principalement ce monsieur Trissotin:
C'est lui qui, dans des vers, vous a tympanisées,
Tous les propos qu'il tient sont des billevesées.
On cherche ce qu'il dit après qu'il a parlé;
Et je lui crois, pour moi, le timbre un peu fêlé.

PHILAMINTE.

Quelle bassesse, ô ciel! et d'âme et de langage!

BÉLISE.

Est-il de petits corps un plus lourd assemblage,
Un esprit composé d'atomes plus bourgeois?
Et de ce même sang se peut-il que je sois?
Je me veux mal de mort d'être de votre race;
Et, de confusion, j'abandonne la place.

ACTE III. — SCÈNE V.

TRISSOTIN.

Vos vers ont des beautés que n'ont point tous les autres.

VADIUS.

Les Grâces et Vénus règnent dans tous les vôtres.

TRISSOTIN.

Vous avez le tour libre et le beau choix des mots.

VADIUS.

On voit partout chez vous l'*ithos* et le *pathos*.

TRISSOTIN.

Nous avons vu de vous des églogues d'un style
Qui passe en doux attraits Théocrite et Virgile.

VADIUS.

Vos odes ont un air noble, galant et doux,

Qui laisse de bien loin votre Horace après vous.

TRISSOTIN.

Est-il rien d'amoureux comme vos chansonnettes?

VADIUS.

Peut-on voir rien d'égal aux sonnets que vous faites?

TRISSOTIN.

Rien qui soit plus charmant que vos petits rondeaux?

VADIUS.

Rien de si plein d'esprit que tous vos madrigaux?

TRISSOTIN.

Aux ballades surtout vous êtes admirable.

VADIUS.

Et dans les bouts-rimés je vous trouve adorable.

TRISSOTIN.

Si la France pouvait connaître votre prix,

VADIUS.

Si le siècle rendait justice aux beaux esprits,

TRISSOTIN.

En carrosse doré vous iriez par les rues.

VADIUS.

On verrait le public vous dresser des statues.
  (A Trissotin.)
Hom! c'est une ballade, et je veux que tout net
Vous m'en...

TRISSOTIN, à Vadius.

Avez-vous vu certain petit sonnet
Sur la fièvre qui tient la princesse Uranie?

VADIUS.

Oui. Hier il me fut lu dans une compagnie.

TRISSOTIN.

Vous en savez l'auteur?

VADIUS.

Non; mais je sais fort bien
Qu'à ne le point flatter son sonnet ne vaut rien.

TRISSOTIN.

Beaucoup de gens pourtant le trouvent admirable.

VADIUS.

Cela n'empêche pas qu'il ne soit misérable;
Et, si vous l'avez vu, vous serez de mon goût.

TRISSOTIN.

Je sais que là-dessus je n'en suis point du tout,
Et que d'un tel sonnet peu de gens sont capables.

VADIUS.

Me préserve le ciel d'en faire de semblables!

TRISSOTIN.

Je soutiens qu'on ne peut en faire de meilleur;
Et ma grande raison, c'est que j'en suis l'auteur.

VADIUS.

Vous?

TRISSOTIN.

Moi.

VADIUS.

Je ne sais donc comment se fit l'affaire.

TRISSOTIN.

C'est qu'on fut malheureux de ne pouvoir vous plaire.

VADIUS.

Il faut qu'en écoutant j'aie eu l'esprit distrait,
Ou bien que le lecteur m'ait gâté le sonnet.
Mais laissons ce discours, et voyons ma ballade.

TRISSOTIN.

La ballade, à mon goût, est une chose fade;
Ce n'en est plus la mode, elle sent son vieux temps.

VADIUS.

La ballade pourtant charme beaucoup de gens.

TRISSOTIN.

Cela n'empêche pas qu'elle ne me déplaise.

VADIUS.

Elle n'en reste pas pour cela plus mauvaise.

TRISSOTIN.

Elle a pour les pédants de merveilleux appas.

VADIUS.

Cependant nous voyons qu'elle ne vous plaît pas.

TRISSOTIN

Vous donnez sottement vos qualités aux autres.
(*Ils se lèvent.*)

VADIUS.

Fort impertinemment vous me jetez les vôtres.

TRISSOTIN.

Allez, petit grimaud, barbouilleur de papier.

VADIUS.

Allez, rimeur de halle, opprobre du métier.

TRISSOTIN.

Allez, fripier d'écrits, impudent plagiaire.

VADIUS.

Allez, cuistre...

PHILAMINTE.

Hé! Messieurs, que prétendez-vous faire?

TRISSOTIN, *à Vadius*.

Va, va restituer tous les honteux larcins
Que réclament sur toi les Grecs et les Latins.

VADIUS.

Va, va-t'en faire amende honorable au Parnasse
D'avoir fait à tes vers estropier Horace.

TRISSOTIN.

Souviens-toi de ton livre et de son peu de bruit.

VADIUS.

Et toi, de ton libraire à l'hôpital réduit.

TRISSOTIN.

Ma gloire est établie, en vain tu la déchires.

VADIUS.

Oui, oui, je te renvoie à l'auteur des satires (1)...

TRISSOTIN.

Je t'y renvoie aussi.

VADIUS.

J'ai le contentement
Qu'on voit qu'il m'a traité plus honorablement.
Il me donne en passant une atteinte légère
Parmi plusieurs auteurs qu'au palais on révère ;
Mais jamais dans ses vers il ne te laisse en paix,
Et l'on t'y voit partout être en butte à ses traits.

TRISSOTIN.

C'est par là que j'y tiens un rang plus honorable :
Il te met dans la foule, ainsi qu'un misérable ;
Il croit que c'est assez d'un coup pour t'accabler,
Et ne t'a jamais fait l'honneur de redoubler :
Mais il m'attaque à part comme un noble adversaire,
Sur qui tout son effort lui semble nécessaire ;
Et ses coups, contre moi redoublés en tous lieux,
Montrent qu'il ne se croit jamais victorieux.

VADIUS.

Ma plume t'apprendra quel homme je puis être.

TRISSOTIN.

Et la mienne saura te faire voir ton maître.

VADIUS.

Je te défie en vers, prose, grec et latin.

TRISSOTIN.

Hé bien ! nous nous verrons seul à seul chez Barbin (2).

(1) Boileau.
(2) Fameux libraire de Paris.

L'HOMME CONTENT DE LUI-MÊME.

Parbleu ! je ne vois pas, lorsque je m'examine,
Où prendre aucun sujet d'avoir l'âme chagrine.
J'ai du bien, je suis jeune, et sors d'une maison
Qui se peut dire noble avec quelque raison ;
Et je crois, par le rang que me donne ma race,
Qu'il est fort peu d'emplois dont je ne sois en passe.
Pour le cœur, dont surtout nous devons faire cas,
On sait, sans vanité, que je n'en manque pas ;
Et l'on m'a vu pousser dans le monde une affaire
D'une assez vigoureuse et gaillarde manière.
Pour de l'esprit, j'en ai, sans doute, et du bon goût,
A juger sans étude et raisonner de tout ;
A faire aux nouveautés, dont je suis idolâtre,
Figure de savant sur les bancs du théâtre,
Y décider en chef, et faire du fracas
A tous les beaux endroits qui méritent des ahs.
Je suis assez adroit ; j'ai bon air, bonne mine,
Les dents belles surtout et la taille très-fine.
Quant à se mettre bien, je crois, sans me flatter,
Qu'on serait mal venu de me le disputer.
Je me vois dans l'estime autant qu'on y puisse être,
Ayant beaucoup d'amis et bien auprès du maître.
Je crois qu'avec cela, mon cher marquis, je croi
Qu'on peut par tout pays être content de soi.

CORNEILLE.

Pierre Corneille, sieur de Danville, à qui la France, suivant le mot de Voltaire, a donné le nom de GRAND, non-seulement pour le distinguer de son frère, mais du reste des hommes, naquit à Rouen le 6 juin 1606. Il fit ses études au collège de cette ville, et, en 1627, il fut reçu avocat du roi à la *Table de marbre*, juridiction administrative qui connaissait des délits relatifs aux eaux et forêts. Mais cette fonction ne put le détourner de la littérature, et, de 1629 à 1636, il fit représenter diverses comédies qui obtinrent beaucoup de succès. Sa première tragédie, *Médée*, fut jouée en 1635, et l'année suivante il donna *le Cid*, dont l'idée première est tirée d'un drame espagnol. Cette tragédie, qui formait un si grand contraste avec toutes les œuvres que la France avait produites jusque-là, et qui élevait, comme par une brusque surprise, le théâtre français au niveau du théâtre de l'antiquité, produisit une impression profonde. « L'enthousiasme, dit un contemporain, alla jusqu'au transport. On ne pouvait se lasser de voir cette pièce ; on n'entendait autre chose dans les compagnies ; chacun en savait quelques parties par cœur : on la faisait apprendre aux enfants, et il était passé en proverbe de dire : *Cela est beau comme le Cid.* » Le proverbe avait raison, car jamais l'héroïsme chevaleresque n'avait enfanté un poëme plus grandiose et parlé un plus noble langage. Corneille, dès ce moment, était entré dans la voie des chefs-d'œuvre, et, pendant quelques années, il ne s'y arrêta plus. *Horace, Cinna, Polyeucte, Pompée,* la belle comédie du *Menteur,* parurent de 1639 à 1642 ; ce fut là comme l'apogée de son génie. Les tragédies de *Rodogune,* d'*Héraclius,* de *Don Sanche,* de *Nicomède,* composées de 1646 à 1652, renferment encore les plus saisissantes beautés. Mais déjà le génie de l'auteur subit de nombreuses défaillances ; la décadence est encore plus sensible dans ses dernières tragédies : mais, quoi qu'il en soit de l'infériorité des pièces de son déclin, on peut dire qu'elles offrent encore en de nombreux passages l'empreinte d'une grandeur dont seul il avait le secret, et, de notre temps même, la critique les a défendues avec raison contre la sévérité exagérée des jugements dont elles ont été l'objet.

Outre ses tragédies et ses comédies, Corneille a composé des poésies, épîtres, élégies, stances, où brillent toutes les grandes qualités de son esprit, et une traduction en vers de l'*Imitation de Jésus-Christ,* remarquable par la vigueur et l'élévation du style.

Corneille est, sans contredit, l'un des plus beaux génies qui aient honoré l'humanité, car personne ne s'est élevé plus haut dans l'idée de l'héroïsme, du dévouement et de l'abnégation ; personne n'a tiré de plus nobles enseignements du spectacle des passions humaines en lutte avec le sentiment du devoir et les obligations de la morale. Son théâtre est une véritable école de grandeur, et l'admiration qu'il a inspirée de son temps n'a fait que s'augmenter avec l'âge. « Sa popularité, dit avec raison M. Nisard, honore notre pays. Elle y est l'effet de cet amour pour les grandes choses, de cette passion pour les grands hommes, qui sont un des traits de notre caractère national. A Dieu ne plaise que le Grand Corneille cesse d'être populaire sur notre théâtre ! Ce jour-là nous aurions cessé d'être une grande nation. »

Si Corneille est admirable comme poëte dramatique, il n'est pas moins estimable comme homme privé. L'honnêteté de ses principes, sa fidélité aux attachements sérieux, lui firent des amis dévoués dans toutes les classes, et même parmi ceux qui suivaient comme lui la carrière du théâtre, et à qui sa gloire pouvait porter ombrage. Le maréchal de Gramont, le Grand Condé, témoignèrent toujours autant d'affection et d'estime pour sa personne que d'admiration pour son talent. Fidèle à tous ses devoirs de fils, d'époux, et de père, Corneille montra toujours aussi pour ses devoirs de chrétien une inviolable soumission : « Il avait, dit l'un de ses biographes, l'usage des sacrements, et récita tous les jours le bréviaire romain pendant les trente dernières années de sa vie. »

Simple et modeste, il laissait tout naturellement la gloire venir à lui, sans jamais chercher le bruit et l'éclat. Il habitait une grande partie de l'année à Rouen, et, quand il avait fait une tragédie, il la portait à Paris, comme ces paysans de la Normandie « qui apportent à la grande ville, dit M. Jules Janin, le produit de leur champ; et, à le voir pensif et calme, de gros souliers aux pieds, un long bâton à la main on l'eût pris pour un fermier allant payer à son maître le prix de ses herbages. » Son goût pour la retraite et le repos était si vif que la seule charge qu'il eût conservée toute sa vie fut celle de marguillier de la paroisse Saint-Sauveur de Rouen. Par malheur le produit de ses pièces, qui, de nos jours, lui aurait assuré la fortune, ne suffisait pas, malgré la simplicité de sa vie, à le défendre de la gêne. L'anecdote suivante, racontée par un de ses parents qui était venu lui rendre visite à Paris, montre à quelle triste situation sa vieillesse fut réduite :

« J'ay veu hyer, dit l'auteur de cette lettre, M. Corneille, nostre parent et amy; il se porte assez bien pour son aage. Il m'a priyé de vous faire ses amitiez. Nous sommes sortys ensemble après le dîner, et, en passant par la rue de la Parcheminerie, il est entré dans une boutique pour faire raccommoder sa chaussure, qui était décousue. Il s'est assis sur une planche, et moy auprès de luy; et, lorsque l'ouvrier eust refaict, il lui a donné trois pièces qu'il avait dans sa poche. Lorsque nous fusmes rentrez, je luy ai offert ma bourse, mais il n'a point voulu la recevoir ni la partager. J'ay pleuré qu'un si grand génie fust réduit à cet excès de misère. »

On a dit, mais sans preuves suffisantes, que la mort de Colbert, en 1683, fit suspendre la pension de deux mille livres qu'il avait touchée jusque-là : toujours est-il que, peu de jours avant sa mort, il se trouvait réduit à une telle détresse que Boileau se rendit auprès du roi, et lui offrit de faire l'abandon de sa pension, en disant qu'il serait honteux pour lui de la toucher lorsque Corneille mourant manquait du nécessaire. Le roi donna deux cents louis, secours tardif, et qui ne profita guère, car il s'était à peine écoulé quarante-huit heures que le grand poëte avait cessé d'exister. Il mourut dans le logement qu'il habitait à Paris, rue d'Argenteuil, pendant la nuit du 30 septembre au 1er octobre 1684. Le surlendemain il fut inhumé à Saint-Roch, et pleuré par la France entière.

POLYEUCTE (1).

ACTE IV. — SCÈNE III.

POLYEUCTE, PAULINE.

POLYEUCTE.

Madame, quel dessein vous fait me demander ?
Est-ce pour me combattre ou pour me seconder ?

PAULINE.

Vous n'avez point ici d'ennemis que vous-même :
Seul vous vous haïssez lorsque chacun vous aime ;
Daignez considérer le sang d'où vous sortez,
Vos grandes actions, vos rares qualités,
Chéri de tout un peuple, estimé chez le prince,
Gendre du gouverneur de toute la province ;
Et n'abandonnez pas à la main du bourreau
Ce qu'à nos justes vœux promet un sort si beau.

POLYEUCTE.

J'ai de l'ambition, mais plus noble et plus belle.
Cette grandeur périt, j'en veux une immortelle :
Un bonheur assuré, sans mesure et sans fin,
Au-dessus de l'envie, au-dessus du destin.
Est-ce trop l'acheter que d'une triste vie,
Qui tantôt, qui soudain me peut être ravie,
Qui ne me fait jouir que d'un instant qui fuit,
Et ne peut m'assurer de celui qui le suit ?

---

(1) Le martyre de saint Polyeucte, victime des persécutions dirigées contre les chrétiens, a donné à Corneille le sujet de cette tragédie. Né d'une famille noble et illustre, Polyeucte s'était marié avec Pauline, fille de Félix, gouverneur romain de l'Arménie. Converti au christianisme peu de temps après par son ami Néarque, il déchira les édits de persécution qu'avait publiés l'empereur Dèce, et brisa dans le temple les idoles des faux dieux. Condamné à mort pour ce fait, il subit le martyre avec le plus grand courage ; sa femme Pauline et son beau-père Félix essayèrent en vain de le ramener, pour lui sauver la vie, au culte des faux dieux ; il résista à toutes leurs sollicitations, et par son exemple il convertit Pauline elle-même. La tragédie de *Polyeucte* est sans contredit l'une des plus belles compositions dramatiques qui aient paru au théâtre, et jamais les plus nobles sentiments de l'âme humaine n'ont éclaté avec autant de grandeur.

PAULINE.

Voilà de vos chrétiens les ridicules songes ;
Voilà jusqu'à quel point vous charment leurs mensonges.
Tout votre sang est peu pour un bonheur si doux !
Mais, pour en disposer, ce sang est-il à vous ?
Vous n'avez pas la vie ainsi qu'un héritage ;
Le jour qui vous la donne en même temps l'engage :
Vous la devez au prince, au public, à l'État.

POLYEUCTE.

Je la voudrais pour eux perdre dans un combat :
Je dois ma vie au peuple, au prince, à sa couronne ;
Mais je la dois bien plus au Dieu qui me la donne.
Si mourir pour son prince est un illustre sort,
Quand on meurt pour son Dieu, quelle sera la mort ?

PAULINE.

Quel Dieu !

POLYEUCTE.

Tout beau, Pauline : il entend vos paroles,
Et ce n'est pas un Dieu comme vos dieux frivoles,
Insensibles et sourds, impuissants, mutilés,
De bois, de marbre ou d'or, comme vous les voulez :
C'est le Dieu des chrétiens, c'est le mien, c'est le vôtre ;
Et la terre et le ciel n'en connaissent point d'autre.

PAULINE.

Adorez-le dans l'âme et n'en témoignez rien.

POLYEUCTE.

Que je sois tout ensemble idolâtre et chrétien !

PAULINE.

Ne feignez qu'un moment : laissez partir Sévère (1),
Et donnez lieu d'agir aux bontés de mon père.

---

(1) Sévère était un chevalier romain qui avait autrefois recherché l'alliance de Pauline, mais n'avait pu l'obtenir à cause de la médiocrité de sa fortune. Devenu le favori de l'empereur, Félix craignait la vengeance d'un homme qu'il avait refusé pour gendre, et n'osait épargner la vie de Polyeucte dans la crainte qu'il ne lui fît perdre sa puissance.

POLYEUCTE.

Les bontés de mon Dieu sont bien plus à chérir :
Il m'ôte des périls que j'aurais pu courir,
Et, sans me laisser lieu de tourner en arrière,
Sa faveur me couronne entrant dans la carrière.;
Du premier coup de vent il me conduit au port,
Et, sortant du baptême, il m'envoie à la mort.
Si vous pouviez comprendre et le peu qu'est la vie,
Et de quelles douceurs cette mort est suivie....
Mais que sert de parler de ces trésors cachés
A des esprits que Dieu n'a pas encor touchés ?

PAULINE.

Cruel ! car il est temps que ma douleur éclate,
Et qu'un juste reproche accable une âme ingrate :
Est-ce là ce beau feu ? sont-ce là tes serments ?
Témoignes-tu pour moi les moindres sentiments ?
Je ne te parlais point de l'état déplorable
Où ta mort va laisser ta femme inconsolable ;
Je croyais que l'amour t'en parlerait assez,
Et je ne voulais pas de sentiments forcés :
Mais cette amour si ferme et si bien méritée,
Que tu m'avais promise, et que je t'ai portée,
Quand tu me veux quitter, quand tu me fais mourir,
Te peut-elle arracher une larme, un soupir ?
Tu me quittes, ingrat, et le fais avec joie :
Tu ne la caches pas, tu veux que je la voie ;
Et ton cœur, insensible à ces tristes appas,
Se figure un bonheur où je ne serai pas !
C'est donc là le dégoût qu'apporte l'hyménée ?
Je te suis odieuse après m'être donnée !

POLYEUCTE.

Hélas !

PAULINE.

Que cet hélas a de peine à sortir !
Encor s'il commençait un heureux repentir,
Que, tout forcé qu'il est, j'y trouverais de charmes !
Mais, courage, il s'émeut, je vois couler des larmes.

POLYEUCTE.

J'en verse, et plût à Dieu qu'à force d'en verser,

Ce cœur trop endurci se pût enfin percer !
Le déplorable état où je vous abandonne
Est bien digne des pleurs que mon amour vous donne ;
Et, si l'on peut au ciel sentir quelques douleurs,
J'y pleurerai pour vous l'excès de vos malheurs :
Mais si, dans ce séjour de gloire et de lumière,
Ce Dieu tout juste et bon peut souffrir ma prière,
S'il y daigne écouter un conjugal amour,
Sur votre aveuglement il répandra le jour.
Seigneur, de vos bontés il faut que je l'obtienne,
Elle a trop de vertus pour n'être pas chrétienne :
Avec trop de mérite il vous plut la former
Pour ne vous pas connaître et ne vous pas aimer,
Pour vivre des enfers esclave infortunée,
Et sous leur triste joug mourir comme elle est née.

PAULINE.

Que dis-tu, malheureux ? qu'oses-tu souhaiter ?

POLYEUCTE.

Ce que de tout mon sang je voudrais acheter.

PAULINE.

Que plutôt !....

POLYEUCTE.

     C'est en vain qu'on se met en défense :
Ce Dieu touche les cœurs lorsque moins on y pense.
Ce bienheureux moment n'est pas encor venu ;
Il viendra, mais le temps ne m'en est pas connu.

PAULINE.

Quittez cette chimère, et m'aimez.

POLYEUCTE.

       Je vous aime,
Beaucoup moins que mon Dieu, mais bien plus que moi-même.

PAULINE.

Au nom de cet amour ne m'abandonnez pas.

POLYEUCTE.

Au nom de cet amour daignez suivre mes pas.

PAULINE.

C'est peu de me quitter, tu veux donc me séduire?

POLYEUCTE.

C'est peu d'aller au ciel, je veux vous y conduire.

PAULINE.

Imaginations !

POLYEUCTE.

Célestes vérités !

PAULINE.

Étrange aveuglement !

POLYEUCTE.

Éternelles clartés !

PAULINE.

Tu préfères la mort à l'amour de Pauline !

POLYEUCTE.

Vous préférez le monde à la bonté divine !

PAULINE.

Va, cruel, va mourir : tu ne m'aimas jamais.

POLYEUCTE.

Vivez heureuse au monde, et me laissez en paix.

PAULINE.

Oui, je t'y vais laisser : ne t'en mets plus en peine....

PAULINE, — FÉLIX.

ACTE V. — SCÈNE V.

Pauline, devenue chrétienne, reproche à son père la mort de son époux, et demande qu'on la fasse mourir elle-même.

Père barbare, achève, achève ton ouvrage ;
Cette seconde hostie est digne de ta rage.
Joins ta fille à ton gendre ; ose, que tardes-tu ?
Tu vois le même crime, ou la même vertu.
Ta barbarie en elle a les mêmes matières.
Mon époux en mourant m'a laissé ses lumières ;

Son sang dont tes bourreaux viennent de me couvrir
M'a dessillé les yeux, et me les vient d'ouvrir.
Je vois, je sais, je crois, je suis désabusée :
De ce bienheureux sang tu me vois baptisée ;
Je suis chrétienne enfin, n'est-ce point assez dit ?
Conserve en me perdant ton rang et ton crédit ;
Redoute l'empereur, appréhende Sévère ;
Si tu ne veux périr, ma perte est nécessaire ;
Polyeucte m'appelle à cet heureux trépas ;
Je vois Néarque et lui qui me tendent les bras.
Mène, mène-moi voir tes dieux que je déteste ;
Ils n'en ont brisé qu'un, je briserai le reste.
On m'y verra braver tout ce que vous craignez,
Ces foudres impuissants qu'en leurs mains vous peignez,
Et saintement rebelle aux lois de la naissance,
Une fois envers toi manquer d'obéissance.
Ce n'est point ma douleur que par là je fais voir,
C'est la grâce qui parle et non le désespoir.
Le faut-il dire encor ? Félix, je suis chrétienne ;
Affermis par ma mort ta fortune et la mienne ;
Le coup à l'un et l'autre en sera précieux,
Puisqu'il t'assure en terre en m'élevant aux cieux.

SÉVÈRE, — FÉLIX, — PAULINE.

ACTE V. — SCÈNE VI.

SÉVÈRE.

Père dénaturé, malheureux politique,
Esclave ambitieux d'une peur chimérique,
Polyeucte est donc mort ! et par vos cruautés
Vous pensez conserver vos tristes dignités ?
La faveur que pour lui je vous avais offerte,
Au lieu de le sauver, précipite sa perte !
J'ai prié, menacé, mais sans vous émouvoir ;
Et vous m'avez cru fourbe, ou de peu de pouvoir !
Eh bien ! à vos dépens vous verrez que Sévère
Ne se vante jamais que de ce qu'il peut faire ;
Et par votre ruine il vous fera juger
Que qui peut bien vous perdre eût pu vous protéger.
Continuez aux dieux ce service fidèle ;
Par de telles horreurs montrez-leur votre zèle.

Adieu ; mais quand l'orage éclatera sur vous,
Ne doutez point du bras dont partiront les coups.

FÉLIX.

Arrêtez-vous, Seigneur, et d'une âme apaisée,
Souffrez que je vous livre une vengeance aisée.
Ne me reprochez plus que par mes cruautés
Je tâche à conserver mes tristes dignités ;
Je dépose à vos pieds l'éclat de leur faux lustre :
Celle où j'ose aspirer est d'un rang plus illustre ;
Je m'y trouve forcé par un secret appas ;
Je cède à des transports que je ne connais pas ;
Et, par un mouvement que je ne puis entendre,
De ma fureur je passe au zèle de mon gendre.
C'est lui, n'en doutez point, dont le sang innocent
Pour son persécuteur prie un Dieu tout-puissant ;
Son amour épandu sur toute la famille
Tire après lui le père aussi bien que la fille.
J'en ai fait un martyr, sa mort me fait chrétien :
J'ai fait tout son bonheur, il veut faire le mien ;
C'est ainsi qu'un chrétien se venge et se courrouce :
Heureuse cruauté dont la suite est si douce !
Donne la main, Pauline. Apportez des liens ;
Immolez à vos dieux ces deux nouveaux chrétiens.
Je le suis, elle l'est, suivez votre colère.

PAULINE.

Qu'heureusement enfin je retrouve mon père !
Cet heureux changement rend mon bonheur parfait.

FÉLIX.

Ma fille, il n'appartient qu'à la main qui le fait.

SÉVÈRE.

Qui ne serait touché d'un si tendre spectacle !
De pareils changements ne vont point sans miracle ;
Sans doute vos chrétiens, qu'on persécute en vain,
Ont quelque chose en eux qui surpasse l'humain ;
Ils mènent une vie avec tant d'innocence,
Que le ciel leur en doit quelque reconnaissance :
Se relever plus forts, plus ils sont abattus,
N'est pas aussi l'effet des communes vertus.
Je les aimai toujours, quoi qu'on m'en ait pu dire ;

Je n'en vois point mourir que mon cœur n'en soupire ;
Et peut-être qu'un jour je les connaîtrai mieux.
J'approuve cependant que chacun ait ses dieux,
Qu'il les serve à sa mode, et sans peur de la peine.
Si vous êtes chrétien, ne craignez plus ma haine ;
Je les aime, Félix, et de leur protecteur
Je n'en veux pas sur vous faire un persécuteur.
Gardez votre pouvoir, reprenez-en la marque ;
Servez bien votre Dieu, servez notre monarque.
Je perdrai mon crédit envers sa majesté,
Ou vous verrez finir cette sévérité :
Par cette injuste haine il se fait trop d'outrage.

FÉLIX.

Daigne le ciel en vous achever son ouvrage,
Et, pour vous rendre un jour ce que vous méritez,
Vous inspirer bientôt toutes ses vérités !
Nous autres, bénissons notre heureuse aventure :
Allons à nos martyrs donner la sépulture,
Baiser leurs corps sacrés, les mettre en digne lieu,
Et faire retentir partout le nom de Dieu.

COMBAT DE RODRIGUE CONTRE LES MAURES.

LE CID.

ACTE IV. — SCÈNE III.

Le Cid, né au château de Bivar, près Burgos, vers 1046, mort en 1099 ; se signala par ses exploits contre les Musulmans. C'est l'un des personnages les plus célèbres de l'histoire d'Espagne.

Cette obscure clarté qui tombe des étoiles
Enfin avec le flux nous fit voir trente voiles.
L'onde s'enfle dessous, et, d'un commun effort,
Les Maures et la mer montent jusques au port.
On les laisse passer ; tout leur paraît tranquille ;
Point de soldats au port, point aux murs de la ville.
Notre profond silence abusant leurs esprits,
Ils n'osent plus douter de nous avoir surpris :
Ils abordent sans peur ; ils ancrent, ils descendent,
Et courent se livrer aux mains qui les attendent.

Nous nous levons alors, et tous en même temps
Poussons jusques au ciel mille cris éclatants ;
Les nôtres au signal de nos vaisseaux répondent ;
Ils paraissent armés ; les Maures se confondent ;
L'épouvante les prend à demi descendus ;
Avant que de combattre, ils s'estiment perdus.
Ils couraient au pillage, et rencontrent la guerre.
Nous les pressons sur l'eau, nous les pressons sur terre ;
Et nous faisons courir des ruisseaux de leur sang
Avant qu'aucun résiste on reprenne son rang.
  Mais bientôt, malgré nous, leurs princes les rallient ;
Leur courage renaît, et leurs terreurs s'oublient ;
La honte de mourir sans avoir combattu
Arrête leur désordre, et leur rend leur vertu.
Contre nous de pied ferme ils tirent leurs épées ;
Des plus braves soldats les trames sont coupées,
Et la terre et le fleuve, et leur flotte et le port,
Sont des champs de carnage où triomphe la mort.
Oh ! combien d'actions, combien d'exploits célèbres
Sont demeurés sans gloire au milieu des ténèbres,
Où chacun, seul témoin des grands coups qu'il donnait,
Ne pouvait discerner où le sort inclinait !
J'allais de tous côtés encourager les nôtres,
Faire avancer les uns et soutenir les autres ;
Ranger ceux qui venaient, les pousser à leur tour,
Et n'en pus rien savoir jusques au point du jour.
Mais enfin sa clarté montra notre avantage ;
Le Maure vit sa perte et perdit le courage ;
Et, voyant un renfort qui nous vint secourir,
Changea l'ardeur de vaincre en la peur de mourir.
  Ils gagnent leurs vaisseaux, ils en coupent les câbles ;
Nous laissent pour adieux des cris épouvantables,
Font retraite en tumulte, et sans considérer
Si leurs rois avec eux ont pu se retirer.
Ainsi leur devoir cède à la frayeur plus forte ;
Le flux les apporta, le reflux les remporte.
Cependant que leurs rois engagés parmi nous,
Et quelque peu des leurs tous percés de nos coups,
Disputent vaillamment, et vendent bien leur vie,
A se rendre moi-même en vain je les convie ;
Le cimeterre au poing, ils ne m'écoutent pas ;
Mais, voyant à leurs pieds tomber tous leurs soldats,

Et que seuls désormais en vain ils se défendent,
Ils demandent le chef : je me nomme ; ils se rendent.
Je vous les envoyai tous deux en même temps,
Et le combat cessa faute de combattants.

IMPRÉCATIONS DE CAMILLE.

HORACE.

ACTE IV. — SCÈNE VI.

Sous le règne de Tullus Hostilius, troisième roi de Rome, la guerre ayant éclaté entre les Romains et les Albains, il fut décidé que la querelle serait vidée par un combat singulier, dans lequel trois jeunes guerriers Romains, trois frères, nommés les *Horaces*, lutteraient contre trois frères Albains, les *Curiaces*. Deux des Horaces furent tués au premier choc, mais le troisième, en attaquant ses ennemis l'un après l'autre, les tua tous les trois, et par sa victoire assura la suprématie de Rome sur Albe, sa rivale. Les Horaces avaient une sœur nommée Camille, qui était fiancée à l'un des Curiaces, et c'est d'une part cet amour pour un ennemi de son pays, et de l'autre le patriotisme du père des Horaces, sacrifiant ses enfants à la grandeur de Rome, qui ont fourni à Corneille le sujet de la belle tragédie intitulée *Horace*. Dans le morceau qu'on va lire Camille exhale sa douleur en apprenant que son frère vient de tuer celui qui lui était destiné pour époux.

Rome, l'unique objet de mon ressentiment !
Rome à qui vient ton bras d'immoler mon amant !
Rome qui t'a vu naître, et que ton cœur adore !
Rome enfin que je hais, parce qu'elle t'honore !
Puissent tous ses voisins, ensemble conjurés,
Saper ses fondements encor mal assurés !
Et, si ce n'est assez de toute l'Italie,
Que l'Orient contre elle à l'Occident s'allie ;
Que cent peuples, unis des bouts de l'univers,
Passent pour la détruire et les monts et les mers ;
Qu'elle-même sur soi renverse ses murailles,
Et de ses propres mains déchire ses entrailles ;
Que le courroux du ciel, allumé par mes vœux,
Fasse pleuvoir sur elle un déluge de feux !
Puissé-je de mes yeux y voir tomber la foudre,
Voir ses maisons en cendre et tes lauriers en poudre,

Voir le dernier Romain à son dernier soupir,
Moi seule en être cause, et mourir de plaisir!

L'AMOUR DE DIEU (1).

Connais-tu bien l'amour, toi qui parles d'aimer ?
L'amour est un trésor qu'on ne peut estimer ;
Il n'est rien de plus grand, rien de plus admirable ;
Il est seul à soi-même ici-bas comparable ;
Il sait rendre légers les plus pesants fardeaux ;
Les jours les plus obscurs, il sait les rendre beaux,
Et l'inégalité des rencontres fatales
Ne trouve point en lui des forces inégales ;
Charmé qu'il est surtout des beautés de son choix,
Quelque charge qu'il porte, il n'en sent point le poids,
Et son attachement au digne objet qu'il aime
Donne mille douceurs à l'amertume même.

Cet amour de Jésus est noble et généreux :
Des grandes actions il rend l'homme amoureux,
Et les impressions qu'une fois il a faites
Toujours de plus en plus aspirent aux parfaites,
Il va toujours en haut chercher de saints appas ;
Il traite de mépris tout ce qu'il voit de bas,
Et dédaigne le joug de ces honteuses chaînes
Jusqu'à ne point souffrir d'affections mondaines,
De peur que leur nuage, enveloppant ses yeux,
A leurs secrets regards n'ôte l'aspect des cieux,
Qu'un frivole intérêt des choses temporelles
N'abatte les désirs qu'il pousse aux éternelles,
Ou que, pour éviter quelque incommodité,
Il n'embrasse un obstacle à sa félicité.

Je te dirai bien plus, sa douceur et sa force
Sont des cœurs les plus grands la plus illustre amorce ;
La terre ne voit rien qui soit plus achevé ;
Le ciel même n'a rien qui soit plus élevé :

(1) Ce passage est extrait de l'*Imitation de Jésus-Christ*, traduite en vers par Corneille.

En veux-tu la raison? en Dieu seul est sa source;
Il en part, il y rentre, et ce feu tout divin
N'a point d'autre principe et n'a point d'autre fin,

Pour tous également son ardeur est extrême;
Il donne tout pour tous, et n'a rien à lui-même;
Mais quoiqu'il soit prodigue, il ne perd jamais rien,
Puisqu'il retrouve tout dans le souverain bien,
Dans ce bien souverain à qui tous autres cèdent,
Qui seul les comprend tous, et dont tous ils procèdent.
Il se repose entier sur son unique appui,
Et trouve tout en tous sans posséder que lui.
Dans les dons qu'il reçoit tout ce qu'il se propose,
C'est d'en bénir l'auteur par-dessus toute chose :
Il n'a point de mesure, et comme son ardeur
Ne peut de son objet égaler la grandeur,
Il la croit toujours faible, et souvent en murmure,
Quand même cette ardeur passe toute mesure.

Rien ne pèse à l'amour, rien ne peut l'arrêter :
Il n'est point de travaux qu'il daigne supputer;
Il veut plus que sa force; et, quoi qui se présente,
L'impossibilité jamais ne l'épouvante;
Le zèle qui l'emporte au bien qu'il s'est promis
Lui montre tout possible, et lui peint tout permis.

Ainsi qui sait aimer se rend de tout capable :
Il réduit à l'effet ce qui semble incroyable;
Mais le manque d'amour fait le manque de cœur;
Il abat le courage, il détruit la vigueur,
Relâche les désirs, brouille la connaissance,
Et laisse enfin tout l'homme à sa propre impuissance.

L'amour ne dort jamais, non plus que le soleil;
Il sait l'art de veiller dans les bras du sommeil;
Il sait dans la fatigue être sans lassitude;
Il sait dans la contrainte être sans servitude,
Porter mille fardeaux sans en être accablé,
Voir mille objets d'effroi sans en être troublé :
C'est d'une vive flamme une heureuse étincelle,
Qui, pour se réunir à sa source immortelle,

Au travers de la nue et de l'obscurité
Jusqu'au plus haut des cieux s'échappe en sûreté.

MADAME DESHOULIÈRES.

Les femmes poëtes, si nombreuses de notre temps, ont été fort rares sous l'ancienne monarchie, et la plus célèbre est, sans contredit, Antoinette du Ligier de La Garde, qui devint, en 1671, madame Deshoulières, surnommée par les contemporains la *Dixième Muse* ou la *Calliope française*. Cette dame fut mêlée aux agitations dites de la Fronde qui éclatèrent à Paris pendant la minorité de Louis XIV ; mais elle se rallia au gouvernement quand il ne fut plus contesté, et elle reçut à la cour de Louis XIV un brillant accueil. Elle s'est exercée dans les genres les plus divers, mais elle n'a réussi que dans la pastorale et la poésie de sentiment. Née à Paris vers 1633, madame Deshoulières est morte en 1694.

A SES ENFANTS.

Dans ces prés fleuris
Qu'arrose la Seine,
Cherchez qui vous mène,
Mes chères brebis.
J'ai fait, pour vous rendre
Le destin plus doux,
Ce qu'on peut attendre
D'une amitié tendre :
Mais son long courroux
Détruit, empoisonne
Tous mes soins pour vous,
Et vous abandonne
Aux fureurs des loups.
Seriez-vous leur proie,
Aimable troupeau,
Vous de ce hameau
L'honneur et la joie ;
Vous qui, gras et beau,
Me donnez sans cesse
Sur l'herbette épaisse
Un plaisir nouveau ?
Que je vous regrette !

Mais il faut céder,
Sans chien, sans houlette,
Puis-je vous garder?
L'injuste fortune
Me les a ravis,
En vain j'importune
Le ciel par mes cris ;
Il rit de mes craintes,
Et sourd à mes plaintes,
Houlette ni chien,
Il ne me rend rien.
Puissiez-vous, contentes
Et sans mon secours,
Passer d'heureux jours,
Brebis innocentes,
Brebis mes amours !
Que Pan vous défende :
Hélas ! il le sait,
Je ne lui demande
Que ce seul bienfait.
Oui, brebis chéries,
Qu'avec tant de soin
J'ai toujours nourries,
Je prends à témoin
Ces bois, ces prairies,
Que si les faveurs
Du dieu des pasteurs
Vous gardent d'outrages,
Et vous font avoir
Du matin au soir
De gras pâturages,
J'en conserverai
Tant que je vivrai
La douce mémoire ;
Et que mes chansons
En mille façons
Porteront sa gloire,
Du rivage heureux
Où vif et pompeux
L'astre qui mesure
Les nuits et les jours
Commençant son cours

Rend à la nature
Toute sa parure,
Jusqu'en ces climats
Où, sans doute las
D'éclairer le monde,
Il va chez Téthys
Rallumer dans l'onde
Ses feux amortis.

LE BON VIEUX TEMPS.

Rondeau.

Le bel esprit, au siècle de Marot,
Des dons du ciel passait pour le gros lot ;
Des grands seigneurs il donnait accointance,
Menait parfois à noble jouissance;
Et, qui plus est, faisait bouillir le pot.
Or, est passé ce temps où d'un bon mot,
Stance, ou dizain, on payait son écot :
Plus n'en voyons qui prennent pour finance
    Le bel esprit.

A prix d'argent l'auteur, comme le sot,
Boit sa chopine, et mange son gigot ;
Heureux encor d'en avoir suffisance !
Maints ont le chef plus rempli que la panse :
Dame ignorance a fait capot
    Le bel esprit..

LA DIFFICULTÉ.

Triolet (1).

Guider son cœur et son troupeau,
C'en est trop pour une bergère.

---

(1) Le triolet est une petite pièce qui ne contient que huit vers, presque toujours de huit syllabes : le premier est répété trois fois; le quatrième est le même que le premier. Après ce quatrième vien

Qu'on a de peine quand il faut
Garder son cœur et son troupeau !
Quand tous les bergers du hameau,
Et tous les loups lui font la guerre,
Garder son cœur et son troupeau,
C'en est trop pour une bergère.

LA FONTAINE.

Pour tout Français qui sait lire, La Fontaine est un vieil ami, un de ces amis d'enfance qu'on n'oublie jamais, et que l'on apprend à aimer davantage au fur et à mesure qu'on avance dans la vie. Ses fables, au nombre de deux cent trente-neuf, ont assuré l'immortalité à son nom, et nous ne pouvons mieux faire que de rapporter ici ce qu'en dit M. Sainte-Beuve :

« La fable, chez La Fontaine, tourne et dérive, tantôt à l'élégie et à
« l'idylle, tantôt à l'épître et au conte ; c'est une anecdote, une con-
« versation, une lecture, élevées à la poésie, un mélange d'aveux
« charmants, de douce philosophie et de plainte rêveuse. La Fontaine
« est notre seul grand poëte personnel et rêveur avant André Ché-
« nier. Il se met volontiers dans ses vers, et nous entretient de lui,
« de son âme, de ses caprices et de ses faiblesses. Son accent respire
« d'ordinaire la malice, la gaîté et le conteur grivois nous rit du
« coin de l'œil, en branlant la tête. Mais souvent aussi il a des tons
« qui viennent du cœur et une tendresse mélancolique qui le rap-
« proche des poëtes de notre âge............................
« Ami de la retraite et de la solitude, et peintre des champs, La
« Fontaine a encore sur ses devanciers du xvɪe siècle l'avantage d'avoir
« donné à ses tableaux des couleurs fidèles qui sentent, pour ainsi
« dire, le pays et le terroir. Ces plaines immenses de blé où se pro-
« mène de grand matin le maître, et où l'alouette cache son nid ;
« ces bruyères et ces buissons où fourmille tout un petit monde ; ces
« jolies garennes, dont les hôtes étourdis font la cour à l'aurore
« dans la rosée et parfument de thym leur banquet, c'est la Beauce,
« la Sologne, la Champagne, la Picardie ; j'en reconnais les fermes
« avec leurs mares, avec les basses-cours et les colombiers. »

Outre les fables, on doit à La Fontaine, qu'on a justement surnommé l'inimitable, des poëmes, et entre autres *Philémon et Baucis;* un roman imité de l'antiquité, *Psyché;* quelques petites comédies ; deux

un repos. Le septième et le huitième sont de même la répétition des deux premiers, et doivent être enchaînés par le sens à ce qui les précède. Le mélange des rimes n'est pas déterminé.

opéras et des contes fort remarquables sans doute sous le rapport de l'esprit, mais très-condamnables au point de vue de la morale. La Fontaine naquit le 8 juillet 1621 à Château-Thierry. A l'âge de vingt-cinq ans il hérita de son père une charge dans les eaux et forêts, et se maria à la même époque ; mais son caractère insouciant et mobile à l'excès, s'accommodant mal d'une vie régulière, il quitta sa femme, fut attaché en qualité de poëte au surintendant Fouquet, avec une pension de mille livres par an. Puis, quand Fouquet tomba en disgrâce, il fut recueilli par madame de La Sablière, dont la noble et touchante amitié lui assura pendant vingt ans l'hospitalité la plus généreuse. Après la mort de madame de La Sablière, La Fontaine trouva une hospitalité nouvelle chez M. d'Hervard, conseiller au parlement de Paris. Il reçut en outre de nombreux bienfaits des princes de Conti, de Vendôme et du duc de Bourgogne. Autant sa jeunesse avait été dissipée, autant sa vieillesse fut sévère et recueillie ; il mourut à Paris, en 1695, dans les exercices de la plus fervente piété. Au jugement porté sur ses fables par M. Sainte-Beuve nous ajouterons les réflexions suivantes de Chamfort sur sa personne et le caractère de son génie :

« Il offrit le singulier contraste d'un conteur trop libre et d'un excellent moraliste ; reçut en partage l'esprit le plus fin qui fut jamais, et devint en tout le modèle de la simplicité ; posséda le génie de l'observation, même de la satire, et ne passa jamais que pour un bon homme ; déroba, sous l'air d'une négligence quelquefois réelle, les artifices de la composition la plus savante ; fit ressembler l'art au naturel, souvent même à l'instinct ; cacha son génie par son génie même ; tourna au profit de son talent l'opposition de son esprit et de son âme, et fut dans le siècle des grands écrivains, sinon le premier, du moins le plus étonnant... »

LE MEUNIER, SON FILS ET L'ANE.

L'invention des arts étant un droit d'aînesse,
Nous devons l'apologue à l'ancienne Grèce ;
Mais ce champ ne se peut tellement moissonner
Que les derniers venus n'y trouvent à glaner ;
La feinte est un pays plein de terres désertes :
Tous les jours nos auteurs y font des découvertes ;
Je t'en veux dire un trait assez bien inventé :
Autrefois à Racan Malherbe l'a conté.
Ces deux rivaux d'Horace, héritiers de sa lyre,
Disciples d'Apollon, nos maîtres, pour mieux dire,
Se rencontrant un jour tout seuls et sans témoins
(Comme ils se confiaient leurs pensers et leurs soins),

Racan commence ainsi : Dites-moi, je vous prie,
Vous qui devez savoir les choses de la vie,
Qui par tous ses degrés avez déjà passé,
Et que rien ne doit fuir en cet âge avancé,
A quoi me résoudrai-je? Il est temps que j'y pense.
Vous connaissez mon bien, mon talent, ma naissance ;
Dois-je dans la province établir mon séjour ;
Prendre emploi dans l'armée, ou bien charge à la cour ?
Tout au monde est mêlé d'amertume et de charmes :
La guerre a ses douceurs, l'hymen a ses alarmes.
Si je suivais mon goût je saurais où buter ;
Mais j'ai les miens, la cour, le peuple à contenter.
Malherbe là-dessus ; Contenter tout le monde !
Écoutez ce récit avant que je réponde.

J'ai lu dans quelque endroit qu'un meunier et son fils,
L'un vieillard, l'autre enfant, non pas des plus petits,
Mais garçon de quinze ans, si j'ai bonne mémoire,
Allaient vendre leur âne un certain jour de foire.
Afin qu'il fût plus frais et de meilleur débit,
On lui lia les pieds, on vous le suspendit ;
Puis cet homme et son fils le portent comme un lustre.
Pauvres gens ! idiots ! couple ignorant et rustre !
Le premier qui les vit de rire s'éclata :
Quelle farce, dit-il, vont jouer ces gens-là ?
Le plus âne des trois n'est pas celui qu'on pense.

Le meunier, à ces mots, connaît son ignorance :
Il met sur pied sa bête, et la fait détaler.
L'âne, qui goûtait fort l'autre façon d'aller,
Se plaint en son patois. Le meunier n'en a cure (1) ;
Il fait monter son fils, il suit : et, d'aventure,
Passent trois bons marchands. Cet objet leur déplut.
Le plus vieux au garçon s'écria tant qu'il put :
Oh là ! Oh ! descendez, que l'on ne vous le dise,
Jeune homme, qui menez laquais à barbe grise !
C'était à vous de suivre, au vieillard de monter.
Messieurs, dit le meunier, il faut vous contenter.
L'enfant met pied à terre, et puis le vieillard monte,
Quand trois filles passant, l'une dit : C'est grand' honte

(1) N'en prend aucun souci.

Qu'il faille voir ainsi clocher ce jeune fils,
Tandis que ce nigaud, comme un évêque assis,
Fait le veau sur son âne, et pense être bien sage.
Il n'est, dit le meunier, plus de veaux à mon âge :
Passez votre chemin, la fille, et m'en croyez.
Après maints quolibets coup sur coup renvoyés,
L'homme crut avoir tort, et met son fils en croupe.
Au bout de trente pas, une troisième troupe
Trouve encore à gloser. L'un dit : Ces gens sont fous !
Le baudet n'en peut plus, il mourra sous leurs coups.
Eh quoi ! charger ainsi cette pauvre bourrique !
N'ont-ils point de pitié pour leur vieux domestique?
Sans doute qu'à la foire ils vont vendre sa peau.
Parbleu ! dit le meunier, est bien fou du cerveau
Qui prétend contenter tout le monde et son père.
Essayons toutefois si, par quelque manière,
Nous en viendrons à bout. Ils descendent tous deux.
L'âne, se prélassant, marche seul devant eux.
Un quidam les rencontre et dit : Est-ce la mode
Que baudet aille à l'aise, et meunier s'incommode?
Qui de l'âne ou du maître est fait pour se lasser ?
Je conseille à ces gens de le faire enchâsser.
Ils usent leurs souliers, et conservent leur âne !
Nicolas au rebours : car, quand il va voir Jeanne,
Il monte sur sa bête ; et la chanson le dit.
Beau trio de baudets ! Le meunier repartit :
Je suis âne, il est vrai, j'en conviens, je l'avoue :
Mais que dorénavant on me blâme, on me loue,
Qu'on dise quelque chose ou qu'on ne dise rien,
J'en veux faire à ma tête. Il le fit, et fit bien.

Quant à vous, suivez Mars, ou l'amour, ou le prince ;
Allez, venez, courez ; demeurez en province;
Prenez femme, abbaye, emploi, gouvernement :
Les gens en parleront, n'en doutez nullement

L'ALOUETTE ET SES PETITS, AVEC LE MAÎTRE D'UN CHAMP.

Ne t'attends qu'à toi seul : c'est un commun proverbe.
   Voici comme Ésope le mit
     En crédit.
   Les alouettes font leur nid
  Dans les blés quand ils sont en herbe,
  C'est-à-dire, environ le temps
Que tout aime et que tout pullule dans le monde,
   Monstres marins au fond de l'onde
Tigres dans les forêts, alouettes aux champs.
   Une pourtant de ces dernières
Avait laissé passer la moitié d'un printemps
Sans goûter les plaisirs des amours printanières.
A toute force enfin elle se résolut
D'imiter la nature et d'être mère encore.
Elle bâtit un nid, pond, couve, et fait éclore
A la hâte : le tout alla du mieux qu'il put,
Les blés d'alentour mûrs avant que la nichée
   Se trouvât assez forte encor
   Pour voler et prendre l'essor.
De mille soins divers l'alouette agitée
S'en va chercher pâture, avertit ses enfants
D'être toujours au guet, et faire sentinelle.
   « Si le possesseur de ces champs
Vient avecque son fils, comme il viendra, dit-elle,
   Écoutez bien ; selon ce qu'il dira,
   Chacun de nous décampera. »
Sitôt que l'alouette eut quitté sa famille,
Le possesseur du champ vint avecque son fils.
« Les blés sont mûrs, dit-il ; allez chez nos amis
Les prier que chacun, apportant sa faucille,
Nous vienne aider demain dès la pointe du jour ! »
   Notre alouette, de retour,
   Trouve en alarme sa couvée :
L'un commence : « Il a dit que l'aurore levée,
L'on fît venir demain ses amis pour l'aider.
— S'il n'a dit que cela, repartit l'alouette,
Rien ne nous presse encor de changer de retraite.
Mais c'est demain qu'il faut tout de bon déloger.
Cependant soyez gais, voilà de quoi manger. »

Eux repus, tout s'endort, les petits et la mère.
L'aube du jour arrive, et d'amis point du tout.
L'alouette à l'essor (1), le maître s'en vient faire
  Sa ronde ainsi qu'à l'ordinaire.
« Ces blés ne devraient pas, dit-il, être debout.
Nos amis ont grand tort, et tort qui se repose
Sur de tels paresseux à servir ainsi lents.
  Mon fils, allez chez nos parents
  Les prier de la même chose. »
L'épouvante est au nid plus forte que jamais.
« Il a dit ses parents, mère, c'est à cette heure...
  — Non, mes enfants, dormez en paix :
  Ne bougeons de notre demeure. »
L'alouette eut raison, car personne ne vint.
Pour la troisième fois le maître se souvint
De visiter ses blés. « Notre erreur est extrême,
Dit-il, de nous attendre à d'autres gens que nous.
Il n'est meilleur ami ni parent que soi-même :
Retenez bien cela, mon fils : et savez-vous
Ce qu'il faut faire ? Il faut qu'avec notre famille
Nous prenions dès demain chacun notre faucille :
C'est là notre plus court ; et nous achèverons
  Notre moisson quand nous pourrons. »
Dès lors que le dessein fut su de l'alouette :
« C'est à ce coup qu'il faut décamper, mes enfants. »
  Et les petits en même temps,
  Voletants, se culebutants,
  Délogèrent tous sans trompette.

LE CHÊNE ET LE ROSEAU.

Le chêne un jour dit au roseau :
Vous avez bien sujet d'accuser la nature ;
Un roitelet pour vous est un pesant fardeau :
  Le moindre vent qui d'aventure
  Fait rider la face de l'eau
  Vous oblige à baisser la tête ;
Cependant que mon front, au Caucase pareil,

(1) Ayant pris l'essor c'est-à-dire ayant quitté son nid.

Non content d'arrêter les rayons du soleil
 Brave l'effort de la tempête.
Tout vous est aquilon, tout me semble zéphyr ;
Encor si vous naissiez à l'abri du feuillage
 Dont je couvre le voisinage,
 Vous n'auriez pas tant à souffrir ;
 Je vous défendrais de l'orage :
 Mais vous naissez le plus souvent
Sur les humides bords des royaumes du vent.
La nature envers vous me semble bien injuste. —
Votre compassion, lui répondit l'arbuste,
Part d'un bon naturel ; mais quittez ce souci :
 Les vents me sont moins qu'à vous redoutables ;
Je plie et ne romps pas. Vous avez jusqu'ici
 Contre leurs coups épouvantables
 Résisté sans courber le dos ;
Mais attendons la fin. Comme il disait ces mots,
Du bout de l'horizon accourt avec furie
 Le plus terrible des enfants
Que le Nord eût portés jusque-là dans ses flancs.
 L'arbre tient bon ; le roseau plie.
 Le vent redouble ses efforts,
 Et fait si bien qu'il déracine
Celui de qui la tête au ciel était voisine
Et dont les pieds touchaient à l'empire des morts.

LA LAITIÈRE ET LE POT AU LAIT.

Perrette, sur sa tête ayant un pot au lait
 Bien posé sur un coussinet,
Prétendait arriver sans encombre à la ville.
Légère et court vêtue, elle allait à grands pas,
Ayant mis ce jour-là, pour être plus agile,
 Cotillon simple et souliers plats.
 Notre laitière ainsi troussée
 Comptait déjà dans sa pensée
Tout le prix de son lait, en employait l'argent,
Achetait un cent d'œufs, faisait triple couvée :
La chose allait à bien par son soin diligent.
 Il m'est, disait-elle, facile

D'élever des poulets autour de ma maison ;
    Le renard sera bien habile
S'il ne m'en laisse assez pour avoir un cochon.
Le porc à s'engraisser coûtera peu de son ;
Il était, quand je l'eus, de grosseur raisonnable :
J'aurai, le revendant, de l'argent bel et bon.
Et qui m'empêchera de mettre en notre étable,
Vu le prix dont il est, une vache et son veau,
Que je verrai sauter au milieu du troupeau ?
Perrette là-dessus saute aussi, transportée :
Le lait tombe ; adieu veau, vache, cochon, couvée.
La dame de ces biens, quittant d'un œil marri
    Sa fortune ainsi répandue,
    Va s'excuser à son mari,
    Au grand danger d'être battue.
    Le récit en farce en fut fait ;
    On l'appela le pot au lait.
    Quel esprit ne bat la campagne ?
    Qui ne fait châteaux en Espagne ?
Picrochole, Pyrrhus, la laitière ; enfin tous,
    Autant les sages que les fous.
Chacun songe en veillant ; il n'est rien de plus doux :
Une flatteuse erreur emporte alors nos âmes ;
    Tout le bien du monde est à nous,
    Tous les honneurs, toutes les femmes.
Quand je suis seul, je fais au plus brave un défi ;
Je m'écarte, je vais détrôner le sophi ;
    On m'élit roi, mon peuple m'aime ;
Les diadèmes vont sur ma tête pleuvant :
Quelque accident fait-il que je rentre en moi-même,
    Je suis Grosjean comme devant.

ÉLÉGIE AUX NYMPHES DE VAUX (1).

Remplissez l'air de cris en vos grottes profondes,
Pleurez, nymphes de Vaux, faites croître vos ondes,

---

(1) C'était un magnifique château appartenant au surintendant Fouquet. Quand celui-ci fut tombé dans le malheur, La Fontaine, qui avait toujours conservé un sentiment de reconnaissance pour la

Et que l'Anqueuil enflé ravage les trésors
Dont les regards de Flore ont embelli ses bords.
On ne blâmera pas vos larmes innocentes :
Vous pouvez donner cours à vos douleurs pressantes ;
Chacun attend de vous ce devoir généreux :
Les Destins sont contents, Oronte est malheureux.
Vous l'avez vu naguère au bord de vos fontaines,
Qui, sans craindre du sort les faveurs incertaines,
Plein d'éclat, plein de gloire, adoré des mortels,
Recevait des honneurs qu'on ne doit qu'aux autels.
Hélas ! qu'il est déchu de ce bonheur suprême !
Que vous le trouveriez différent de lui-même !
Pour lui les plus beaux jours sont de secondes nuits :
Les soucis dévorants, les regrets, les ennuis,
Hôtes infortunés de sa triste demeure,
En des gouffres de maux le plongent à toute heure.
Voilà le précipice où l'ont enfin jeté
Les attraits enchanteurs de la prospérité.
Dans les palais des rois cette plainte est commune :
On n'y connaît que trop les jeux de la Fortune,
Ses trompeuses faveurs, ses appas inconstants ;
Mais on ne les connaît que quand il n'est plus temps.
Lorsque sur cette mer on vogue à pleines voiles,
Qu'on croit avoir pour soi les vents et les étoiles,
Il est bien malaisé de régler ses désirs :
Le plus sage s'endort sur la foi des zéphyrs.
Jamais un favori ne borne sa carrière :
Il ne regarde pas ce qu'il laisse en arrière ;
Et tout ce vain amour des grandeurs et du bruit
Ne le saurait quitter qu'après l'avoir détruit.
Tant d'exemples fameux que l'histoire en raconte
Ne suffisaient-ils pas sans la perte d'Oronte ?
Ah ! si ce faux éclat n'eût pas fait ses plaisirs,
Si le séjour de Vaux eût borné ses désirs,
Qu'il pouvait doucement laisser couler son âge !
Vous n'avez pas chez vous ce brillant équipage,
Cette foule de gens qui s'en vont chaque jour
Saluer à longs flots le soleil de la cour :
Mais la faveur du ciel vous donne en récompense

protection qu'il lui avait accordée, embrassa sa défense, et c'est à ce sujet qu'il composa cette charmante élégie.

Du repos, du loisir, de l'ombre et du silence,
Un tranquille sommeil, d'innocents entretiens,
Et jamais à la cour on ne trouve ces biens.
Mais quittons ces pensers : Oronte nous appelle.
Vous, dont il a rendu la demeure si belle,
Nymphes, qui lui devez vos plus charmants appas,
Si le long de vos bords Louis porte ses pas,
Tâchez de l'adoucir, fléchissez son courage :
Il aime ses sujets, il est juste, il est sage ;
Du titre de clément rendez-le ambitieux :
C'est par là que les rois sont semblables aux dieux.
Du magnanime Henri qu'il contemple la vie :
Dès qu'il put se venger, il en perdit l'envie.
Inspirez à Louis cette même douceur :
La plus belle victoire est de vaincre son cœur.
Oronte est à présent un objet de clémence :
S'il a cru les conseils d'une aveugle puissance,
Il est assez puni par un sort rigoureux,
Et c'est être innocent que d'être malheureux.

LE SAGE.

Ni l'or ni la grandeur ne nous rendent heureux,
Ces deux divinités n'accordent à nos vœux
Que des biens peu certains, qu'un plaisir peu tranquille :
Des soucis dévorants c'est l'éternel asile ;
Véritables vautours, que le fils de Japhet
Représente enchaînés sur son triste sommet.
L'humble toit est exempt d'un tribut si funeste,
Le sage y vit en paix et méprise le reste :
Content de ses douceurs, errant parmi les bois,
Il regarde à ses pieds les favoris des rois ;
Il lit au front de ceux qu'un vain luxe environne
Que la Fortune vend ce qu'on croit qu'elle donne.
Approche-t-il du but, quitte-t-il ce séjour,
Rien ne trouble sa fin : c'est le soir d'un beau jour.

ÉPITAPHE DE LA FONTAINE PAR LUI-MÊME.

Jean s'en alla comme il était venu,
Mangeant son fonds après son revenu,
Croyant les biens chose peu nécessaire.
Quant à son temps, bien le sut dispenser ;
Deux parts en fit, dont il soulait passer
L'une à dormir, et l'autre à ne rien faire.

JEAN RACINE.

Voilà encore un de ces noms que l'on ne peut jamais prononcer qu'avec respect, et qui rappelle, comme les noms de Corneille, de Pascal, de Boileau, de la Bruyère, la gloire littéraire unie aux plus nobles qualités de la raison et du cœur ; voilà encore un de ces grands hommes du grand siècle qui inspirent autant de sympathie que d'admiration, et dont la vie est irréprochable comme les œuvres.

Né à la Ferté-Milon, le 21 décembre 1639, Racine fut orphelin dès l'âge de quatre ans. Sa grand'-mère et sa tante le firent entrer à seize ans dans la célèbre école de Port-Royal-des-Champs, où il fixa l'attention de ses maîtres par l'aménité de son caractère et ses brillantes dispositions. Il vint ensuite terminer ses études à Paris ; entraîné par une vocation littéraire que sa famille essaya vainement de combattre, il débuta en 1659 par une ode intitulée : *la Nymphe de la Seine*, composée à l'occasion du mariage de Louis XIV. Cette ode lui valut une pension de 600 livres. En 1664, il fit jouer sa première tragédie, *la Thébaïde ou les frères ennemis*, dont Molière lui avait donné le plan. De 1665 à 1667 il fit représenter *Alexandre*, *Andromaque*, la charmante comédie des *Plaideurs*, *Britannicus*, *Bérénice*, *Bajazet*, *Mithridate*, *Iphigénie* et *Phèdre*. L'éclatant succès de ces pièces souleva contre lui de nombreuses et injustes cabales, et, malgré la protection de Louis XIV, les encouragements de Molière et de Boileau et l'admiration du public, il fut si profondément blessé des intrigues auxquelles il était en butte, qu'il renonça au théâtre, pour chercher le repos dans la religion, la vie de famille, et les amitiés illustres qu'il avait inspirées autour de lui. Pendant douze ans il s'occupa uniquement de préparer une *Histoire de Louis XIV*, dont il n'est arrivé jusqu'à nous que quelques fragments, le manuscrit en ayant été détruit dans un incendie ; mais en 1689, madame de Maintenon lui demanda une pièce pour la faire jouer par les demoiselles nobles élevées sous sa direction dans la maison de Saint-Cyr, dont elle était fondatrice. Racine se mit à l'œuvre et composa *Esther*, qui fut jouée devant Louis XIV et accueillie avec admiration. L'année suivante, ce prince pria Racine de faire, pour les mêmes demoiselles de Saint-Cyr, une nouvelle tragédie, tirée, comme *Esther*, de l'Ecriture sainte; le poëte fit *Athalie*, « le chef-d'œuvre de l'esprit humain, » comme le dit Voltaire, et ce fut la dernière production de son génie. A cette époque, il remplissait les fonctions de trésorier de la généralité de Moulins, ce qui répond, dans notre administration moderne, aux fonctions de receveur général; il était de plus gentilhomme ordinaire de la chambre du roi, et Louis XIV le traitait avec la plus grande considération, lorsqu'un *Mémoire sur la misère du peuple*, qu'il avait composé à la demande de madame de Maintenon, lui attira le mécontentement de ce prince. Cette injuste disgrâce fut pour Racine la source du plus profond chagrin. La maladie de foie dont il était attaqué fit de rapides progrès, et il mourut le 22 avril 1699. Ses restes, déposés d'abord dans le cimetière de Port-Royal-des-Champs, furent transportés à Paris en 1711, et son tombeau y existe encore aujourd'hui dans l'église de Saint-Etienne-du-Mont.

Outre les tragédies que nous venons d'indiquer, on doit encore à Racine des odes, des épigrammes, des cantiques, imités des hymnes de l'Eglise et une *Histoire de Port-Royal*. Les cantiques, ainsi que les chœurs d'Esther et d'Athalie, sont justement considérés comme des modèles de poésie lyrique.

IPHIGÉNIE.

ACTE I. — SCÈNE IV.

AGAMEMNON, ULYSSE.

Paris, fils de Priam, roi des Troyens, ayant enlevé Hélène, femme du prince grec Ménélas, la Grèce tout entière résolut de venger cet affront. Une armée fut rassemblée pour assiéger la ville de Troie, capitale du royaume de Priam, et le commandement de cette armée fut confié à Agamemnon, roi de Mycènes et frère de Ménélas. Au moment du départ, les vents contraires retinrent dans le port la flotte grecque, et les oracles annoncèrent que pour fléchir la colère des dieux et les rendre favorables à l'expédition, Agamemnon devait leur offrir en sacrifice sa fille Iphigénie. C'est cet arrêt des oracles qui fait le sujet de la belle tragédie de Racine. Agamemnon est placé entre ses devoirs de roi et son amour paternel. Achille, le plus illustre des héros grecs, aime Iphigénie, et la dispute aux dieux; Clytemnestre, femme d'Agamemnon et mère de la victime, seconde les efforts d'Achille, tandis qu'Ulysse, le conseiller politique des Grecs, demande à grands cris le sacrifice. La lutte de tous ces sentiments donne à la pièce l'animation la plus tragique, et en fait une des plus belles compositions qui soient à la scène.

Dans le fragment qu'on va lire Ulysse engage Agamemnon à sacrifier sa fille.

ULYSSE.

..... De ce soupir que faut-il que j'augure?
Du sang qui se révolte est-ce quelque murmure?
Croirai-je qu'une nuit a pu vous ébranler?
Est-ce donc votre cœur qui vient de nous parler?
Songez-y: vous devez votre fille à la Grèce :
Vous nous l'avez promise; et, sur cette promesse,
Calchas, par tous les Grecs consulté chaque jour,
Leur a prédit des vents l'infaillible retour.
A ses prédictions si l'effet est contraire,
Pensez-vous que Calchas continue à se taire;
Que ses plaintes, qu'en vain vous voudrez apaiser,
Laissent mentir les dieux sans vous en accuser?
Et qui sait ce qu'aux Grecs, frustrés de leur victime,
Peut permettre un courroux qu'ils croiront légitime?
Gardez-vous de réduire un peuple furieux,
Seigneur, à prononcer entre vous et les dieux.
N'est-ce pas vous enfin de qui la voix pressante
Nous a tous appelés aux campagnes du Xante,
Et qui de ville en ville attestiez les serments
Que d'Hélène autrefois firent tous les amants,
Quand presque tous les Grecs, rivaux de votre frère,
La demandaient en foule à Tyndare, son père?
De quelque heureux époux que l'on dût faire choix,
Nous jurâmes dès lors de défendre ses droits;
Et, si quelque insolent lui volait sa conquête,
Nos mains du ravisseur lui promirent la tête;
Mais sans vous, ce serment que l'amour a dicté,
Libres de cet amour, l'aurions-nous respecté?
Vous seul, nous arrachant à de nouvelles flammes,
Nous avez fait laisser nos enfants et nos femmes.
Et quand, de toutes parts assemblés en ces lieux,
L'honneur de vous venger brille seul à nos yeux;
Quand la Grèce, déjà vous donnant son suffrage,
Vous reconnaît l'auteur de ce fameux ouvrage;
Que ses rois, qui pouvaient vous disputer ce rang,
Sont prêts pour vous servir de verser tous leur sang,
Le seul Agamemnon, refusant la victoire,
N'ose d'un peu de sang acheter tant de gloire?

Et dès le premier pas se laissant effrayer,
Ne commande les Grecs que pour les renvoyer!

AGAMEMNON, CLYTEMNESTRE, IPHIGÉNIE.

ACTE IV. — SCÈNE IV.

Arcas, confident d'Agamemnon, a appris à Clytemnestre que sa fille allait être sacrifiée, et que, sous le prétexte de la conduire à l'autel pour l'unir à Achille, elle serait offerte en victime. Iphigénie, sachant qu'elle allait mourir, témoigne à son père qu'elle est résignée à son sort.

CLYTEMNESTRE.

Venez, venez, ma fille, on n'attend plus que vous;
Venez remercier un père qui vous aime,
Et qui veut à l'autel vous conduire lui-même.

AGAMEMNON.

Que vois-je! Quel discours! Ma fille, vous pleurez,
Et baissez devant moi vos yeux mal assurés.
Quel trouble! Mais tout pleure, et la fille et la mère.
Ah! malheureux Arcas, tu m'a trahi!

IPHIGENIE.

Mon père,
Cessez de vous troubler, vous n'êtes point trahi :
Quand vous commanderez, vous serez obéi.
Ma vie est votre bien; vous voulez le reprendre :
Vos ordres sans détour pouvaient se faire entendre.
D'un œil aussi content, d'un cœur aussi soumis
Que j'acceptais l'époux que vous m'aviez promis,
Je saurai, s'il le faut, victime obéissante,
Tendre au fer de Calchas une tête innocente;
Et, respectant le coup par vous-même ordonné,
Vous rendre tout le sang que vous m'avez donné.
Si pourtant ce respect, si cette obéissance
Paraît digne à vos yeux d'une autre récompense;
Si d'une mère en pleurs vous plaignez les ennuis,
J'ose vous dire ici qu'en l'état où je suis
Peut-être assez d'honneurs environnaient ma vie
Pour ne pas souhaiter qu'elle me fût ravie,
Ni qu'en me l'arrachant, un sévère destin,

Si près de ma naissance en eût marqué la fin.
Fille d'Agamemnon, c'est moi qui, la première,
Seigneur, vous appelai de ce doux nom de père ;
C'est moi qui, si longtemps le plaisir de vos yeux,
Vous ai fait de ce nom remercier les dieux,
Et pour qui, tant de fois prodiguant vos caresses,
Vous n'avez point du sang dédaigné les faiblesses.
Hélas ! avec plaisir je me faisais conter
Tous les noms des pays que vous allez dompter ;
Et déjà, d'Illion présageant la conquête,
D'un triomphe si beau je préparais la fête.
Je ne m'attendais pas que, pour le commencer,
Mon sang fût le premier que vous dussiez verser ;
Non que la peur du coup dont je suis menacée
Me fasse rappeler votre bonté passée.
Ne craignez rien : mon cœur, de votre honneur jaloux,
Ne fera point rougir un père tel que vous ;
Et, si je n'avais eu que ma vie à défendre,
J'aurais su renfermer un souvenir si tendre ;
Mais à mon triste sort, vous le savez, Seigneur,
Une mère, un amant, attachaient leur bonheur.
Un roi digne de vous a cru voir la journée
Qui devait éclairer notre illustre hyménée ;
Déjà, sûr de mon cœur à sa flamme promis,
Il s'estimait heureux : vous me l'aviez permis.
Il sait votre dessein ; jugez de ses alarmes.
Ma mère est devant vous ; et vous voyez ses larmes.
Pardonnez aux efforts que je viens de tenter
Pour prévenir les pleurs que je leur vais coûter.

MITHRIDATE A SES FILS.

Le morceau qu'on va lire est emprunté à la tragédie de *Mithridate.*
Ce prince célèbre, qui mourut l'an 63 avant notre ère, régnait sur
l'Asie Mineure et la plus grande partie du littoral de la mer Noire.
Politique et grand homme de guerre, il avait conçu le projet d'entraîner dans une alliance contre Rome tous les peuples de l'Orient,
de marcher contre cette ville et de s'en emparer. C'est ce projet
qu'il expose à ses fils dans le morceau suivant

Approchez, mes enfants. Enfin l'heure est venue

Qu'il faut que mon secret éclate à votre vue.
A mes nobles projets je vois tout conspirer :
Il ne me reste plus qu'à vous les déclarer.
Je fuis : ainsi le veut la fortune ennemie.
Mais vous savez trop bien l'histoire de ma vie
Pour croire que, longtemps soigneux de me cacher,
J'attende en ces déserts qu'on me vienne chercher.
La guerre a ses faveurs ainsi que ses disgrâces.
Déjà plus d'une fois retournant sur mes traces,
Tandis que l'ennemi, par ma fuite trompé,
Tenait après son char un vain peuple occupé,
Et gravant en airain ses frêles avantages,
De mes États conquis enchaînait les images,
Le Bosphore m'a vu, par de nouveaux apprêts,
Ramener la terreur du fond de ses marais,
Et, chassant les Romains de l'Asie étonnée,
Renverser en un jour l'ouvrage d'une année.
D'autres temps, d'autres soins. L'Orient accablé
Ne peut plus soutenir leur effort redoublé.
Il voit plus que jamais ses campagnes couvertes
De Romains que la guerre enrichit de nos pertes.
Des biens des nations ravisseurs altérés,
Le bruit de nos trésors les a tous attirés :
Ils y courent en foule, et, jaloux l'un de l'autre,
Désertent leur pays pour inonder le nôtre.
Moi seul je leur résiste : ou lassés ou soumis,
Ma funeste amitié pèse à tous les amis.
Chacun à ce fardeau veut dérober sa tête :
Le grand nom de Pompée assure sa conquête.
C'est l'effroi de l'Asie, et, loin de l'y chercher,
C'est à Rome, mes fils, que je prétends marcher.

Ce dessein vous surprend, et vous croyez peut-être
Que le seul désespoir aujourd'hui le fait naître.
J'excuse votre erreur ; et, pour être approuvés,
De semblables projets veulent être achevés.
Ne vous figurez point que de cette contrée
Par d'éternels remparts Rome soit séparée.
Je sais tous les chemins par où je dois passer ;
Et si la mort bientôt ne me vient traverser,
Sans reculer plus loin l'effet de ma parole,
Je vous rends, dans trois mois, au pied du Capitole.

Doutez-vous que l'Euxin ne me porte en deux jours
Aux lieux où le Danube y vient finir son cours ;
Que du Scythe avec moi l'alliance jurée
De l'Europe en ces lieux ne me livre l'entrée ?
Recueillis dans leurs ports, accrus de leurs soldats,
Nous verrons notre camp grossir à chaque pas.
Daces, Pannoniens, la fière Germanie,
Tous n'attendent qu'un chef contre la tyrannie.
Vous avez vu l'Espagne, et surtout les Gaulois,
Contre ces mêmes murs, qu'ils ont pris autrefois,
Exciter ma vengeance, et jusque dans la Grèce
Par des ambassadeurs accuser ma paresse.
Ils savent que, sur eux prêt à se déborder,
Ce torrent, s'il m'entraîne, ira tout inonder ;
Et vous les verrez tous, prévenant son ravage,
Guider dans l'Italie et suivre mon passage.

C'est là qu'en arrivant, plus qu'en tout le chemin,
Vous trouverez partout l'horreur du nom romain
Et la triste Italie encor toute fumante
Des feux qu'a rallumés sa liberté mourante.
Non, princes, ce n'est point au bout de l'univers
Que Rome fait sentir tout le poids de ses fers ;
Et, de près, inspirant les haines les plus fortes,
Tes plus grands ennemis, Rome, sont à tes portes.
Ah ! s'ils ont pu choisir pour leur libérateur
Spartacus, un esclave, un vil gladiateur ;
S'ils suivent au combat des brigands qui les vengent,
De quelle noble ardeur pensez-vous qu'ils se rangent
Sous les drapeaux d'un roi longtemps victorieux,
Qui voit jusqu'à Cyrus remonter ses aïeux ?
Que dis-je ? En quel état croyez-vous la surprendre ?
Vide de légions qui la puissent défendre,
Tandis que tout s'occupe à me persécuter,
Leurs femmes, leurs enfants, pourront-ils m'arrêter ?

Marchons, et dans son sein rejetons cette guerre
Que sa fureur envoie aux deux bouts de la terre.
Attaquons dans leurs murs ces conquérants si fiers :
Qu'ils tremblent, à leur tour, pour leurs propres foyers.
Annibal l'a prédit, croyons-en ce grand homme :
Jamais on ne vaincra les Romains que dans Rome.

Noyons-la dans son sang justement répandu.
Brûlons ce Capitole où j'étais attendu.
Détruisons ses honneurs, et faisons disparaître
La honte de cent rois, et la mienne peut-être ;
Et, la flamme à la main, effaçons tous ces noms
Que Rome y consacrait à d'éternels affronts.

LE SONGE D'ATHALIE.

Athalie, qui vivait vers l'an 876 avant notre ère, était l'épouse de Joram, roi de Juda. Elle monta sur le trône après avoir fait périr quarante-deux princes, ses petits fils, qui pouvaient lui disputer la couronne, et qui étaient les héritiers de son fils Ochosias. Parmi les enfants d'Ochosias, un seul, Joas, fut soustrait à la mort par le grand prêtre de Jérusalem. La septième année du règne d'Athalie, Joas fut proclamé roi, et Athalie massacrée par le peuple. Ce sont ces événements qui ont inspiré la tragédie de Racine.

Dans le morceau suivant Athalie raconte le songe prophétique qui lui avait annoncé le triomphe de Joas.

C'était pendant l'horreur d'une profonde nuit ;
Ma mère Jésabel devant moi s'est montrée,
Comme au jour de sa mort pompeusement parée.
Ses malheurs n'avaient point abattu sa fierté ;
Même elle avait encor cet éclat emprunté
Dont elle eut soin de peindre et d'orner son visage,
Pour réparer des ans l'irréparable outrage.
« Tremble, m'a-t-elle dit, fille digne de moi !
« Le cruel Dieu des Juifs l'emporte aussi sur toi.
« Je te plains de tomber dans ses mains redoutables.
« Ma fille. » En achevant ces mots épouvantables,
Son ombre vers mon lit a paru se baisser ;
Et moi, je lui tendais les mains pour l'embrasser :
Mais je n'ai plus trouvé qu'un horrible mélange
D'os et de chair meurtris, et traînés dans la fange,
Des lambeaux pleins de sang, et des membres affreux,
Que des chiens dévorants se disputaient entre eux.
... Dans ce désordre à mes yeux se présente
Un jeune enfant couvert d'une robe éclatante,
Tel qu'on voit des Hébreux les prêtres revêtus.
Sa vue a ranimé mes esprits abattus ;

Mais lorsque, revenant de mon trouble funeste,
J'admirais sa douceur, son air noble et modeste,
J'ai senti tout à coup un homicide acier
Que le traître en mon sein a plongé tout entier.
De tant d'objets divers le bizarre assemblage
Peut-être du hasard vous paraît un ouvrage;
Moi-même quelque temps, honteuse de ma peur,
Je l'ai pris pour l'effet d'une sombre vapeur;
Mais de ce souvenir mon âme possédée
A deux fois, en dormant, revu la même idée;
Deux fois mes tristes yeux se sont vu retracer
Ce même enfant toujours tout prêt à me percer.
  Lasse enfin des horreurs dont j'étais poursuivie,
J'allais prier Baal de veiller sur ma vie,
Et chercher du repos au pied de ses autels.
Que ne peut la frayeur sur l'esprit des mortels !
Dans le temple des Juifs un instinct m'a poussé,
Et d'apaiser leur Dieu j'ai conçu la pensée;
J'ai cru que des présents calmeraient son courroux,
Que ce Dieu, quel qu'il soit, en deviendrait plus doux.
Pontife de Baal, excusez ma faiblesse.
J'entre : le peuple fuit, le sacrifice cesse.
Le grand-prêtre vers moi s'avance avec fureur :
Pendant qu'il me parlait, ô surprise, ô terreur !
J'ai vu ce même enfant dont je suis menacée,
Tel qu'un songe effrayant l'a peint à ma pensée.
Je l'ai vu : son même air, son même habit de lin,
Sa démarche, ses yeux, et tous ses traits enfin;
C'est lui même. Il marchait à côté du grand-prêtre;
Mais bientôt à ma vue on l'a fait disparaître.
Voilà quel trouble ici m'oblige à m'arrêter,
Et sur quoi j'ai voulu tous deux vous consulter.

VAINES OCCUPATIONS DES GENS DU SIÈCLE, OU LE PAIN DE VIE.

Quel charme vainqueur du monde
Vers Dieu m'élève aujourd'hui ?
Malheureux l'homme qui fonde
  Sur les hommes son appui !

Leur gloire fuit et s'efface
En moins de temps que la trace
Du vaisseau qui fend les mers,
Ou de la flèche rapide
Qui, loin de l'œil qui la guide,
Cherche l'oiseau dans les airs.

De la sagesse immortelle
La voix tonne et nous instruit :
Enfants des hommes, dit-elle,
De vos soins quel est le fruit ?
Par quelle erreur, âmes vaines,
Du plus pur sang de vos veines
Achetez-vous si souvent,
Non un pain qui vous repaisse,
Mais une ombre qui vous laisse
Plus affamés que devant ?

Le pain que je vous propose
Sert aux anges d'aliment ;
Dieu lui-même le compose
De la fleur de son froment :
C'est ce pain si délectable
Que ne sert point à sa table
Le monde que vous suivez:
Je l'offre à qui veut me suivre ;
Approchez. Voulez-vous vivre ?
Prenez, mangez et vivez.

O Sagesse ! ta parole
Fit éclore l'univers,
Posa sur un double pôle
La terre au milieu des airs.
Tu dis ; et les cieux parurent,
Et tous les astres coururent
Dans leur ordre se placer.
Avant les siècles tu règnes :
Et qui suis-je, que tu daignes
Jusqu'à moi te rabaisser ?

Le Verbe, image du Père,
Laissa son trône éternel,

Et d'une mortelle mère
Voulut naître homme et mortel.
Comme l'orgueil fut le crime
Dont il naissait la victime,
Il dépouilla sa splendeur,
Et vint, pauvre et misérable,
Apprendre à l'homme coupable
Sa véritable grandeur.

L'âme, heureusement captive,
Sous ton joug trouve la paix,
Et s'abreuve d'une eau vive
Qui ne s'épuise jamais.
Chacun peut boire en cette onde ;
Elle invite tout le monde ;
Mais nous courons follement
Chercher des sources bourbeuses,
Ou des citernes trompeuses
D'où l'eau fuit à tout moment.

CHANT DU MATIN.

L'oiseau vigilant nous réveille,
Et ses chants redoublés semblent chasser la nuit :
Jésus se fait entendre à l'âme qui sommeille,
Et l'appelle à la vie où son jour nous conduit.

Quittez, dit-il, la couche oisive
Où vous ensevelit une molle langueur :
Sobres, chastes et purs, l'œil et l'âme attentive,
Veillez ; je suis tout proche et frappe à votre cœur.

Ouvrons donc l'œil à sa lumière ;
Levons vers ce Sauveur et nos mains et nos yeux ;
Pleurons et gémissons : une ardente prière
Écarte le sommeil et pénètre les cieux.

O Christ ! ô soleil de justice,
De nos cœurs endurcis romps l'assoupissement,
Dissipe l'ombre épaisse où les plonge le vice,
Et que ton divin jour y brille à tout moment.

REGNARD.

Ce poëte comique, qui occupe le premier rang après Molière, naquit à Paris en 1655, et mourut en 1709. Dès l'âge de douze ans, il faisait des vers remarquables, mais il ne se fit connaître comme auteur dramatique que vers l'âge de quarante ans, les incidents d'une vie aventureuse l'ayant tenu éloigné de la France. Au retour d'un voyage qu'il avait fait en Italie, il fut pris par des pirates, qui le vendirent comme esclave; après deux ans de captivité, il se racheta, et en 1681 il reprit le cours de ses pérégrinations, visita l'Europe du nord, y compris la Laponie, et après une absence de trois ans il vint s'établir définitivement à Paris, où il entra dans l'administration des finances. Ses premières comédies furent jouées en 1694. Les plus célèbres sont : *le Joueur, le Distrait, les Folies amoureuses, le Légataire universel*. Les pièces écrites en vers se distinguent par une grande force comique, des intrigues habilement nouées, un style franc, plein de verve et de naturel. « Qui ne se plaît pas à Regnard, a dit justement Voltaire, n'est pas digne d'admirer Molière. » Ces deux écrivains se rapprochent, en effet, par l'exacte observation de la nature humaine; ce n'est pas seulement l'homme de leur temps, mais les hommes de tous les temps qu'ils ont peints, et, comme l'auteur du *Misanthrope*, l'auteur du *Légataire universel* restera toujours jeune parce qu'il sera toujours vrai.

LE JOUEUR.

ACTE IV. — SCÈNE III.

HECTOR.

Le voici. Ses malheurs sur son front sont écrits :
Il a tout le visage et l'air d'un premier pris.

VALÈRE.

Non, l'enfer en courroux, et toutes ses furies,
N'ont jamais exercé de telles barbaries ;
Je te loue, ô destin, de tes coups redoublés ;
Je n'ai plus rien à perdre, et tes vœux sont comblés !
Pour assouvir encor la fureur qui t'anime,
Tu ne peux rien sur moi : cherche une autre victime.

HECTOR, *à part.*

Il est sec.

VALÈRE.

De serpents mon cœur est dévoré;
Tout semble en un moment contre moi conjuré.

(*Il prend Hector à la cravate.*)

Parle. As-tu jamais vu le sort et son caprice
Accabler un mortel avec plus d'injustice,
Le mieux assassiner? Perdre tous les paris;
Vingt fois le coupe-gorge, et toujours premier pris!
Réponds-moi donc, bourreau!

HECTOR.

Mais ce n'est pas ma faute.

VALÈRE.

As-tu vu de tes jours trahison aussi haute?
Sort cruel! ta malice a bien su triompher;
Et tu ne me flattais que pour mieux m'étouffer.
Dans l'état où je suis je puis tout entreprendre;
Confus, désespéré, je suis prêt à me pendre.

HECTOR.

Heureusement pour vous, vous n'avez pas un sou
Dont vous puissiez, monsieur, acheter un licou.
Voudriez-vous souper?

VALÈRE.

Que la foudre t'écrase!
Ah! charmante Angélique, en l'ardeur qui m'embrase,
A vos seules bontés je veux avoir recours :
Je n'aimerai que vous; m'aimeriez-vous toujours?
Mon cœur, dans les transports de sa fureur extrême,
N'est point si malheureux, puisqu'enfin il vous aime.

HECTOR, *à part.*

Notre bourse est à fond; et, par un sort nouveau,
Notre amour recommence à revenir sur l'eau.

VALÈRE.

Calmons le désespoir où la fureur me livre :
Approche ce fauteuil.

(Hector approche un fauteuil.)

VALÈRE, assis.

Va me chercher un livre.

HECTOR.

Quel livre voulez-vous lire en votre chagrin?

VALÈRE.

Celui qui te viendra le premier sous la main ;
Il m'importe peu, prends dans ma bibliothèque.

HECTOR sort, et rentre, tenant un livre.

Voilà Sénèque.

VALÈRE.

Lis.

HECTOR.

Que je lise Sénèque?

VALÈRE.

Oui. Ne sais-tu pas lire?

HECTOR.

Hé, vous n'y pensez pas !
Je n'ai lu de mes jours que dans des almanachs.

VALÈRE.

Ouvre, et lis au hasard.

HECTOR.

Je vais le mettre en pièces.

VALÈRE.

Lis donc.

HECTOR *lit.*

« Chapitre VI. *Du mépris des richesses.*
» La fortune offre aux yeux des brillants mensongers :
» Tous les biens d'ici-bas sont faux et passagers ;
« Leur possession trouble, et leur perte est légère :
» Le sage gagne assez quand il peut s'en défaire. »
Lorsque Sénèque fit ce chapitre éloquent,
Il avait, comme vous, perdu tout son argent.

VALÈRE, *se levant.*

Vingt fois le premier pris ! Dans mon cœur il s'élève

(*Il s'assied.*)

Des mouvements de rage... Allons, poursuis, achève.

HECTOR.

N'ayant plus de maîtresse, et n'ayant pas un sou,
Nous philosopherons maintenant tout le soûl.

VALÈRE.

De mon sort désormais vous serez seul arbitre.
Adorable Angélique.... Achève ton chapitre.

HECTOR.

« Que faut-il....

VALÈRE.

Je bénis le sort et ses revers,
Puisqu'un heureux malheur me rengage en vos fers.
Finis donc.

HECTOR.

» Que faut-il à la nature humaine?
» Moins on a de richesse, et moins on a de peine :
» C'est posséder les biens que savoir s'en passer. »

Que ce mot est bien dit ! et que c'est bien penser !
Ce Sénèque, monsieur, est un excellent homme.
Etait-il de Paris?

VALÈRE.

Non, il était de Rome.
Dix fois, à carte triple, être pris le premier !

HECTOR.

Ah! monsieur, nous mourrons un jour sur le fumier.

VALÈRE.

Il faut que de mes maux enfin je me délivre ;
J'ai cent moyens tout prêts pour m'empêcher de vivre :
La rivière, le feu, le poison et le fer.

HECTOR.

Si vous vouliez, monsieur, chanter un petit air ;
Votre maître à chanter est ici : la musique
Peut-être calmerait cette humeur frénétique.

VALÈRE.

Que je chante !

HECTOR.

Monsieur.......

VALÈRE.

Que je chante, bourreau !
Je veux me poignarder ; la vie est un fardeau
Qui pour moi désormais devient insupportable.

HECTOR.

Vous la trouviez pourtant tantôt bien agréable.
Qu'un joueur est heureux ! sa poche est un trésor ;
Sous ses heureuses mains le cuivre devient or,
Disiez-vous.

VALÈRE.

Ah! je sens redoubler ma colère.

BOILEAU-DESPRÉAUX.

Il est peu d'hommes qui aient exercé sur les esprits de leur temps et sur la littérature de leur pays une influence égale à celle de Boileau. Se posant comme l'adversaire de tous les auteurs médiocres et de toutes les réputations usurpées, « il débloya le terrain ; » c'est une juste remarque de M. Geruzez, « au profit des hommes de génie dont l'heure était venue ; il prépara le siècle à priser dignement Molière, Racine, Bossuet. Au nom du goût il se fit le justicier et comme le grand prévôt de la littérature. » Il fallait pour prendre ce rôle une grande sûreté de jugement, une grande indépendance d'esprit, et sous ce rapport personne n'était plus heureusement doué que Boileau ; mais ce n'est point seulement comme critique littéraire qu'il a mérité l'estime de la postérité, c'est aussi comme observateur, comme moraliste et comme écrivain accompli. En s'inspirant, comme Montaigne, des anciens, il a donné dans ses vers, dont un grand nombre sont passés à l'état de proverbes, l'essence même de la sagesse antique. Il a montré par le précepte et par l'exemple que, pour bien écrire, il fallait commencer par penser sainement. Il s'est placé à côté de Molière, qu'il avait surnommé *le contemplateur*, pour combattre le pédantisme, le sot orgueil, l'hypocrisie ; ses vers n'apprennent pas seulement à penser et à écrire ; ils apprennent à vivre, et c'est par la double inspiration du poète et du moraliste, c'est par la sûreté et l'éclat de la raison qu'il a conquis le rang supérieur où il se maintiendra à travers les âges.

Les œuvres de Boileau se composent de *satires*, d'*épîtres*, de l'*Art poétique*, du *Lutrin*, badinage incomparable, qui est en même temps un chef-d'œuvre de style, d'*odes*, de *stances*, d'*épigrammes*, d'une traduction de Longin, écrivain grec du troisième siècle de notre ère, qui nous a laissé un *Traité du sublime*, et de quelques opuscules en prose, dirigés contre le mauvais goût de quelques auteurs aussi vaniteux que médiocres.

Né à Paris, le 1er novembre 1636, Boileau était destiné par son père à exercer la profession de greffier. « Cet homme, dit d'Alembert, qui devait jouer un si grand rôle dans les lettres et y prendre un ton si redoutable, paraissait dans son enfance pesant et taciturne. Son père disait de lui en le comparant à ses autres enfants : « Pour celui-ci, c'est un bon garçon qui ne dira jamais de mal de personne. » Le futur greffier se chargea bientôt de démentir la prédiction ; il quitta la procédure pour la poésie, et débuta, en 1660, par des satires, qui obtinrent le plus grand succès. Lié avec les hommes les plus célèbres de son temps, protégé par Louis XIV, Boileau se consacra tout entier à la culture des lettres. Sa vie, qui ne présente aucun incident notable, fut calme et sereine comme la raison elle-même. Ses contemporains sont unanimes dans l'éloge qu'ils font de son caractère; Saint-Simon l'appelle un des meilleurs hommes du monde; madame de Sévigné dit qu'il n'était cruel qu'en vers; et Louis Racine parle avec respect de la noblesse de ses sentiments.

Boileau avait été reçu à l'Académie française en 1684. Il mourut le 13 mars 1711.

LES EMBARRAS DE PARIS.

Qui frappe l'air, bon Dieu! de ces lugubres cris?
Est-ce donc pour veiller qu'on se couche à Paris?
Et quel fâcheux démon, durant des nuits entières,
Rassemble ici les chats de toutes les gouttières?
J'ai beau sauter du lit, plein de trouble et d'effroi,
Je pense qu'avec eux tout l'enfer est chez moi :
L'un miaule en grondant comme un tigre en furie,
L'autre roule sa voix comme un enfant qui crie.
Ce n'est pas tout encor : les souris et les rats
Semblent, pour m'éveiller, s'entendre avec les chats,
Plus importuns pour moi, durant la nuit obscure,
Que jamais, en plein jour, ne fut l'abbé de Pure.
Tout conspire à la fois à troubler mon repos,
Et je me plains ici du moindre de mes maux :
Car à peine les coqs, commençant leur ramage,
Auront de cris aigus frappé le voisinage,
Qu'un affreux serrurier, laborieux Vulcain,
Qu'éveillera bientôt l'ardente soif du gain,
Avec un fer maudit, qu'à grand bruit il apprête,
De cent coups de marteau me va fendre la tête.
J'entends déjà partout les charrettes courir,
Les maçons travailler, les boutiques s'ouvrir;
Tandis que dans les airs mille cloches émues,
D'un funèbre concert font retentir les nues;
Et, se mêlant au bruit de la grêle et des vents,
Pour honorer les morts font mourir les vivants.

Encor je bénirais la bonté souveraine,
Si le ciel à ces maux avait borné ma peine;
Mais si seul en mon lit je peste avec raison,
C'est encor pis vingt fois en quittant la maison :
En quelque endroit que j'aille, il faut fendre la presse
D'un peuple d'importuns qui fourmillent sans cesse.

L'un me heurte d'un ais dont je suis tout froissé ;
Je vois d'un autre coup mon chapeau renversé.
Là, d'un enterrement la funèbre ordonnance,
D'un pas lugubre et lent vers l'église s'avance ;
Et plus loin des laquais, l'un l'autre s'agaçant,
Font aboyer les chiens et jurer les passants.
Des paveurs en ce lieu me bouchent le passage ;
Là je trouve une croix de funeste présage,
Et des couvreurs grimpés au toit d'une maison
En font pleuvoir l'ardoise et la tuile à foison.
Là, sur une charrette une poutre branlante
Vient menaçant de loin la foule qu'elle augmente ;
Six chevaux attelés à ce fardeau pesant
Ont peine à l'émouvoir sur le pavé glissant.
D'un carrosse en tournant il accroche une roue,
Et du choc le renverse en un grand tas de boue :
Quand un autre à l'instant, s'efforçant de passer,
Dans le même embarras se vient embarrasser.
Vingt carrosses bientôt arrivant à la file
Y sont en moins de rien suivis de plus de mille ;
Et, pour surcroît de maux, un sort malencontreux
Conduit en cet endroit un grand troupeau de bœufs.
Chacun prétend passer ; l'un mugit, l'autre jure ;
Des mulets en sonnant augmentent le murmure.
Aussitôt cent chevaux dans la foule appelés
De l'embarras qui croît ferment les défilés,
Et partout, des passants enchaînant les brigades,
Au milieu de la paix font voir les barricades.
On n'entend que des cris poussés confusément :
Dieu, pour s'y faire ouïr, tonnerait vainement.
Moi donc, qui dois souvent en certain lieu me rendre,
Le jour déjà baissant, et qui suis las d'attendre,
Ne sachant plus tantôt à quel saint me vouer,
Je me mets au hasard de me faire rouer.
Je saute vingt ruisseaux, j'esquive, je me pousse ;
Guenaud sur son cheval en passant m'éclabousse,
Et, n'osant plus paraître en l'état où je suis,
Sans songer où je vais, je me sauve où je puis.

Tandis que dans un coin en grondant je m'essuie,
Souvent pour m'achever il survient une pluie :
On dirait que le ciel, qui se fond tout en eau,

Veuille inonder ces lieux d'un déluge nouveau.
Pour traverser la rue, au milieu de l'orage,
Un ais sur deux pavés forme un étroit passage ;
Le plus hardi laquais n'y marche qu'en tremblant :
Il faut pourtant passer sur ce pont chancelant ;
Et les nombreux torrents qui tombent des gouttières,
Grossissant les ruisseaux, en ont fait des rivières.
J'y passe en trébuchant; mais, malgré l'embarras,
La frayeur de la nuit précipite mes pas.

Car sitôt que du soir les ombres pacifiques
D'un double cadenas font fermer les boutiques ;
Que, retiré chez lui, le paisible marchand
Va revoir ses billets et compter son argent ;
Que dans le marché neuf tout est calme et tranquille,
Les voleurs à l'instant s'emparent de la ville.
Le bois le plus funeste et le moins fréquenté
Est, au prix de Paris, un lieu de sûreté (1) !
Malheur donc à celui qu'une affaire imprévue
Engage un peu trop tard au détour d'une rue !
Bientôt quatre bandits lui serrant les côtés :
La bourse !... Il faut se rendre ; ou bien non, résistez,
Afin que votre mort, de tragique mémoire,
Des massacres fameux aille grossir l'histoire.
Pour moi, fermant la porte, et cédant au sommeil,
Tous les jours je me couche avecque le soleil ;
Mais en ma chambre à peine ai-je éteint la lumière,
Qu'il ne m'est plus permis de fermer la paupière.
Des filous effrontés, d'un coup de pistolet,
Ebranlent ma fenêtre et percent mon volet ;
J'entends crier partout : Au meurtre ! On m'assassine !
Ou : Le feu vient de prendre à la maison voisine !
Tremblant et demi-mort, je me lève à ce bruit,
Et souvent sans pourpoint je cours toute la nuit.
Car le feu, dont la flamme en ondes se déploie,
Fait de notre quartier une seconde Troie,
Où maint Grec affamé, maint avide Argien,
Au travers des charbons va piller le Troyen.

(1) Ceci au temps de Boileau n'était point une exagération; la police n'était pas organisée et l'on ne pouvait sans danger sortir pendant la nuit, mais on peut dire que les temps sont bien changés.

Enfin, sous mille crocs la maison abîmée
Entraîne aussi le feu qui se perd en fumée.

Je me retire donc, encor pâle d'effroi,
Mais le jour est venu quand je rentre chez moi.
Je fais pour reposer un effort inutile :
Ce n'est qu'à prix d'argent qu'on dort en cette ville.
Il faudrait, dans l'enclos d'un vaste logement,
Avoir loin de la rue un autre appartement.

Paris est pour un riche un pays de Cocagne :
Sans sortir de la ville, il trouve la campagne ;
Il peut dans son jardin, tout peuplé d'arbres verts,
Recéler le printemps au milieu des hivers ;
Et, foulant le parfum de ses plantes fleuries,
Aller entretenir ses douces rêveries...

Mais moi, grâce au destin, qui n'ai ni feu ni lieu,
Je me loge où je puis et comme il plaît à Dieu.

LA CHICANE.

Entre cent vieux appuis dont l'affreuse grand'salle (1)
Soutient l'énorme poids de sa voûte infernale,
Est un pilier fameux, des plaideurs respecté,
Et toujours de Normands à midi fréquenté.
Là, sur des tas poudreux de sacs et de pratique,
Hurle tous les matins une sibylle étique :
On l'appelle Chicane ; et ce monstre odieux
Jamais pour l'équité n'eut d'oreilles ni d'yeux.
La Disette au teint blême, et la triste Famine,
Les Chagrins dévorants et l'infâme Ruine,
Enfants infortunés de ses raffinements,
Troublent l'air d'alentour de longs gémissements.
Sans cesse feuilletant les lois et la coutume,
Pour consumer autrui, le monstre se consume ;
Et, dévorant maisons, palais, châteaux entiers,
Rend pour des monceaux d'or de vains tas de papiers.

(1) La grand'salle du palais de justice

Sous le coupable effort de sa noire insolence,
Thémis a vu cent fois chanceler sa balance.
Incessamment il va de détour en détour :
Comme un hibou, souvent il se dérobe au jour :
Tantôt, les yeux en feu, c'est un lion superbe ;
Tantôt, humble serpent, il se glisse sous l'herbe.
En vain, pour le dompter, le plus juste des rois
Fit régler le chaos des ténébreuses lois :
Ses griffes, vainement par Pussort accourcies,
Se rallongent déjà, toujours d'encre noircies ;
Et ses ruses, perçant et digues et remparts,
Par cent brèches déjà rentrent de toutes parts.

DU VRAI.

Rien n'est beau que le vrai : le vrai seul est aimable ;
Il doit régner partout, et même dans la fable :
De toute fiction l'adroite fausseté
Ne tend qu'à faire aux yeux briller la vérité.
Sais-tu pourquoi mes vers sont lus dans les provinces,
Sont recherchés du peuple, et reçus chez les princes ?
Ce n'est pas que leurs sons, agréables, nombreux,
Soient toujours à l'oreille également heureux ;
Qu'en plus d'un lieu le sens n'y gêne la mesure,
Et qu'un mot quelquefois n'y brave la césure :
Mais c'est qu'en eux le vrai, du mensonge vainqueur,
Partout se montre aux yeux et va saisir le cœur ;
Que le bien et le mal y sont prisés au juste ;
Que jamais un faquin n'y tint un rang auguste,
Et que mon cœur, toujours conduisant mon esprit,
Ne dit rien aux lecteurs qu'à soi-même il n'ait dit.
Ma pensée au grand jour partout s'offre et s'expose ;
Et mon vers, bien ou mal, dit toujours quelque chose.
C'est par là quelquefois que ma rime surprend :
C'est là ce que n'ont point Jonas ni Childebrand.

Mais peut-être, enivré des vapeurs de ma muse,
Moi-même en ma faveur, Seignelay, je m'abuse.
Cessons de nous flatter. Il n'est esprit si droit
Qui ne soit imposteur et faux par quelque endroit :

Sans cesse on prend le masque, et, quittant la nature,
On craint de se montrer sous sa propre figure.
Par là le plus sincère assez souvent déplaît :
Rarement un esprit ose être ce qu'il est.
Vois-tu cet importun que tout le monde évite ;
Cet homme à toujours fuir, qui jamais ne vous quitte?
Il n'est pas sans esprit : mais, né triste et pesant,
Il veut être folâtre, évaporé, plaisant ;
Il s'est fait de sa joie une loi nécessaire,
Et ne déplaît enfin que pour vouloir trop plaire.

La simplicité plaît sans étude et sans art.
Tout charme en un enfant dont la langue sans fard,
A peine du filet encor débarrassée,
Sait d'un air innocent bégayer sa pensée.
Le faux est toujours fade, ennuyeux, languissant ;
Mais la nature est vraie, et d'abord on la sent ;
C'est elle seule en tout qu'on admire et qu'on aime.
Un esprit né chagrin plaît par son chagrin même.
Chacun pris dans son air est agréable en soi ;
Ce n'est que l'air d'autrui qui peut déplaire en moi.

L'ART D'ÉCRIRE.

Il est certains esprits dont les sombres pensées
Sont d'un nuage épais toujours embarrassées :
Le jour de la raison ne le saurait percer.
Avant donc que d'écrire, apprenez à penser.
Selon que notre idée est plus ou moins obscure,
L'expression la suit, ou moins nette, ou plus pure.
Ce que l'on conçoit bien s'énonce clairement,
Et les mots pour le dire arrivent aisément.

Surtout qu'en vos écrits la langue révérée
Dans vos plus grands excès vous soit toujours sacrée.
En vain vous me frappez d'un son mélodieux,
Si le terme est impropre ou le tour vicieux ;
Mon esprit n'admet point un pompeux barbarisme,
Ni d'un vers ampoulé l'orgueilleux solécisme :
Sans la langue, en un mot, l'auteur le plus divin
Est toujours, quoi qu'il fasse, un méchant écrivain.

Travaillez à loisir, quelque ordre qui vous presse,
Et ne vous piquez point d'une folle vitesse :
Un style si rapide, et qui court en rimant,
Marque moins trop d'esprit que peu de jugement.
J'aime mieux un ruisseau, qui, sur la molle arène,
Dans un pré plein de fleurs lentement se promène,
Qu'un torrent débordé, qui, d'un cours orageux,
Roule, plein de gravier, sur un terrain fangeux.
Hâtez-vous lentement; et, sans perdre courage,
Vingt fois sur le métier remettez votre ouvrage ;
Polissez-le sans cesse et le repolissez.
Ajoutez quelquefois, et souvent effacez.
C'est peu qu'en un ouvrage où les fautes fourmillent
Des traits d'esprit semés de temps en temps pétillent :
Il faut que chaque chose y soit mise en son lieu;
Que le début, la fin, répondent au milieu;
Que d'un art délicat les pièces assorties
N'y forment qu'un seul tout de diverses parties ;
Que jamais du sujet le discours s'écartant
N'aille chercher trop loin quelque mot éclatant.

LA CAMPAGNE DE BOILEAU (1).

Du lieu qui me retient veux-tu voir le tableau ?
C'est un petit village, ou plutôt un hameau,
Bâti sur le penchant d'un long rang de collines,
D'où l'œil s'égare au loin dans les plaines voisines.
La Seine au pied des monts que son flot vient laver
Voit du sein de ses eaux vingt îles s'élever,
Qui, partageant son cours en diverses manières,
D'une rivière seule y forment vingt rivières.
Tous ses bords sont couverts de saules non plantés,
Et de noyers souvent du passant insultés.
Le village au-dessus forme un amphithéâtre :
L'habitant ne connaît ni la chaux, ni le plâtre ;
Et dans le roc, qui cède et se coupe aisément,
Chacun sait de sa main creuser son logement.

(1) Cette campagne était située dans le village d'Auteuil, aujourd'hui annexé à Paris. On y voit encore la maison de Boileau.

La maison du seigneur, seule un peu plus ornée,
Se présente au dehors de murs environnée.
Le soleil en naissant la regarde d'abord,
Et le mont la défend des outrages du nord.

C'est là, cher Lamoignon, que mon esprit tranquille
Met à profit les jours que la Parque me file.
Ici, dans un vallon bornant tous mes désirs,
J'achète à peu de frais de solides plaisirs.
Tantôt, un livre en main, errant dans les prairies,
J'occupe ma raison d'utiles rêveries ;
Tantôt, cherchant la fin d'un vers que je construi,
Je trouve au coin d'un bois le mot qui m'avait fui.
Quelquefois, aux appâts d'un hameçon perfide,
J'amorce en badinant le poisson trop avide ;
Ou d'un plomb qui suit l'œil, et part avec l'éclair,
Je vais faire la guerre aux habitants de l'air.
Une table au retour, propre et non magnifique,
Nous présente un repas agréable et rustique.
O fortuné séjour ! ô champs aimés des cieux !
Que, pour jamais foulant vos prés délicieux,
Ne puis-je ici fixer ma course vagabonde,
Et connu de vous seuls oublier tout le monde !

CHAULIEU.

Le grand mérite de ce poëte, c'est de n'avoir eu aucune espèce de prétention. Homme d'esprit, plus ami de la paresse que jaloux de la gloire, il était âgé de cinquante-cinq ans lorsqu'il publia ses premiers vers. La poésie ne fut pour lui qu'une agréable distraction ; et Voltaire, qui le connaissait intimement, l'a très-bien défini en l'appelant *le premier des poëtes négligés*. Par ses inspirations habituelles, il se rattache à la muse païenne d'Anacréon ; mais, quelque épris qu'il fût de l'antiquité, il puisait ses vers, ainsi que le dit une épigramme de J.-B. Rousseau, dans le vin champenois plutôt que dans l'eau de la mythologique fontaine d'Hippocrène (1). L'insouciance et la mollesse n'étouffèrent point cependant le talent de Chaulieu ;

1) Voici cette épigramme :
   Maître Vincent, ce grand faiseur des lettres,
   Si bien que vous n'eût su prosaïser ;
   Maître Clément, ce grand faiseur de mètres,
   Si doucement n'eût su poétiser ;

il conserva, jusque dans une extrême vieillesse, la délicatesse des sentiments, la grâce et le naturel. La pièce que nous reproduisons ici, la plus remarquable de toutes celles qu'il nous a laissées, s'adresse au village de Fontenay, dans le Vexin normand, où il était né en 1639, et où il mourut en 1720. Cette pièce est restée célèbre, parce qu'elle exprime un sentiment très-vrai et très-profond, l'amour du pays natal, et le désir qu'éprouvent tous les hommes, au déclin de la vie, de passer leurs derniers jours dans les lieux où s'est écoulée leur enfance.

FONTENAY.

Désert, aimable solitude,
Séjour du calme et de la paix,
Asile où n'entrèrent jamais
Le tumulte et l'inquiétude......

C'est toi qui me rends à moi-même,
Tu calmes mon cœur agité,
Et de ma seule oisiveté
Tu me fais un bonheur extrême.

Parmi ces bois et ces hameaux,
C'est là que je commence à vivre ;
Et j'empêcherai de m'y suivre
Le souvenir de tous mes maux.

Emplois, grandeurs tant désirées,
J'ai connu vos illusions ;
Je vis loin des préventions
Qui forgent vos chaînes dorées.

La cour ne peut plus m'éblouir ;
Libre de son joug le plus rude,
J'ignore ici la servitude
De louer qui je dois haïr.

Fils des dieux, qui de flatteries
Repaissez votre vanité,
Apprenez que la vérité
Ne s'entend que dans nos prairies.

Phébus adonc va se désabuser
De son amour pour sa docte fontaine,
Et connaîtra que pour bons vers puiser
Vin champenois vaut mieux qu'eau d'Hippocrène.
(*Maître Vincent*, c'est Voiture, et *maître Clément*, c'est Marot.)

Grotte d'où sort ce clair ruisseau,
De mousse et de fleurs tapissée,
N'entretiens jamais ma pensée
Que du murmure de son eau.

. . . .

Bannissons la flatteuse idée
Des honneurs que m'avaient promis
Mon savoir-faire et mes amis,
Tous deux maintenant en fumée.

Je trouve ici tous les plaisirs
D'une condition commune ;
Avec l'état de ma fortune
Je mets de niveau mes désirs.

Ah ! quelle riante peinture
Chaque jour se montre à mes yeux
Des trésors dont la main des dieux
Se plaît d'enrichir la nature !

Quel plaisir de voir les troupeaux,
Quand le midi brûle l'herbette,
Rangés autour de la houlette,
Chercher le frais sous ces ormeaux !

Puis, sur le soir, à nos musettes
Ouïr répondre les coteaux,
Et retentir tous nos hameaux
De hautbois et de chansonnettes !

Mais, hélas ! ces paisibles jours
Coulent avec trop de vitesse ;
Mon indolence et ma paresse
N'en peuvent suspendre le cours.

Déjà la vieillesse s'avance ;
Et je verrai dans peu la mort
Exécuter l'arrêt du sort
Qui m'y livre sans espérance.

Fontenay, lieu délicieux
Où je vis d'abord la lumière,
Bientôt, au bout de ma carrière,
Chez toi je joindrai mes aïeux.

>   Muses, qui dans ce lieu champêtre
>   Avec soin me fîtes nourrir ;
>   Beaux arbres, qui m'avez vu naître,
>   Bientôt vous me verrez mourir.
>
>   Cependant, du frais de votre ombre
>   Il faut sagement profiter,
>   Sans regret, prêt à vous quitter
>   Pour ce manoir terrible et sombre,
>
>   Où de ces arbres, dont exprès,
>   Pour un doux et plus long usage
>   Mes mains ornèrent ce bocage,
>   Nul ne me suivra qu'un cyprès.

JEAN-BAPTISTE ROUSSEAU.

Ce poëte est un triste exemple de l'influence déplorable qu'exerce, même sur les hommes d'un véritable talent, le manque de caractère et de dignité personnelle. Né à Paris en 1671, Rousseau passa la première partie de sa vie à se faire des ennemis par la tournure agressive de son esprit, et l'autre partie à chercher par des platitudes auprès de quelques grands personnages un appui incertain et précaire. Il débuta dans la littérature par des comédies et des opéras qui n'obtinrent qu'un médiocre succès, et il crut se venger par des chansons anonymes de ceux qu'il regardait comme des ennemis, parce qu'ils ne goûtaient point ses pièces. Ce fut là la cause de ses malheurs. En 1712, on lui attribua, sans qu'il fût néanmoins constaté qu'il en était l'auteur, des couplets qui causèrent un grand scandale, et le Parlement rendit contre lui un arrêt d'exil perpétuel. Depuis cette époque il vécut, en Suisse, en Allemagne, dans un état voisin de la misère, et il mourut à Bruxelles en 1741.

Le XVIIIe siècle regardait Rousseau comme le premier de nos poëtes lyriques ; la critique moderne ne l'a point maintenu à ce rang supérieur. Elle lui refuse avec raison la sensibilité, l'émotion, l'inspiration sincère et profonde, mais, à défaut de génie, elle lui reconnaît une habileté merveilleuse à manier la langue poétique, une science achevée du rhythme et de l'harmonie, la rapidité des mouvements, l'éclat des images. Outre ses comédies et ses opéras qu'on ne lit plus, Rousseau a laissé des odes, des épîtres, des cantates, des allégories et des épigrammes. Ce sont ses odes, et surtout celles qu'il a imitées des livres saints, qui lui assurent une réputation durable.

ODE

Tirée du cantique d'Ézéchias

J'ai vu mes tristes journées
Décliner vers leur penchant ;
Au midi de mes années
Je touchais à mon couchant.
La mort, déployant ses ailes,
Couvrait d'ombres éternelles
La clarté dont je jouis ;
Et dans cette nuit funeste
Je cherchais en vain le reste
De mes jours évanouis.

Grand Dieu, votre main réclame
Les dons que j'en ai reçus ;
Elle vient couper la trame
Des jours qu'elle m'a tissus.
Mon dernier soleil se lève,
Et votre souffle m'enlève
De la terre des vivants,
Comme la feuille séchée
Qui, de sa tige arrachée,
Devient le jouet des vents.

Comme un tigre impitoyable,
Le mal a brisé mes os ;
Et sa rage insatiable
Ne me laisse aucun repos.
Victime faible et tremblante,
A cette image sanglante
Je soupire nuit et jour ;
Et, dans ma crainte mortelle,
Je suis comme l'hirondelle
Sous les griffes du vautour.

Ainsi de cris et d'alarmes
Mon mal semblait se nourrir ;
Et mes yeux noyés de larmes
Étaient lassés de s'ouvrir.
Je disais à la nuit sombre :
O nuit, tu vas dans ton ombre

M'ensevelir pour toujours !
Je redisais à l'aurore :
Le jour que tu fais éclore
Est le dernier de mes jours !

Mon âme est dans les ténèbres,
Mes sens sont glacés d'effroi :
Écoutez mes cris funèbres,
Dieu juste, répondez-moi !
Mais enfin sa main propice
A comblé le précipice
Qui s'entr'ouvrait sous mes pas :
Son secours me fortifie,
Et me fait trouver la vie
Dans les horreurs du trépas.

Seigneur, il faut que la terre
Connaisse en moi vos bienfaits.
Vous ne m'avez fait la guerre
Que pour me donner la paix.
Heureux l'homme à qui la grâce
Départ ce don efficace
Puisé dans ses saints trésors ;
Et qui, rallumant sa flamme,
Trouve la santé de l'âme
Dans les souffrances du corps !

C'est pour sauver la mémoire
De vos immortels secours ;
C'est pour vous, pour votre gloire,
Que vous prolongez nos jours.
Non, non, vos bontés sacrées
Ne seront point célébrées
Dans l'horreur des monuments :
La mort aveugle et muette
Ne sera point l'interprète
De vos saints commandements.

Mais ceux qui de sa menace,
Comme moi, sont rachetés,
Annonceront à leur race
Vos célestes vérités.

J'irai, Seigneur, dans vos temples
Réchauffer par mes exemples
Les mortels les plus glacés ;
Et vous offrant mon hommage,
Leur montrer l'unique usage
Des jours que vous leur laissez.

L'AVEUGLEMENT DES HOMMES.

Qu'aux accents de ma voix la terre se réveille !
Rois, soyez attentifs ; peuples, ouvrez l'oreille :
Que l'univers se taise et m'écoute parler.
Mes chants vont seconder les accords de ma lyre ;
L'Esprit-Saint me pénètre, il m'échauffe, il m'inspire
Les grandes vérités que je vais révéler.

L'homme en sa propre force a mis sa confiance.
Ivre de ses grandeurs et de son opulence,
L'éclat de sa fortune enfle sa vanité.
Mais, ô moment terrible, ô jour épouvantable,
Où la mort saisira ce fortuné coupable,
Tout chargé des liens de son iniquité !

Que deviendront alors, répondez, grands du monde,
Que deviendront ces biens où votre espoir se fonde,
Et dont vous étalez l'orgueilleuse moisson ?
Sujets, amis, parents, tout deviendra stérile ;
Et, dans ce jour fatal, l'homme à l'homme inutile
Ne paîra point à Dieu le prix de sa rançon.

Vous avez vu tomber les plus illustres têtes ;
Et vous pourriez encore, insensés que vous êtes,
Ignorer le tribut que l'on doit à la mort !
Non, non ; tout doit franchir ce terrible passage :
Le riche et l'indigent, l'imprudent et le sage,
Sujets à même loi, subissent même sort.

D'avides étrangers, transportés d'allégresse,
Engloutissent déjà toute cette richesse,
Ces terres, ces palais de vos noms ennoblis.
Et que vous reste-t-il en ces moments suprêmes ?

Un sépulcre funèbre où vos noms, où vous-mêmes
Dans l'éternelle nuit serez ensevelis.

Les hommes, éblouis de leurs honneurs frivoles,
Et de leurs vains flatteurs écoutant les paroles,
Ont de ces vérités perdu le souvenir :
Pareils aux animaux farouches et stupides,
Les lois de leur instinct sont leurs uniques guides,
Et pour eux le présent paraît sans avenir.

Un précipice affreux devant eux se présente;
Mais toujours leur raison, soumise et complaisante,
Au-devant de leurs yeux met un voile imposteur.
Sous leurs pas cependant s'ouvrent de noirs abîmes,
Où la cruelle mort, les prenant pour victimes,
Frappe ces vils troupeaux dont elle est le pasteur.

Là s'anéantiront ces titres magnifiques,
Ce pouvoir usurpé, ces ressorts politiques,
Dont le juste autrefois sentit le poids fatal :
Ce qui fit leur bonheur deviendra leur torture ;
Et Dieu, de sa justice apaisant le murmure,
Livrera ces méchants au pouvoir infernal.

Justes, ne craignez point le vain pouvoir des hommes,
Quelqu'élevés qu'ils soient, ils sont ce que nous sommes :
Si vous êtes mortels, ils le sont comme vous.
Nous avons beau vanter nos grandeurs passagères,
Il faut mêler sa cendre aux cendres de ses pères,
Et c'est le même Dieu qui nous jugera tous.

A PHILOMÈLE.

Pourquoi plaintive Philomèle,
Songer encore à vos malheurs,
Quand, pour apaiser vos douleurs,
Tout cherche à vous marquer son zèle ?

Loin de vous l'aquillon fougueux
Souffle sa piquante froidure ;
La terre reprend sa verdure :
Le ciel brille des plus beaux feux.

Pour vous l'amante de Céphale
Enrichit Flore de ses pleurs :
Le Zéphyr cueille sur les fleurs
Les parfums que la terre exhale.

Pour entendre vos doux accents
Les oiseaux cessent leur ramage :
Et le chasseur le plus sauvage
Respecte vos jours innocents.

Cependant votre âme attendrie
Par un douloureux souvenir,
Des malheurs d'une sœur chérie
Semble toujours s'entretenir.

Hélas ! que mes tristes pensées
M'offrent des maux bien plus cuisants !
Vous pleurez des peines passées :
Je pleure des ennuis présents.

Et quand la nature attentive
Cherche à calmer vos déplaisirs,
Il faut même que je me prive
De la douceur de mes soupirs.

LOUIS RACINE.

Un grand nom est toujours un fardeau très-lourd à porter ; noblesse oblige, et quand on a pour père un homme de génie, il faut se maintenir à son niveau, sous peine de tomber dans un rang de beaucoup inférieur à celui qu'on aurait justement pu réclamer ; c'est précisément là ce qui est arrivé à Louis Racine, le fils de l'illustre poëte dramatique. La gloire paternelle l'a rejeté dans l'ombre, et l'on ne rend point, selon nous, une justice suffisante au mérite distingué de ses vers. Les poëmes sur *la Grâce* et *la Religion* offrent tous les défauts des poëmes didactiques, et ressemblent beaucoup trop, en certaines parties, à une amplification de rhétorique sur un sujet convenu à l'avance ; mais il est certain qu'on y trouve, dans quelques passages — et nos lecteurs en jugeront par les fragments que nous mettons ici sous leurs yeux — l'empreinte d'un talent supérieur. Outre ces deux poëmes, on doit à Louis Racine des odes, des poésies diverses, une traduction du *Paradis perdu* de Milton, et de précieux *Mémoires sur la vie et les ouvrages de Jean Racine*, publiés en 1747.

Né à Paris en 1692, Louis Racine fut d'abord avocat, et de 1722 à 1750 il remplit les fonctions d'inspecteur des fermes en Provence, emploi qui répondrait dans l'administration moderne à celui d'inspecteur des contributions indirectes. Son fils unique ayant péri dans le tremblement de terre de Lisbonne, il quitta sa place et vécut dans la retraite jusqu'en 1763, époque de sa mort.

DIEU MANIFESTÉ PAR LA CRÉATION.

Oui, c'est un Dieu caché que le Dieu qu'il faut croire ;
Mais, tout caché qu'il est, pour révéler sa gloire,
Quels témoins éclatants devant moi rassemblés !
Répondez, cieux et mers ; et vous, terre, parlez !
Quel bras peut vous suspendre, innombrables étoiles?
Nuit brillante, dis-nous qui t'a donné tes voiles.
O cieux, que de grandeur, et quelle majesté !
J'y reconnais un maître à qui rien n'a coûté,
Et qui dans vos déserts a semé la lumière,
Ainsi que dans nos champs il sème la poussière.
Toi qu'annonce l'aurore, admirable flambeau,
Astre toujours le même, astre toujours nouveau,
Par quel ordre, ô soleil, viens-tu du sein de l'onde
Nous rendre les rayons de ta clarté féconde?
Tous les jours je t'attends, tu reviens tous les jours :
Est-ce moi qui t'appelle, et qui règle ton cours?

Et toi dont le courroux veut engloutir la terre,
Mer terrible, en ton lit quelle main te resserre?
Pour forcer ta prison tu fais de vains efforts ;
La rage de tes flots expire sur tes bords.
Fais sentir ta vengeance à ceux dont l'avarice
Sur ton perfide sein va chercher son supplice.
Hélas ! prêts à périr, t'adressent-ils leurs vœux?
Ils regardent le ciel, secours des malheureux.
La nature, qui parle en ce péril extrême,
Leur fait lever les mains vers l'asile suprême :
Hommage que toujours rend un cœur effrayé
Au Dieu que jusqu'alors il avait oublié !

La voix de l'univers à ce Dieu me rappelle ;
La terre le publie. Est-ce moi, me dit-elle,

Est-ce moi qui produis mes riches ornements ?
C'est celui dont la main posa mes fondements.
Si je sers tes besoins, c'est lui qui me l'ordonne ;
Les présents qu'il me fait, c'est à toi qu'il les donne.
Je me pare des fleurs qui tombent de sa main ;
Il ne fait que l'ouvrir, et m'en remplit le sein.
Pour consoler l'espoir du laboureur avide,
C'est lui qui dans l'Egypte, où je suis trop aride,
Veut qu'au moment prescrit le Nil, loin de ses bords,
Répandu sur ma plaine, y porte mes trésors.
A de moindres objets tu peux le reconnaître :
Contemple seulement l'arbre que je fais croître ;
Mon suc, dans la racine à peine répandu,
Du tronc qui le reçoit à la branche est rendu :
La feuille le demande, et la branche fidèle,
Prodigue de son bien, le partage avec elle.
De l'éclat de ses fruits justement enchanté,
Ne méprise jamais ces plantes sans beauté,
Troupe obscure et timide, humble et faible vulgaire :
Si tu sais découvrir leur vertu salutaire,
Elles pourront servir à prolonger tes jours,
Et ne t'afflige pas si les tours sont si courts :
Toute plante, en naissant, déjà renferme en elle
D'enfants qui la suivront une race immortelle :
Chacun de ces enfants, dans ma fécondité,
Trouve un gage nouveau de sa postérité.

L'HOMME.

Le roi pour qui sont faits tant de biens précieux,
L'homme, élève un front noble et regarde les cieux ;
Ce front, vaste théâtre où l'âme se déploie,
Est tantôt éclairé des rayons de la joie,
Tantôt enveloppé du chagrin ténébreux.
L'amitié tendre et vive y fait briller ses feux,
Qu'en vain veut imiter, dans son zèle perfide,
La trahison que suit l'envie au teint livide.
Un mot y fait rougir la timide pudeur ;
Le mépris y réside, ainsi que la candeur ;
Le modeste respect, l'imprudente colère,

La crainte et la pâleur, sa compagne ordinaire,
Qui, dans tous les périls funestes à mes jours,
Plus prompte que ma voix appelle du secours.

A me servir aussi cette voix empressée,
Loin de moi, quand je veux, va porter ma pensée ;
Messagère de l'âme, interprète du cœur,
De la société je lui dois la douceur.

Quelle foule d'objets l'œil réunit ensemble!
Que de rayons épars ce cercle étroit rassemble!
Tout s'y peint tour à tour. Le mobile tableau
Frappe un nerf qui l'élève, et le porte au cerveau.
D'innombrables filets, ciel! quel tissu fragile!
Cependant ma mémoire en a fait son asile,
Et tient dans un dépôt fidèle et précieux
Tout ce que m'ont appris mes oreilles, mes yeux :
Elle y peut à toute heure et remettre et reprendre ;
M'y garder mes trésors, exacte à me les rendre.
Là ces esprits subtils, toujours prêts à partir,
Attendent le signal qui les doit avertir ;
Mon âme les envoie, et, ministres dociles,
Je les sens répandus dans mes membres agiles :
A peine ai-je parlé qu'ils sont accourus tous.
Invisibles sujets, quel chemin prenez-vous?

Mais qui donne à mon sang cette ardeur salutaire?
Sans mon ordre il nourrit ma chaleur nécessaire.
D'un mouvement égal il agite mon cœur,
Dans ce centre fécond il forme sa liqueur,
Il vient me réchauffer par sa rapide course ;
Plus tranquille et plus froid, il remonte à sa source.
Et toujours s'épuisant se ranime toujours.
Les portes des canaux destinés à son cours
Ouvrent à son entrée une libre carrière,
Prêtes, s'il reculait, d'opposer leur barrière.
Est-ce moi qui préside au maintien de ces lois?
Et pour les établir ai-je donné ma voix?
Je les connais à peine ; une attentive adresse
Tous les jours m'en découvre et l'ordre et la sagesse.
De cet ordre secret reconnaissons l'auteur :
Fut-il jamais de lois sans un législateur?

LES INSECTES.

... A nos yeux attentifs que le spectacle change :
Retournons sur la terre, où, jusque dans la fange,
L'insecte nous appelle, et, certain, de son prix,
Ose nous demander raison de nos mépris.
Plus l'auteur s'est caché, plus il est admirable.
De secrètes beautés quel amas innombrable!
Quoiqu'un fier éléphant, malgré l'énorme tour
Qui de son vaste dos me cache le contour,
S'avance sans ployer sous ce poids qu'il méprise,
Je ne t'admire pas avec moins de surprise
Toi qui vis dans la boue et traînes ta prison,
Toi que souvent ma haine écrase avec raison ;
Toi-même, insecte impur, quand tu me développes
Les étonnants ressorts de tes longs télescopes ;
Oui, toi, lorsqu'à mes yeux tu présentes les tiens,
Qu'élèvent par degrés leurs mobiles soutiens,
C'est dans un faible objet, imperceptible ouvrage,
Que l'art de l'ouvrier me frappe davantage.

Dans un champ de blés mûrs tout un peuple prudent
Rassemble pour l'Etat un trésor abondant :
Fatigués du butin qu'ils traînent avec peine,
De faibles voyageurs arrivent sans haleine
A leurs greniers publics, immenses souterrains,
Où par eux en monceaux sont élevés ces grains
Dont le père commun de tous tant que nous sommes
Nourrit également les fourmis et les hommes.
Et tous, nourris par lui, nous passons sans retour,
Tandis qu'une chenille est rappelée au jour.

De l'empire de l'air cet habitant volage,
Qui porte à tant de fleurs son inconstant hommage,
Et leur ravit un suc qui n'était pas pour lui,
Chez ses frères rampants, qu'il méprise aujourd'hui,
Sur la terre autrefois traînant sa vie obscure,
Semblait vouloir cacher sa honteuse figure.
Mais les temps sont changés, sa mort fut un sommeil:
On le vit plein de gloire, à son brillant réveil,
Laissant dans le tombeau sa dépouille grossière,
Par un sublime essor voler vers la lumière.

O ver, à qui je dois mes nobles vêtements,
De tes travaux si courts que les fruits sont charmants!
N'est-ce donc que pour moi que tu reçois la vie?
Ton ouvrage achevé, ta carrière est finie :
Tu laisses de ton art des héritiers nombreux,
Qui ne verront jamais leur père malheureux.
Je te plains, et j'ai dû parler de tes merveilles;
Mais ce n'est qu'à Virgile à chanter les abeilles.

LES OISEAUX.

...Mais pour toi que jamais ces miracles n'étonnent,
Stupide spectateur des biens qui t'environnent,
O toi qui follement fais ton dieu du hasard,
Viens me développer ce nid qu'avec tant d'art,
Au même ordre toujours architecte fidèle,
A l'aide de son bec maçonne l'hirondelle!
Comment, pour élever ce hardi bâtiment,
A-t-elle, en le broyant, arrondi son ciment?
Et pourquoi ces oiseaux, si remplis de prudence,
Ont-ils de leurs enfants su prévoir la naissance?
Que de berceaux pour eux aux arbres suspendus!
Sur le plus doux coton que de lits étendus!
Le père vole au loin, cherchant dans la campagne
Des vivres qu'il rapporte à sa tendre compagne,
Et la tranquille mère, attendant son secours,
Echauffe dans son sein le fruit de ses amours.
Des ennemis souvent ils repoussent la rage,
Et dans de faibles corps s'allume un grand courage.
Si chèrement aimés, leurs nourrissons un jour
Aux fils qui naîtront d'eux rendront le même amour.
Quand des nouveaux zéphirs l'haleine fortunée
Allumera pour eux le flambeau d'hyménée,
Fidèlement unis par leurs tendres liens,
Ils rempliront les airs de nouveaux citoyens,
Innombrable famille, où bientôt tant de frères
Ne reconnaîtront plus leurs aïeux ni leurs pères!
Ceux qui, de nos hivers redoutant le courroux,
Vont se réfugier dans des climats plus doux
Ne laisseront jamais la saison rigoureuse

Surprendre parmi nous leur troupe paresseuse?
Dans un sage conseil, par les chefs assemblé,
Du départ général le grand jour est réglé :
Il arrive, tout part. Le plus jeune peut-être
Demande, en regardant les lieux qui l'ont vu naître,
Quand viendra ce printemps par qui tant d'exilés
Dans les champs paternels se verront rappelés.

MALFILATRE.

Né à Caen, en 1732, d'une famille pauvre, Malfilâtre montra dès son enfance les plus heureuses dispositions pour la poésie ; il avait trouvé, en arrivant à Paris, des protecteurs puissants et dévoués, et il s'était fait, quoique jeune encore, la réputation d'un poëte distingué ; mais la dissipation de sa conduite épuisa de bonne heure ses forces et son talent ; et il mourut à l'âge de trente-trois ans, en 1767, chez une bonne femme dont il était le débiteur, et qui l'avait recueilli par charité. Il nous reste de lui un poëme mythologique : *Narcisse dans l'île de Vénus*, quelques odes, et quelques traductions ou imitations de l'antiquité, qu'on peut citer comme de véritables modèles.

LE SOLEIL FIXE AU MILIEU DES PLANÈTES.

L'homme a dit : les cieux m'environnent,
Les cieux ne roulent que pour moi ;
De ces astres qui me couronnent
La nature me fit le roi ;
Pour moi seul le soleil se lève,
Pour moi seul le soleil achève
Son cercle éclatant dans les airs ;
Et je vois, souverain tranquille,
Sur son poids la terre immobile
Au centre de cet univers.

Fier mortel, bannis ces fantômes,
Sur toi-même jette un coup d'œil :
Que sommes-nous, faibles atomes,
Pour porter si loin notre orgueil ?
Insensés ! nous parlons en maîtres,
Nous qui dans l'océan des êtres

Nageons tristement confondus ;
Nous dont l'existence légère,
Pareille à l'ombre passagère,
Commence, paraît, et n'est plus !

Mais quelles routes immortelles
Uranie entr'ouvre à mes yeux !
Déesse, est-ce toi qui m'appelles
Aux voûtes brillantes des cieux ?
Je te suis..... Mon âme agrandie,
S'élançant d'une aile hardie,
De la terre a quitté les bords :
De ton flambeau la clarté pure
Me guide au temple où la nature
Cache ses augustes trésors.

Grand Dieu ! quel sublime spectacle
Confond mes sens, glace ma voix !
Où suis-je ? Quel nouveau miracle
De l'Olympe a changé les lois ?
Au loin, dans l'étendue immense,
Je contemple seul en silence
La marche du grand univers ;
Et dans l'enceinte qu'il embrasse,
Mon œil surpris voit sur leur trace
Retourner les orbes divers.

Portés du couchant à l'aurore
Par un mouvement éternel,
Sur leur axe ils tournent encore
Dans les vastes plaines du ciel.
Quelle intelligence secrète
Règle en son cours chaque planète
Par d'imperceptibles ressorts ?
Le soleil est-il le génie
Qui fait avec tant d'harmonie
Circuler les célestes corps ?

Au milieu d'un vaste fluide,
Que la main du Dieu créateur
Verse dans l'abîme du vide,
Cet astre unique est le moteur.
Sur lui-même agité sans cesse,

Il emporte, il balance, il presse
L'éther et les orbes errants ;
Sans cesse une force contraire
De cette ondoyante matière
Vers lui repousse les torrents.

Ainsi se forment les orbites
Que tracent ces globes connus ;
Ainsi, dans les bornes prescrites,
Volent et Mercure et Vénus.
La terre suit : Mars, moins rapide,
D'un air sombre s'avance et guide
Les pas tardifs de Jupiter ;
Et son père, le vieux Saturne,
Roule à peine son char nocturne
Sur les bords glacés de l'éther.

Oui, notre sphère, épaisse masse,
Demande au soleil ses présents.
A travers sa dure surface
Il darde ses feux bienfaisants ;
Le jour voit les heures légères
Présenter les deux hémisphères
Tour à tour à ses doux rayons ;
Et sur les signes inclinée,
La terre, promenant l'année,
Produit des fleurs et des moissons.

Je te salue, âme du monde,
Sacré soleil, astre de feu.
De tous les biens source féconde,
Soleil, image de mon Dieu !
Aux globes qui, dans leur carrière,
Rendent hommage à ta lumière,
Annonce Dieu par ta splendeur :
Règne à jamais sur ses ouvrages,
Triomphe, entretiens tous les âges
De son éternelle grandeur.

FRAGMENT IMITÉ DE VIRGILE.

Au premier sifflement des vents impétueux
Vous voyez s'agiter les flots tumultueux ;
Le rivage mugit, l'écho porte aux campagnes
Le murmure des bois et le cri des montagnes.
Dieux ! quels périls affreux menacent les vaisseaux,
Quand les plongeons troublés, quittant le fond des eaux,
Par un vol inquiet et des accents sauvages
Annoncent la tempête et cherchent les rivages ;
Quand on voit le héron, loin des marais fangeux,
Se perdre tout à coup dans un ciel orageux,
Les poules de Thétis se rassembler entre elles,
Et jouer sur le sable en secouant leurs ailes !...
Pour respirer l'orage et le souffle des airs,
Le taureau vers le ciel tient ses naseaux ouverts.
Seule, errant sur le sable avec un cri funeste,
La sinistre corneille appelle l'eau céleste.
La vieille l'a prédit en tournant ses fuseaux,
Quand l'huile pétillante éclaire ses travaux,
Et que de noirs flocons d'une mousse enfumée
S'amoncèlent au bout de la mèche allumée.....

GRESSET.

Quelques petites pièces pleines de grâce et de douce philosophie, une épopée badine, *Vert-Vert*, à laquelle on ne peut opposer que le *Lutrin* de Boileau, et où sont retracées les aventures d'un perroquet élevé dans le couvent des Visitandines de Nevers, la belle comédie du *Méchant*, et quelques épîtres : telles sont les œuvres qui ont illustré le nom de Gresset et qui le feront vivre aussi longtemps que notre langue, ce qui prouve, comme le dit le proverbe, qu'il ne faut pas un gros bagage pour arriver jusqu'à la postérité. Gresset, qui n'a dans la poésie légère d'autre rival que Voltaire, est né à Amiens en 1709 ; il fut reçu à l'Académie française en 1748 ; quelques années plus tard il se retira dans sa ville natale, et il y mourut en 1777.

L'IMAGE DE LA VIE.

En promenant vos rêveries
Dans le silence des prairies,

Vous voyez un faible rameau
Qui, par les jeux du vague Éole,
Enlevé de quelque arbrisseau,
Quitte sa tige, tombe, vole
Sur la surface d'un ruisseau ;
Là, par une invincible pente,
Forcé d'errer et de changer,
Il flotte au gré de l'onde errante
Et d'un mouvement étranger ;
Souvent il paraît, il surnage ;
Souvent il est au fond des eaux.
Il rencontre sur son passage,
Tous les jours, des pays nouveaux :
Tantôt un fertile rivage
Bordé de coteaux fortunés,
Tantôt une rive sauvage
Et des déserts abandonnés.
Parmi ces erreurs continues,
Il fuit, il vogue jusqu'au jour
Qui l'ensevelit, à son tour,
Au sein de ces mers inconnues
Où tout s'abîme sans retour.

LA MANSARDE DE GRESSET.

. . . .
Si ma chambre est ronde ou carrée,
C'est ce que je ne dirai pas.
Tout ce que j'en sais, sans compas,
C'est que, depuis l'oblique entrée,
Dans cette cage resserrée
On peut former jusqu'à six pas.
Une lucarne mal vitrée
Près d'une gouttière livrée
A d'interminables sabbats,
Où l'Université des chats,
A minuit, en robe fourrée,
Vient tenir ses bruyants états ;
Une table mi-démembrée
Près du plus humble des grabats ;

Six brins de paille délabrée
Tressés sur deux vieux échalas :
Voilà les meubles délicats
Dont ma chartreuse est décorée,
Et que les frères de Borée
Bouleversent avec fracas,
Lorsque, sur ma niche éthérée,
Ils préludent aux fiers combats
Qu'ils vont livrer dans vos climats ;
Et que leur troupe conjurée
Y vient préparer ces frimas
Qui versent sur chaque contrée
Les catarrhes et les trépas.

. . . .

VOLTAIRE.

Voltaire, nous l'avons dit, ne fut pas seulement philosophe, historien, romancier, épistolaire, critique, il se montra aussi un grand poëte. Novateur dans la tragédie, il créa de nouveaux types et ses pièces seront toujours comptées parmi nos plus belles productions dramatiques. Son essai de poésie épique, le poëme de *la Ligue*, qui prit plus tard le nom de *la Henriade*, s'il ne mérite pas le nom d'épopée, restera du moins dans notre littérature un chef-d'œuvre de versification élégante et pure ; mais le genre où il n'a jamais été surpassé est la poésie légère et fugitive. M. Sainte-Beuve regarde Voltaire comme le seul grand poëte français du dix-huitième siècle, et c'est là selon nous un jugement sans appel.

ZAÏRE.

LUSIGNAN ET SES FILS (1).

De vos bras, mes enfants, je ne puis m'arracher.
Je vous revois enfin, chère et triste famille,

---

(1) A l'époque des Croisades, Lusignan, prince français, descendant des rois de Jérusalem, avait été fait prisonnier par les musulmans, et le soudan Orosmane, au pouvoir duquel il était, lui faisait subir une dure captivité. Rendu à la liberté, il reconnut dans

Mon fils, digne héritier... vous... hélas! vous ma fille!
Dissipez mes soupçons, ôtez-moi cette horreur,
Ce trouble qui m'accable au comble du bonheur.
Toi qui seul as conduit sa fortune et la mienne,
Mon Dieu! qui me la rends, me la rends-tu chrétienne?
Tu pleures, malheureuse, et tu baisses les yeux!
Tu te tais! je t'entends! ô crime! ô justes cieux!

ZAÏRE.

Je ne puis vous tromper : sous les lois d'Orosmane...
Punissez votre fille ... elle était musulmane.

LUSIGNAN.

Que la foudre en éclats ne tombe que sur moi!
Ah! mon fils! à ces mots j'eusse expiré sans toi.
Mon Dieu! j'ai combattu soixante ans pour ta gloire,
J'ai vu tomber ton temple et périr ta mémoire;
Dans un cachot affreux abandonné vingt ans,
Mes larmes t'imploraient pour mes tristes enfants :
Et lorsque ma famille est par toi réunie,
Quand je trouve une fille, elle est ton ennemie!
Je suis bien malheureux... C'est ton père! c'est moi,
C'est ma seule prison qui t'a ravi ta foi.
Ma fille, tendre objet de mes dernières peines,
Songe au moins, songe au sang qui coule dans tes veines :
C'est le sang de vingt rois, tous chrétiens comme moi;
C'est le sang des héros, défenseurs de ma loi;
C'est le sang des martyrs... O fille encor trop chère!
Connais-tu ton destin? sais-tu quelle est ta mère?
Sais-tu bien qu'à l'instant que son flanc mit au jour
Ce triste et dernier fruit d'un malheureux amour,
Je la vis massacrer par la main forcenée,
Par la main des brigands à qui tu t'es donnée!
Tes frères, ces martyrs égorgés à mes yeux,
T'ouvrent leurs bras sanglants, tendus du haut des cieux :
Ton Dieu que tu trahis, ton Dieu que tu blasphèmes,
Pour toi, pour l'univers, est mort en ces lieux mêmes;
En ces lieux où mon bras le servit tant de fois,

un chevalier français, Nerestan, et dans Zaïre, esclave du prince, ses deux enfants qu'il avait été forcé d'abandonner fort jeunes et qu'il croyait morts.

En ces lieux où son sang te parle par ma voix.
Vois ces murs, vois ce temple envahi par tes maîtres :
Tout annonce le Dieu qu'ont vengé tes ancêtres.
Tourne les yeux, sa tombe est près de ce palais ;
C'est ici la montagne où, lavant nos forfaits,
Il voulut expirer sous les coups de l'impie ;
C'est là que de sa tombe il rappela sa vie.
Tu ne saurais marcher dans cet auguste lieu,
Tu n'y peux faire un pas sans y trouver ton Dieu ;
Et tu n'y peux rester sans renier ton père,
Ton honneur qui te parle, et ton Dieu qui t'éclaire.
Je te vois dans mes bras et pleurer et frémir ;
Sur ton front pâlissant Dieu met le repentir ;
Je vois la vérité dans ton cœur descendue ;
Je retrouve ma fille après l'avoir perdue,
Et je reprends ma gloire et ma félicité
En dérobant mon sang à l'infidélité.

EXISTENCE DE DIEU.

Consulte Zoroastre, et Minos et Solon,
Et le sage Socrate, et le grand Cicéron ;
Ils ont adoré tous un maître, un juge, un père :
Ce système sublime à l'homme est nécessaire ;
C'est le sacré lien de la société,
Le premier fondement de la sainte équité,
Le frein du scélérat, l'espérance du juste.
Si les cieux, dépouillés de leur empreinte auguste,
Pouvaient cesser jamais de le manifester,
Si Dieu n'existait pas, il faudrait l'inventer.
Que le sage l'annonce, et que les grands le craignent.
Rois, si vous m'opprimez, si vos grandeurs dédaignent
Les pleurs de l'innocent que vous faites couler,
Mon vengeur est au ciel : apprenez à trembler.

ESSENCE ET MAJESTÉ DE DIEU.

Au milieu des clartés d'un feu pur et durable
Dieu mit avant les temps son trône inébranlable.

Le ciel est sous ses pieds ; de mille astres divers
Le cours toujours réglé l'annonce à l'univers ;
La puissance, l'amour avec l'intelligence,
Unis et divisés, composent son essence.
Ses saints, dans les douceurs d'une éternelle paix,
D'un torrent de plaisir enivrés à jamais,
Pénétrés de sa gloire, et remplis de lui-même,
Adorent à l'envi sa majesté suprême.
Devant lui sont ces dieux, ces brillants séraphins,
A qui de l'univers il commet les destins.
Il parle, et de la terre ils vont changer la face ;
Des puissances du siècle ils retranchent la race,
Tandis que les humains, vils jouets de l'erreur,
Des conseils éternels accusent la lenteur.

PHILOSOPHIE DE NEWTON.

Le charme tout-puissant de la philosophie
Élève un esprit sage au-dessus de l'envie.
Tranquille au haut des cieux que Newton s'est soumis,
Il ignore en effet s'il a des ennemis.
Je ne les entends plus. Déjà de la carrière
L'auguste vérité vient m'ouvrir la barrière ;
Déjà ces tourbillons, l'un par l'autre pressés,
Se mouvant sans espace, et sans règle entassés,
Ces fantômes savants à mes yeux disparaissent ;
Un jour plus pur me luit, les mouvements renaissent.
L'espace, qui de Dieu contient l'immensité,
Voit rouler dans son sein l'univers limité,
Cet univers si vaste à notre faible vue,
Et qui n'est qu'un atome, un point dans l'étendue.
Dieu parle, et le chaos se dissipe à sa voix ;
Vers un centre commun tout gravite à la fois.
Ce ressort si puissant, l'âme de la nature,
Était enseveli dans une nuit obscure ;
Le compas de Newton, mesurant l'univers,
Lève enfin ce grand voile, et les cieux sont ouverts.
Il découvre à mes yeux, par une main savante,
De l'astre des saisons la robe étincelante :
L'émeraude, l'azur, le pourpre, le rubis,

Sont l'immortel tissu dont brillent ses habits.
Chacun de ses rayons, dans sa substance pure,
Porte en soi la couleur dont se peint la nature,
Et confondus ensemble ils éclairent nos yeux,
Ils animent le monde, ils remplissent les cieux.
Confidents du Très-Haut, substances éternelles,
Qui brûlez de ses feux, qui couvrez de vos ailes
Le trône où votre maître est assis parmi vous,
Parlez, du grand Newton n'étiez-vous pas jaloux?
La mer entend sa voix. Je vois l'humide empire
S'élever, s'avancer vers le ciel qui l'attire;
Mais un pouvoir central arrête ses efforts;
La mer tombe, s'affaisse, et roule vers ses bords.
Comètes, que l'on craint à l'égal du tonnerre,
Cessez d'épouvanter les peuples de la terre;
Dans une ellipse immense achevez votre cours;
Remontez, descendez près de l'astre des jours;
Lancez vos feux, volez, et revenant sans cesse,
Des mondes épuisés ranimez la vieillesse.
Et toi, sœur du soleil, astre qui, dans les cieux,
Des sages éblouis trompais les faibles yeux,
Newton de ta carrière a marqué les limites;
Marche, éclaire les nuits; tes bornes sont prescrites.
Terre, change de forme; et que la pesanteur
En abaissant le pôle élève l'équateur;
Pôle immobile aux yeux, si lent dans votre course,
Fuyez le char glacé des sept astres de l'Ourse;
Embrassez dans le cours de vos longs mouvements
Deux cents siècles entiers par-delà six mille ans.

LA CONSCIENCE.

Non, le Dieu qui m'a fait ne m'a point fait en vain;
Sur le front des mortels il mit son sceau divin;
Je ne puis ignorer ce qu'ordonna mon maître;
Il m'a donné sa loi, puisqu'il m'a donné l'être.
La morale, uniforme en tout temps, en tout lieu,
A des siècles sans fin parle au nom de ce Dieu.
C'est la loi de Trajan, de Socrate, et la vôtre:
De ce culte éternel la nature est l'apôtre,

Le bon sens la reçoit, et les remords vengeurs,
Nés dans la conscience, en sont les défenseurs.

J'entends avec Cardan Spinosa qui murmure :
Ces remords, me dit-il, ces cris de la nature,
Ne sont que l'habitude et les illusions
Qu'un besoin mutuel inspire aux nations !
Raisonneur malheureux, ennemi de toi-même !
D'où nous vient ce besoin ? pourquoi l'Être suprême
Mit-il dans notre cœur, à l'intérêt porté,
Un instinct qui nous lie à la société ?
Les lois que nous faisons, fragiles, inconstantes,
Ouvrages du moment, sont partout différentes.
Sous le fer du méchant le juste est abattu ;
Hé bien ! conclurez-vous qu'il n'est point de vertu ?
Tous les divers fléaux dont le poids nous accable,
Du choc des éléments effet inévitable,
Des biens que nous goûtons corrompent la douceur ;
Mais tout est passager, le crime et le malheur.

De nos désirs fougueux la tempête fatale
Laisse au fond de nos cœurs la règle et la morale.
C'est une source pure : en vain dans ses canaux
Les vents contagieux en ont troublé les eaux ;
En vain sur sa surface une fange étrangère
Apporte, en bouillonnant, un limon qui l'altère ;
L'homme le plus injuste et le moins policé
S'y contemple aisément quand l'orage est passé.
Tous ont reçu du ciel, avec l'intelligence,
Ce frein de la justice et de la conscience :
De la raison naissante elle est le premier fruit ;
Dès qu'on la peut entendre, aussitôt elle instruit.
Contre-poids toujours prompt à rendre l'équilibre
Au cœur plein de désirs, asservi, mais né libre ;
Arme que la nature a mise en notre main,
Qui combat l'intérêt pour l'amour du prochain ;
De Socrate, en un mot, c'est là l'heureux génie ;
C'est là ce Dieu secret qui dirigeait sa vie ;
Ce Dieu qui jusqu'au bout présidait à son sort,
Quand il but sans pâlir la coupe de la mort.
Quoi ! cet esprit divin n'est-il que pour Socrate ?
Tout le monde a le sien qui jamais ne le flatte.

IMMORTALITÉ DE L'AME.

Oui, Platon, tu dis vrai : notre âme est immortelle,
C'est un Dieu qui lui parle, un Dieu qui vit en elle.
Eh! d'où viendrait sans lui ce grand pressentiment,
Ce dégoût des faux biens, cette horreur du néant?
Vers des siècles sans fin je sens que tu m'entraînes;
Du monde et de mes sens je vais briser les chaînes,
Et m'ouvrir loin du corps, dans la fange arrêté,
Les portes de la vie et de l'éternité.
L'éternité! quel mot consolant et terrible!
O lumière! ô nuage! ô profondeur horrible!
Que dis-je? où suis-je? où vais-je? et d'où suis-je tiré?
Dans quels climats nouveaux, dans quel monde ignoré
Le moment du trépas va-t-il plonger mon être?
Où sera cet esprit qui ne peut se connaître?
Que me préparez-vous, abîmes ténébreux?
Allons, s'il est un Dieu, Platon doit être heureux.
Il en est un, sans doute, et je suis son ouvrage;
Lui-même au cœur du juste il empreint son image.
Il doit venger sa cause, et punir les pervers.
Mais comment? dans quel temps? et dans quel univers?
Ici la vertu pleure, et l'audace l'opprime;
L'innocence à genoux y tend la gorge au crime;
La fortune y domine, et tout y suit son char.
Ce globe infortuné fut formé pour César.
Hâtons-nous de sortir d'une prison funeste.
Je te verrai sans ombre, ô Vérité céleste!
Tu te caches de nous dans nos jours de sommeil;
Cette vie est un songe, et la mort un réveil.

LA BATAILLE D'IVRY (1).

Près des bords de l'Iton et des rives de l'Eure
Est un champ fortuné, l'amour de la nature :
La guerre avait longtemps respecté les trésors

(1) Cette bataille fut livrée en 1590 par Henri IV qui mit en complète déroute l'armée de la Ligue.

Dont Flore et les Zéphyrs embellissaient ces bords.
Au milieu des horreurs des discordes civiles,
Les bergers de ces lieux coulaient des jours tranquilles :
Protégés par le ciel et par leur pauvreté,
Ils semblaient des soldats braver l'avidité,
Et, sous leurs toits de chaume, à l'abri des alarmes,
N'entendaient point le bruit des tambours et des armes.
Les deux camps ennemis arrivent en ces lieux ;
La désolation partout marche avant eux....
Habitants malheureux de ces bords pleins de charmes,
Du moins à votre roi n'imputez point vos larmes.
S'il cherche les combats, c'est pour donner la paix :
Peuples, sa main sur vous répandra ses bienfaits ;
Il veut finir vos maux, il vous plaint, il vous aime,
Et dans ce jour affreux il combat pour vous-même.
Les moments lui sont chers, il court dans tous les rangs
Sur un coursier fougueux, plus léger que les vents,
Qui, fier de son fardeau, du pied frappant la terre,
Appelle les dangers et respire la guerre.

On voyait près de lui briller tous ces guerriers,
Compagnons de sa gloire et ceints de ses lauriers :
D'Aumont, qui sous cinq rois avait porté les armes ;
Biron, dont le seul nom répandait les alarmes,
Et son fils, jeune encore, ardent, impétueux,
Qui depuis.... mais alors il était vertueux :
Sully, Nangis, Crillon, ces ennemis du crime,
Que la Ligue déteste, et que la Ligue estime ;...
D'Ailly, pour qui ce jour fut un jour trop fatal.
Tous ces héros en foule attendaient le signal,
Et, rangés près du roi, lisaient sur son visage
D'un triomphe certain l'espoir et le présage.

Mayenne, en ce moment, inquiet, abattu,
Dans son cœur étonné cherche en vain sa vertu,
Soit que, de son parti connaissant l'injustice,
Il ne crût point le ciel à ses armes propice ;
Soit que l'âme, en effet, ait des pressentiments
Avant-coureurs certains des grands événements.
Ce héros cependant, maître de sa faiblesse,
Déguisait ses chagrins sous sa fausse allégresse.
Il s'excite, il s'empresse, il inspire aux soldats
Cet espoir généreux que lui-même il n'a pas....

LA BATAILLE D'IVRY.

Vers les ligueurs enfin le grand Henri s'avance,
Et s'adressant aux siens qu'enflammait sa présence :
« Vous êtes nés Français, et je suis votre roi ;
Voilà nos ennemis, marchez, et suivez-moi.
Ne perdez point de vue, au fort de la tempête,
Ce panache éclatant qui flotte sur ma tête :
Vous le verrez toujours au chemin de l'honneur. »
A ces mots, que ce roi prononçait en vainqueur,
Il voit d'un feu nouveau ses troupes enflammées
Et marche en invoquant le grand Dieu des armées.
Sur les pas des deux chefs alors en même temps
On voit des deux partis voler les combattants.
Ainsi, lorsque des monts séparés par Alcide
Les aquilons fougueux fondent d'un vol rapide,
Soudain les flots émus de deux profondes mers
D'un choc impétueux s'élancent dans les airs :
La terre au loin gémit, le jour fuit, le ciel gronde,
Et l'Africain tremblant craint la chute du monde.

Au mousquet réuni, le sanglant coutelas
Déjà de tous côtés porte un double trépas....
On se mêle, on combat ; l'adresse, le courage,
Le tumulte, les cris, la peur, l'aveugle rage,
La honte de céder, l'ardente soif du sang,
Le désespoir, la mort, passent de rang en rang.
L'un poursuit un parent dans le parti contraire ;
Là, le frère en fuyant meurt de la main d'un frère.
La nature en frémit, et ce rivage affreux
S'abreuvait à regret de leur sang malheureux.

Dans d'épaisses forêts de lances hérissées,
De bataillons sanglants, de troupes renversées,
Henri pousse, s'avance et se fait un chemin.
Le grand Mornay le suit, toujours calme et serein.
Il veille autour de lui, tel qu'un puissant génie :
Tel qu'on feignait jadis, aux champs de la Phrygie,
De la terre et des cieux les moteurs éternels
Mêlés dans les combats sous l'habit des mortels ;
Ou tel que du vrai Dieu les ministres terribles,
Ces puissances des cieux, ces êtres impassibles,
Environnés des vents, des foudres, des éclairs,
D'un front inaltérable ébranlent l'univers........

Espagnols tant vantés, troupe jadis si fière,
La mort anéantit votre vertu guerrière :
Pour la première fois vous connûtes la peur.
L'étonnement, l'esprit de trouble et de terreur,
S'empare, en ce moment, de leur troupe alarmée ;
Il passe en tous les rangs, il s'étend sur l'armée :
Les chefs sont effrayés, les soldats éperdus ;
L'un ne peut commander, l'autre n'obéit plus.
Ils jettent leurs drapeaux, ils courent, se renversent,
Poussent des cris affreux, se heurtent, se dispersent :
Les uns, sans résistance, à leur vainqueur offerts,
Fléchissent les genoux et demandent des fers ;
D'autres, d'un pas rapide évitant sa poursuite,
Jusqu'aux rives de l'Eure emportés dans leur fuite,
Dans les profondes eaux vont se précipiter,
Et courent au trépas qu'ils veulent éviter.
Les flots couverts de morts interrompent leur course,
Et le fleuve sanglant remonte vers sa source.
Mayenne, en ce tumulte, incapable d'effroi,
Affligé, mais tranquille, et maître encor de soi,
Voit d'un œil assuré sa fortune cruelle,
Et, tombant sous ses coups, songe à triompher d'elle.
D'Aumale, auprès de lui, la fureur dans les yeux,
Accusait les Flamands, la fortune et les cieux.
« Tout est perdu, dit-il, mourons, brave Mayenne.
Quittez, lui dit son chef, une fureur si vaine.
Vivez pour le parti dont vous êtes l'honneur,
Vivez pour réparer sa perte et son malheur ;
Que vous et Bois-Dauphin, dans ce moment funeste
De nos soldats épars assemblent ce qui reste.
Suivez-moi l'un et l'autre aux remparts de Paris ;
De la Ligue en marchant ramassez les débris :
De Coligny vaincu surpassons le courage. »
D'Aumale, en l'écoutant, pleure et frémit de rage.
Cet ordre qu'il déteste, il va l'exécuter :
Semblable au fier lion qu'un Maure a su dompter,
Qui, docile à son maître, à tout autre terrible,
A la main qu'il connaît soumet sa tête horrible,
Le suit d'un air affreux, le flatte en rugissant,
Et paraît menacer, même en obéissant....

Des cieux en ce moment les voûtes s'entr'ouvrirent :

Les mânes des Bourbons dans les airs descendirent.
Louis au milieu d'eux, du haut du firmament,
Vint contempler Henri dans ce fameux moment,
Vint voir comme il saurait user de la victoire,
Et s'il achèverait de mériter sa gloire.

  Ses soldats près de lui, d'un œil plein de courroux,
Regardaient ces vaincus échappés à leurs coups.
Les captifs, en tremblant, conduits en sa présence,
Attendaient leur arrêt dans un profond silence :
Le mortel désespoir, la honte, la terreur,
Dans leurs yeux égarés avaient peint leur malheur.
Bourbon tourna sur eux des regards pleins de grâce,
Où régnaient à la fois la douceur et l'audace :
« Soyez libres, dit-il, vous pouvez désormais
Rester mes ennemis ou vivre mes sujets....
Choisissez. » A ces mots d'un roi couvert de gloire,
Sur un champ de bataille, au sein de la victoire,
On voit en un moment ces captifs éperdus,
Contents de leur défaite, heureux d'être vaincus :
Leurs yeux sont éclairés, leurs cœurs n'ont plus de haine,
Sa valeur les vainquit, sa vertu les enchaîne ;
Et, s'honorant déjà du nom de ses soldats,
Pour expier leur crime, ils marchent sur ses pas.
Le généreux vainqueur a cessé le carnage ;
Maître de ses guerriers, il fléchit leur courage.
Ce n'est plus ce lion, qui, tout couvert de sang,
Portait avec effroi la mort de rang en rang :
C'est un dieu bienfaisant, qui, laissant son tonnerre,
Enchaîne la tempête et console la terre.
Sur son front menaçant, terrible, ensanglanté,
La paix a mis les traits de la sérénité.
Ceux à qui la lumière était presque ravie
Par ses ordres humains sont rendus à la vie ;
Et sur tous leurs dangers, et sur tous leurs besoins,
Tel qu'un père attentif, il étendait ses soins....

A MADAME DE BOUFFLERS.

Vos yeux sont beaux, mais votre âme est plus belle ;
    Vous êtes simple et naturelle,

Et sans prétendre à rien vous triomphez de tous.
Si vous eussiez vécu du temps de Gabrielle,
Je ne sais pas ce qu'on eût dit de vous,
Mais on n'aurait point parlé d'elle.

GILBERT.

Né en 1751 à Fontenoy-le-Château, département des Vosges, cet écrivain s'est fait un nom par son talent poétique, sa triste destinée et sa fin tragique. Il était venu jeune à Paris pour y trouver la gloire; il n'y rencontra que l'indifférence et la misère, et cette misère même fut la source de ses plus belles inspirations. Repoussé par l'Académie française qui refusa de couronner deux pièces qu'il avait présentées au concours, repoussé par le parti philosophique, dont il ne partageait point les doctrines, Gilbert tomba dans une misanthropie profonde, et répandit l'amertume de son âme dans deux satires, *Le dix-huitième siècle* et *Mon apologie*, qui renferment des beautés de premier ordre. Il a aussi laissé des odes, que l'on peut regarder ustement, malgré quelques incorrections de style, comme les productions lyriques les plus remarquables de l'époque. Gilbert, ayant fait une chute de cheval, fut saisi d'un accès de folie et conduit à l'Hôtel-Dieu de Paris, où il mourut en 1780, après avoir avalé une clef dans un accès de démence.

LE JUGEMENT DERNIER.

Quels biens vous ont produits vos sauvages vertus?
Justes, vous avez dit : Dieu nous protége en père
Et, partout opprimés, vous rampez abattus
Sous les pieds du méchant dont l'audace prospère.
    Implorez ce Dieu défenseur;
En faveur de ses fils qu'il arme sa vengeance :
Est-il aveugle et sourd? Est-il d'intelligence
    Avec l'impie et l'oppresseur?

    Méchants, suspendez vos blasphèmes.
Est-ce pour le braver qu'il vous donna la voix?
Il nous frappe, il est vrai; mais, sans juger ses lois,
Soumis, nous attendons qu'il vous frappe vous-mêmes.
    Ce soleil, témoin de nos pleurs,
Amène à pas pressés le jour de sa justice.

LE JUGEMENT DERNIER.

Dieu nous payera de nos douleurs ;
Dieu viendra nous venger des triomphes du vice.

Quel bruit s'est élevé? La trompette sonnante
    A retenti de tous côtés;
Et, sur son char de feu, la foudre dévorante
    Parcourt les airs épouvantés.
Ces astres teints de sang, et cette horrible guerre,
    Des vents échappés de leurs fers,
Hélas! annoncent-ils aux enfants de la terre
    Le dernier jour de l'univers?

L'océan révolté loin de son lit s'élance,
    Et de ses flots séditieux,
    Court, en grondant, battre les cieux,
Tout prêts à le couvrir de leur ruine immense.
C'en est fait : l'Eternel, trop longtemps méprisé,
    Sort de la nuit profonde
Où, loin des yeux de l'homme, il s'était reposé :
Il a paru ; c'est lui ; son pied frappe le monde,
    Et le monde est brisé.

Tremblez, humains; voici de ce juge suprême
    Le redoutable tribunal.
Ici perdent leur prix l'or et le diadème;
    Ici l'homme à l'homme est égal :
Ici la vérité tient ce livre terrible
    Où sont écrits vos attentats.
Et la religion, mère autrefois sensible,
S'arme d'un cœur d'airain contre ses fils ingrats.

    Sortez de la nuit éternelle,
Rassemblez-vous, âmes des morts;
    Et reprenant vos mêmes corps,
Paraissez devant Dieu, c'est Dieu qui vous appelle.
    Arrachés de leur froid repos,
Les morts du sein de l'ombre avec terreur s'élancent,
Et près de l'Eternel en désordre s'avancent,
Pâles, et secouant la cendre des tombeaux.

    Coupables, approchez :
De la chaîne des ans les jours de la clémence

         Sont enfin retranchés.
Insultez, insultez aux pleurs de l'innocence :
         Son Dieu dort-il? répondez-nous.
Vous pleurez! vains regrets! ces pleurs font notre joie.
A l'ange de la mort Dieu vous a promis tous;
         Et l'enfer demande sa proie.

Mais d'où vient que je nage en des flots de clarté?
Ciel! malgré moi, s'égarant sur ma lyre,
Mes doigts harmonieux peignent la volupté.
      Fuyez, pécheurs, respectez mon délire,
         Je vois les élus du Seigneur
Marcher d'un front riant au fond du sanctuaire.
Des enfants doivent-ils connaître la terreur,
         Lorsqu'ils approchent de leur père?

Que sont-ils devenus ces peuples de coupables
         Dont Sion vit ses champs couverts?
Le Tout-Puissant parlait; ses accents redoutables
         Les ont plongés dans les enfers.
Là tombent condamnés et la sœur et le frère,
Le père avec le fils, la fille avec la mère;
Les amis, les amants, et la femme et l'époux,
Le roi près du flatteur, l'esclave avec le maître.
Légions de méchants, honteux de se connaître,
Et livrés pour jamais au céleste courroux.

   Le juste enfin remporte la victoire,
Et de ses longs combats, au sein de l'Eternel,
   Il se repose, environné de gloire.
Ses plaisirs sont au comble, et n'ont rien de mortel;
      Il voit, il sent, il connaît, il respire
Le Dieu qu'il a servi, dont il aima l'empire;
      Il en est plein, il chante ses bienfaits.
L'Eternel a brisé son tonnerre inutile;
Et, d'ailes et de faux dépouillé désormais,
Sur les mondes détruits le Temps dort immobile.

DERNIERS MOMENTS D'UN JEUNE POÈTE.

J'ai révélé mon cœur au Dieu de l'innocence;
      Il a vu mes pleurs pénitents;

Il guérit mes remords, il m'arme de constance :
 Les malheureux sont ses enfants.

Mes ennemis riant ont dit dans leur colère :
 Qu'il meure, et sa gloire avec lui ;
Mais à mon cœur calmé le Seigneur dit en père :
 Leur haine sera ton appui.

A tes plus chers amis ils ont prêté leur rage ;
 Tout trompe la simplicité :
Celui que tu nourris court vendre ton image,
 Noire de sa méchanceté.

Mais Dieu t'entend gémir, Dieu vers qui te ramène
 Un vrai remords né des douleurs ;
Dieu qui pardonne enfin à la nature humaine
 D'être faible dans les malheurs.

J'éveillerai pour toi la pitié, la justice
 De l'incorruptible avenir ;
Eux-mêmes épureront, par leur long artifice,
 Ton honneur qu'ils pensent ternir.

Soyez béni, mon Dieu ! Vous qui daignez me rendre
 L'innocence et son noble orgueil ;
Vous qui, pour protéger le repos de ma cendre,
 Veillerez près de mon cercueil !

Au banquet de la vie, infortuné convive,
 J'apparus un jour, et je meurs :
Je meurs, et sur ma tombe, où lentement j'arrive,
 Nul ne viendra verser des pleurs.

Salut, champs que j'aimais, et vous, douce verdure,
 Et vous, riant exil des bois !
Ciel, pavillon de l'homme, admirable nature,
 Salut pour la dernière fois !

Ah ! puissent voir longtemps votre beauté sacrée
 Tant d'amis sourds à mes adieux !
Qu'ils meurent pleins de jours, que leur mort soit pleurée,
 Qu'un ami leur ferme les yeux !

LEFRANC DE POMPIGNAN.

Fils d'un premier président de la cour des aides de Montauban, Lefranc de Pompignan naquit dans cette ville en 1709. Esprit indépendant et religieux, il eut l'honneur de se faire exiler pour avoir attaqué, étant avocat général à la cour des aides, les abus sans nombre auxquels donnaient lieu, sous l'ancien régime, l'assiette et le recouvrement des impôts, et il lutta contre les tendances matérialistes du dix-huitième siècle, ce qui lui attira une foule d'épigrammes. Après avoir renoncé aux fonctions publiques, il vint se fixer à Paris vers l'âge de quarante-cinq ans, fut reçu à l'Académie française en 1760; mais bientôt, fatigué de la guerre que soutenait contre lui le parti philosophique, il se retira dans sa terre de Pompignan, s'y consacra tout entier à l'étude et aux œuvres de charité, et y mourut en 1784. On lui doit des tragédies de peu de valeur, de nombreuses traductions de poëtes grecs et latins, une traduction des psaumes, des prophéties et des cantiques, des *odes*, des *épîtres* et des *poésies familières*. Dans tout cela, c'est le médiocre qui domine, et Lefranc de Pompignan trouve rarement la véritable inspiration, mais du moins quand il la trouve, il s'élève au niveau des meilleurs poëtes, comme on le verra par les deux pièces que nous citons ici.

LA RÉSURRECTION.

Dans une triste et vaste plaine
La main du Seigneur m'a conduit.
De nombreux ossements la campagne était pleine;
L'effroi me précède et me suit.

Je parcours lentement cette affreuse carrière,
Et contemple en silence, épars sur la poussière,
Ces restes desséchés d'un peuple entier détruit.

« Crois-tu, dit le Seigneur, homme à qui je confie
Des secrets qu'à toi seul ma bouche a réservés,
Que, de leurs cendres relevés,
Ces morts retournent à la vie?
— C'est vous seul, ô mon Dieu, vous seul qui le savez.

— Eh bien! parle; ici tu présides;
Parle, ô mon Prophète, et dis-leur:

Ecoutez, ossements arides,
Ecoutez la voix du Seigneur.
Le Dieu puissant de vos ancêtres
Du souffle qui créa les êtres
Rejoindra vos nœuds séparés ;
Vous reprendrez des chairs nouvelles ;
La peau se formera sur elles,
Ossements secs, vous revivrez. » -

Il dit : et je répète à peine,
Les oracles de son pouvoir,
Que j'entends partout dans la plaine
Ces os avec bruit se mouvoir.
Dans leurs liens ils se replacent ;
Les nerfs croissent et s'entrelacent,
Le sang inonde ses canaux ;
La chair renaît et se colore :
L'âme seule manquait encore
A ces habitants des tombeaux.

Mais le Seigneur se fit entendre,
Et je m'écriai plein d'ardeur :
Esprit, hâtez-vous de descendre,
Venez, esprit réparateur,
Soufflez des quatre vents du monde,
Soufflez votre chaleur féconde
Sur ces corps prêts d'ouvrir les yeux !
Soudain le prodige s'achève,
Et ce peuple de morts se lève,
Etonné de revoir les cieux.

. . . .

LA MORT DE J.-B. ROUSSEAU.

Quand le premier chantre du monde
Expira sur les bords glacés
Où l'Hèbre effrayé dans son onde
Reçut ses membres dispersés,
Le Thrace, errant sur les montagnes,

Remplit les bois et les campagnes
Du cri perçant de ses douleurs;
Les champs de l'air en retentirent,
Et dans les antres qui gémirent,
Le lion répandit des pleurs.

La France a perdu son Orphée....
Muses, dans ce moment de deuil,
Elevez le pompeux trophée
Que vous demande son cercueil.
Laissez, par de nouveaux prodiges,
D'éclatants et dignes vestiges
D'un jour marqué par vos regrets.
Ainsi le tombeau de Virgile
Est couvert du laurier fertile
Qui par vos soins ne meurt jamais.

D'une brillante et triste vie,
Rousseau quitte aujourd'hui les fers;
Et, loin du ciel de sa patrie,
La mort termine ses revers.
D'où ses maux prirent-ils leur source?
Quelles épines dans sa course
Etouffaient les fleurs sous ses pas!
Quels ennuis, quelle vie errante!
Et quelle foule renaissante
D'adversaires et de combats!

Jusques à quand, mortels farouches,
Vivrons-nous de haine et d'aigreur?
Prêterons-nous toujours nos bouches
Au langage de la fureur!
Implacable dans ma colère,
Je m'applaudis de la misère
De mon ennemi terrassé;
Il se relève, je succombe,
Et moi-même à ses pieds je tombe,
Frappé du trait que j'ai lancé.

Du sein des ombres éternelles,
S'élevant au trône des dieux,
L'envie offusque de ses ailes

Tout éclat qui frappe ses yeux.
Quel ministre, quel capitaine,
Quel monarque vaincra sa haine,
Et les injustices du sort?
Le temps à peine les consomme;
Et, quoi que fasse le grand homme,
Il n'est grand homme qu'à sa mort.

Le Nil a vu, sur ses rivages,
Les noirs habitants des déserts
Insulter, par leurs cris sauvages,
L'astre éclatant de l'univers.
Crime impuissant, fureurs bizarres!
Tandis que ces monstres barbares
Poussaient d'insolentes clameurs,
Le dieu, poursuivant sa carrière,
Versait des torrents de lumière
Sur ses obscurs blasphémateurs.

RULHIÈRE.

Historien et poëte, cet écrivain est né à Bondy, près de Paris, en 1735; il est mort en 1791. Ses ouvrages historiques les plus remarquables sont : *Histoire ou anecdotes sur la révolution de Russie en 1762*; *Histoire de l'anarchie de la Pologne et du démembrement de cette république*. On cite avec éloge ses épigrammes, son poëme intitulé : l'*A-propos*, son épître *Sur les disputes*, etc. A l'époque où cette dernière poésie parut, Voltaire écrivit à ses amis : « Lisez cela, c'est du bon temps. »

LES DISPUTES.

Auriez-vous, par hasard, connu feu monsieur d'Aube,
Qu'une ardeur de dispute éveillait avant l'aube?
Contiez-vous un combat de votre régiment,
Il savait mieux que vous où, contre qui, comment.
Vous seul en auriez eu toute la renommée,
N'importe; il vous citait ses lettres de l'armée;
Et Richelieu présent, il aurait raconté
Ou Gênes défendue, ou Mahon emporté.
D'ailleurs homme d'esprit, de sens et de mérite;

Mais son meilleur ami redoutait sa visite.
L'un, bientôt rebuté d'une vaine clameur,
Gardait en l'écoutant un silence d'humeur.
J'en ai vu dans le feu d'une dispute aigrie,
Prêts à l'injurier, le quitter de furie;
Et, rejetant la porte à son double battant,
Ouvrir à leur colère un champ libre en sortant.
Ses neveux, qu'à sa suite attachait l'espérance,
Avaient vu dérouter toute leur complaisance.
Un voisin asthmatique, en le quittant le soir,
Lui dit : mon médecin me défend de vous voir.
Et parmi cent vertus cette unique faiblesse,
Dans un triste abandon réduisait sa vieillesse.
Au sortir d'un sermon la fièvre le saisit,
Las d'avoir écouté, sans avoir contredit;
Et tout près d'expirer, gardant son caractère,
Il faisait disputer le prêtre et le notaire.
Que la bonté divine, arbitre de son sort,
Lui donne le repos que nous rendit sa mort.

FLORIAN.

Petit-neveu de Voltaire, écrivain aimable dont le talent s'égara dans des compositions d'un genre faux, telles que le roman pastoral et le roman poétique. Auteur de petites comédies qui ne sont point restées au théâtre, Florian ne garde que par ses *fables* un rang distingué dans notre littérature, et quoi qu'il soit bien inférieur à La Fontaine, personne jusqu'ici ne lui a enlevé le second rang parmi les fabulistes français. Né au château de Florian, département du Gard, en 1755, il fut d'abord page du vertueux duc de Penthièvre. Après avoir servi quelque temps comme capitaine de dragons, il revint auprès de ce prince remplir la charge de gentilhomme ordinaire qu'il occupa jusqu'à la révolution. Il fut reçu à l'Académie française en 1788 et mourut en 1794.

L'AVEUGLE ET LE PARALYTIQUE.

Aidons-nous mutuellement,
La charge des malheurs en sera plus légère;
Le bien que l'on fait à son frère,
Pour le mal que l'on souffre est un soulagement;

Confucius l'a dit : suivons tous sa doctrine.
Pour la persuader aux peuples de la Chine,
  Il leur contait le trait suivant :
  Dans une ville de l'Asie
  Il existait deux malheureux,
L'un perclus, l'autre aveugle, et pauvres tous les deux.
Ils demandaient au ciel de terminer leur vie ;
  Mais leurs vœux étaient superflus :
Ils ne pouvaient mourir. Notre paralytique,
Couché sur un grabat dans la place publique,
Souffrait sans être plaint : il en souffrait bien plus.
  L'aveugle, à qui tout pouvait nuire,
  Etait sans guide, sans soutien,
  Sans avoir même un pauvre chien
  Pour l'aimer et pour le conduire.
  Un certain jour il arriva
Que l'aveugle, à tâtons, au détour d'une rue,
  Près du malade se trouva ;
Il entendit ses cris, son âme en fut émue.
  Il n'est tels que les malheureux
  Pour se plaindre les uns aux autres.
« J'ai mes maux, lui dit-il, et vous avez les vôtres ;
Unissons-les, mon frère, ils seront moins affreux.
— Hélas ! dit le perclus, vous ignorez, mon frère,
  Que je ne puis faire un seul pas ·
  Vous-même vous n'y voyez pas :
A quoi nous servirait d'unir notre misère ?
— A quoi ? répond l'aveugle ; écoutez : à nous deux
Nous possédons le bien à chacun nécessaire ;
  J'ai des jambes, et vous des yeux ;
Moi, je vais vous porter ; vous, vous serez mon guide.
Vos yeux dirigeront mes pas mal assurés,
Mes jambes, à leur tour, iront où vous voudrez.
Ainsi, sans que jamais notre amitié décide
Qui de nous deux remplit le plus utile emploi,
Je marcherai pour vous, vous y verrez pour moi. »

LE LAPIN ET LA SARCELLE.

Unis dès leurs jeunes ans
D'une amitié fraternelle,
Un lapin, une sarcelle,
Vivaient heureux et contents.
Le terrier du lapin était sur la lisière
D'un parc bordé d'une rivière.
Soir et matin nos bons amis,
Profitant de ce voisinage,
Tantôt au bord de l'eau, tantôt sous le feuillage,
L'un chez l'autre étaient réunis.
Là, prenant leurs repas, se contant des nouvelles,
Ils n'en trouvaient point de si belles
Que de se répéter qu'ils s'aimeraient toujours.
Ce sujet revenait sans cesse en leurs discours.
Tout était en commun, plaisir, chagrin, souffrance.
Ce qui manquait à l'un, l'autre le regrettait;
Si l'un avait du mal, son ami le sentait;
Si d'un bien au contraire il goûtait l'espérance,
Tous deux en jouissaient d'avance.
Tel était leur destin lorsqu'un jour, jour affreux!
Le lapin, pour dîner venant chez la sarcelle,
Ne la retrouve plus : inquiet, il l'appelle;
Personne ne répond à ses cris douloureux.
Le lapin, de frayeur l'âme toute saisie,
Va, vient, fait mille tours, cherche dans les roseaux,
S'incline par-dessus les flots,
Et voudrait s'y plonger pour trouver son amie.
Hélas! s'écriait-il, m'entends-tu? réponds-moi,
Ma sœur, ma compagne chérie;
Ne prolonge pas mon effroi :
Encor quelques moments, c'en est fait de ma vie :
J'aime mieux expirer que de trembler pour toi.
Disant ces mots, il court, il pleure,
Et, s'avançant le long de l'eau,
Arrive enfin près du château
Où le seigneur du lieu demeure.
Là notre désolé lapin
Se trouve au milieu d'un parterre,
Et voit une grande volière

Où mille oiseaux divers volaient sur un bassin.
    L'amitié donne du courage :
Notre ami sans rien craindre approche du grillage,
Regarde, et reconnaît... ô tendresse! ô bonheur!
La sarcelle. Aussitôt il pousse un cri de joie;
Et, sans perdre de temps à consoler sa sœur,
    De ses quatre pieds il s'emploie
    A creuser un secret chemin
Pour joindre son amie, et par ce souterrain
Le lapin tout à coup entre dans la volière
Comme un mineur qui prend une place de guerre.
Les oiseaux effrayés se pressent en fuyant.
Lui court à la sarcelle, il l'entraîne à l'instant
Dans son obscur sentier, la conduit sous la terre,
Et, la rendant au jour, il est prêt à mourir
    De plaisir.
Quel moment pour tous deux! que ne sais-je le peindre
    Comme je saurais le sentir!
Nos bons amis croyaient n'avoir plus rien à craindre;
Ils n'étaient pas au bout : le maître du jardin,
En voyant le dégât commis dans sa volière,
Jure d'exterminer jusqu'au dernier lapin :
Mes fusils! mes furets! criait-il en colère.
    Aussitôt fusils et furets
      Sont tout prêts.
Les gardes et les chiens vont dans les jeunes tailles
    Fouillant les terriers, les broussailles,
Tout lapin qui paraît trouve un affreux trépas,
Les rivages du Styx sont bordés de leurs mânes,
    Dans ce funeste jour de Cannes
    On mit moins de Romains à bas.
La nuit vient : tant de sang n'a point éteint la rage
Du seigneur, qui remet au lendemain matin
    La fin de l'horrible carnage.
    Pendant ce temps notre lapin,
Tapi sous les roseaux auprès de la sarcelle,
    Attendait en tremblant la mort,
Mais conjurait sa sœur de fuir à l'autre bord
    Pour ne pas mourir devant elle.
Je ne te quitte point, lui répondit l'oiseau;
Nous séparer serait la mort la plus cruelle.
    Ah! si tu pouvais passer l'eau!

Pourquoi pas? Attends-moi... La sarcelle le quitte,
　　Et revient traînant un vieux nid
Laissé par des canards : elle l'emplit bien vite
De feuilles de roseau, les presse, les unit
Des pieds, du bec, en forme un batelet capable
　　De supporter un lourd fardeau ;
　　Puis elle attache à ce vaisseau
Un brin de jonc qui servira de câble.
　　Cela fait, et le bâtiment
Mis à l'eau, le lapin entre tout doucement
Dans le léger esquif, s'assied sur son derrière.
Tandis que devant lui la sarcelle nageant
Tire le brin de jonc, et s'en va dirigeant
　　Cette nef à son cœur si chère.
On aborde, on débarque, et jugez du plaisir !
　　Non loin du port on va choisir
Un asile où, coulant des jours dignes d'envie,
　　Nos bons amis, libres, heureux,
　　Aimèrent d'autant plus la vie,
　　Qu'ils se la devaient à tous deux.

LE VOYAGE.

Partir avant le jour, à tâtons, sans voir goutte,
Sans songer seulement à demander sa route,
Aller de chute en chute, et se traînant ainsi,
Faire un tiers du chemin jusqu'à près de midi,
Voir sur sa tête alors s'amasser les nuages,
Dans un sable mouvant précipiter ses pas,
Courir en essuyant orages sur orages,
Vers un but incertain où l'on n'arrive pas,
Détrompé vers le soir, chercher une retraite,
Arriver haletant, se coucher, s'endormir :
On appelle cela naître, vivre, et mourir.
　　La volonté de Dieu soit faite !

ANDRÉ CHÉNIER.

Ce nom est, sans contredit, l'un des plus brillants de notre littérature, et, de tous nos poëtes, André Chénier est peut-être celui qui se rapproche le plus des grands maîtres de l'antiquité par la pureté et la sobriété du style : comme eux il est simple sans vulgarité, élevé sans efforts et sans affectation. Il excelle dans l'emploi des mots, et par leur juste appropriation aux idées, il leur donne un relief saisissant où la pensée s'exprime par une image. Jamais, on peut le dire, on n'a porté à un plus haut degré de perfection les ressources de l'art, mais c'est un art qui efface sa trace, et qui se produit avec les grâces d'une inspiration naturelle et de première venue.

Sur des sujets nouveaux faisons des vers antiques.

C'est dans cette maxime du poëte qu'il faut chercher le secret de son talent. Par la pensée et les sentiments, André Chénier est un Français de la fin du XVIIIe siècle ; par la pureté de la forme, c'est un Grec des beaux siècles d'Athènes, et peut-être son origine était-elle pour quelque chose dans l'empreinte qui marquait son génie. Son père, Louis de Chénier, consul de France à Constantinople, avait épousé une Grecque célèbre par son esprit et sa beauté, et le jeune André avait entendu, tout enfant, comme un écho de l'harmonie antique dans la langue que parlait sa mère ; ses premières impressions se tournèrent vers l'étude et l'admiration des anciens ; il devint leur disciple et fut leur égal. Il a laissé des élégies, des odes, des épîtres, des idylles, des *iambes* et des *poëmes* qui sont restés inachevés. Aucune de ces compositions n'a été publiée de son vivant.

Né à Constantinople en 1762, André Chénier adopta avec enthousiasme les principes de 89, mais il protesta avec l'énergie d'une âme honnête et d'un noble patriotisme contre les hideux excès de la Terreur, et périt sur l'échafaud en 1794.

L'AVEUGLE.

— « Dieu, dont l'arc est d'argent, dieu de Claros, écoute,
O Sminthée Apollon, je périrai sans doute,
Si tu ne sers de guide à cet aveugle errant. » —
C'est ainsi qu'achevait l'aveugle en soupirant,
Et près des bois marchait, faible, et sur une pierre
S'asseyait. Trois pasteurs, enfants de cette terre,
Le suivaient, accourus aux abois turbulents
Des molosses, gardiens de leurs troupeaux bêlants.

Ils avaient, retenant leur fureur indiscrète,
Protégé du vieillard la faiblesse inquiète ;
Ils l'écoutaient de loin, et s'approchant de lui :
— « Quel est ce vieillard blanc, aveugle et sans appui ?
Serait-ce un habitant de l'empire céleste ?
Ses traits sont grands et fiers : de sa ceinture agreste
Pend une lyre informe, et les sons de sa voix
Émeuvent l'air et l'onde et le ciel et les bois. » —

Mais il entend leurs pas, prête l'oreille, espère,
Se trouble, et tend déjà les mains à la prière.
— « Ne crains point, disent-ils, malheureux étranger;
(Si plutôt, sous un corps terrestre et passager,
Tu n'es point quelque dieu protecteur de la Grèce,
Tant une grâce auguste ennoblit ta vieillesse !);
Si tu n'es qu'un mortel, vieillard infortuné,
Les humains près de qui les flots t'ont amené
Aux mortels malheureux n'apportent point d'injures.
Les destins n'ont jamais de faveurs qui soient pures.
Ta voix noble et touchante est un bienfait des dieux,
Mais aux clartés du jour ils ont fermé tes yeux. » —

— « Enfants, car votre voix est enfantine et tendre,
Vos discours sont prudents, plus qu'on n'eût dû l'attendre;
Mais, toujours soupçonneux, l'indigent étranger
Croit qu'on rit de ses maux et qu'on veut l'outrager.
Ne me comparez point à la troupe immortelle :
Ces rides, ces cheveux, cette nuit éternelle,
Voyez ; est-ce le front d'un habitant des cieux ?
Je ne suis qu'un mortel, un des plus malheureux !
Si vous en savez un pauvre, errant, misérable,
C'est à celui-là seul que je suis comparable ;
Et pourtant je n'ai point, comme fit Thomyris,
Des chansons à Phébus voulu ravir le prix ;
Ni livré comme Œdipe à la noire Euménide,
Je n'ai puni sur moi l'inceste parricide;
Mais les dieux tout puissants gardaient à mon déclin
Les ténèbres, l'exil, l'indigence et la faim. »

— « Prends, et puisse bientôt changer ta destinée ! »
Disent-ils. — Et tirant ce que, pour leur journée,
Tient la peau d'une chèvre aux crins noirs et luisants,

Ils versent à l'envi, sur ses genoux pesants,
Le pain de pur froment, les olives huileuses,
Le fromage et l'amande, et les figues mielleuses,
Et du pain à son chien entre ses pieds gisant,
Tout hors d'haleine encore, humide et languissant,
Qui, malgré les rameurs, se lançant à la nage,
L'avait loin du vaisseau rejoint sur le rivage.

— « Le sort, dit le vieillard, n'est pas toujours de fer.
Je vous salue, enfants venus de Jupiter ;
Heureux sont les parents qui tels vous firent naître !
Mais venez, que mes mains cherchent à vous connaître ;
Je crois avoir des yeux. Vous êtes beaux tous trois.
Vos visages sont doux, car douce est votre voix.
Qu'aimable est la vertu que la grâce environne !
Croissez, comme j'ai vu ce palmier de Latone,
Alors qu'ayant des yeux je traversai les flots ;
Car jadis, abordant à la sainte Délos,
Je vis près d'Apollon, à son autel de pierre,
Un palmier, don du ciel, merveille de la terre.
Vous croîtrez, comme lui, grands, féconds, révérés,
Puisque les malheureux sont par vous honorés.
Le plus âgé de vous aura vu treize années.
A peine, mes enfants, vos mères étaient nées,
Que j'étais presque vieux. Assieds-toi près de moi,
Toi, le plus grand de tous ; je me confie à toi.
Prends soin du vieil aveugle. » — « O sage magnanime !
Comment, et d'où viens-tu ? car l'onde maritime
Mugit de toutes parts sur nos bords orageux. »

— « Des marchands de Cymé m'avaient pris avec eux.
J'allais voir, m'éloignant des rives de Carie,
Si la Grèce pour moi n'aurait point de patrie,
Et des dieux moins jaloux, et de moins tristes jours ;
Car jusques à la mort nous espérons toujours.
Mais pauvre, et n'ayant rien pour payer mon passage,
Ils m'ont, je ne sais où, jeté sur le rivage. »

— « Harmonieux vieillard, tu n'as donc point chanté ?
Quelques sons de ta voix auraient tout acheté. »

— « Enfants ! du rossignol la voix pure et légère

N'a jamais apaisé le vautour sanguinaire ;
Et les riches, grossiers, avares, insolents,
N'ont pas une âme ouverte à sentir les talents.
Guidé par ce bâton, sur l'arène glissante,
Seul, en silence, au bord de l'onde mugissante,
J'allais, et j'écoutais le bêlement lointain
De troupeaux agitant leurs sonnettes d'airain.
Puis j'ai pris cette lyre, et les cordes mobiles
Ont encor résonné sous mes vieux doigts débiles.
Je voulais des grands dieux implorer la bonté,
Et surtout Jupiter, dieu d'hospitalité,
Lorsque d'énormes chiens, à la voix formidable,
Sont venus m'assaillir ; et j'étais misérable,
Si vous (car c'était vous), avant qu'ils m'eussent pris,
N'eussiez armé pour moi les pierres et les cris. »

— « Mon père, il est donc vrai : tout est devenu pire ?
Car jadis, aux accents d'une éloquente lyre,
Les tigres et les loups, vaincus, humiliés,
D'un chanteur comme toi vinrent baiser les pieds. »

— « Les barbares ! j'étais assis près de la poupe,
Aveugle vagabond, dit l'insolente troupe,
Chante : si ton esprit n'est point comme tes yeux,
Amuse notre ennui ; tu rendras grâce aux dieux...
J'ai fait taire mon cœur qui voulait les confondre ;
Ma bouche ne s'est point ouverte à leur répondre.
Ils n'ont pas entendu ma voix, et sous ma main
J'ai retenu le dieu courroucé dans mon sein.
Cymé, puisque tes fils dédaignent Mnémosyne,
Puisqu'ils ont fait outrage à la muse divine,
Que leur vie et leur mort s'éteignent dans l'oubli ;
Que ton nom dans la nuit demeure enseveli ! »

— « Viens, suis-nous à la ville ; elle est toute voisine,
Et chérit les amis de la muse divine.
Un siége aux clous d'argent te place à nos festins ;
Et là les mets choisis, le miel et les bons vins,
Sous la colonne où pend une lyre d'ivoire,
Te feront de tes maux oublier la mémoire.
Et si dans le chemin, rhapsode ingénieux,
Tu veux nous accorder tes chants dignes des cieux,

Nous dirons qu'Apollon, pour charmer les oreilles,
T'a lui-même dicté de si douces merveilles. »

— « Oui, je le veux ; marchons. Mais où m'entraînez-vous ?
Enfants du vieil aveugle, en quel lieu sommes-nous ? »
— « Sicos est l'île heureuse où nous vivons, mon père. »

— « Salut, belle Sicos, deux fois hospitalière !
Car sur ses bords heureux je suis déjà venu ;
Amis, je la connais. Vos pères m'ont connu :
Ils croissaient comme vous : mes yeux s'ouvraient encore
Au soleil, au printemps, aux roses de l'aurore ;
J'étais jeune et vaillant. Aux danses des guerriers,
A la course, aux combats, j'ai paru des premiers.
J'ai vu Corinthe, Argos, et Crète et les cent villes,
Et du fleuve Egyptus les rivages fertiles :
Mais la terre et la mer, et l'âge et les malheurs,
Ont épuisé ce corps fatigué de douleurs.
La voix me reste. Ainsi la cigale innocente,
Sur un arbuste assise, et se console et chante.
Commençons par les dieux : souverain Jupiter,
Soleil, qui vois, entends, connais tout ; et toi, mer ;
Fleuves, terre, et noirs dieux de vengeances trop lentes,
Salut ! Venez à moi de l'Olympe habitantes,
Muses ! Vous savez tout, vous, déesses : et nous,
Mortels, ne savons rien qui ne vienne de vous. » —

Il poursuit ; et déjà les antiques ombrages
Mollement en cadence inclinaient leurs feuillages :
Et pâtres, oubliant leurs troupeau délaissé,
Et voyageurs, quittant leur chemin commencé,
Couraient. Il les entend, près de son jeune guide,
L'un sur l'autre pressés, tendre une oreille avide,
Et nymphes et sylvains sortaient pour l'admirer,
Et l'écoutaient en foule et n'osaient respirer ;
Car, en des longs détours de chansons vagabondes,
Il enchaînait de tout les semences fécondes,
Les principes du feu, les eaux, la terre et l'air,
Les fleuves descendus du sein de Jupiter,
Les oracles, les arts, les cités fraternelles,
Et depuis le chaos les amours immortelles,
. . . .
. . . .

Ainsi le grand vieillard, en images hardies,
Déployait le tissu des saintes mélodies.
Les trois enfants, émus à son auguste aspect,
Admiraient, d'un regard de joie et de respect,
De sa bouche abonder les paroles divines,
Comme en hiver la neige aux sommets des collines.
Et partout accourus, dansant sur son chemin,
Hommes, femmes, enfants, les rameaux à la main,
Et vierges et guerriers, jeunes fleurs de la ville,
Chantaient : — « Viens dans nos murs, viens habiter notre île ;
Viens, prophète éloquent, aveugle harmonieux,
Convive du nectar, disciple aimé des dieux ;
Des jeux, tous les cinq ans, rendront saint et prospère
Le jour où nous avons reçu le grand *Homère* (1).

VERSAILLES (2).

O Versaille (3), ô bois, ô portiques !
Marbres vivants, berceaux antiques,
Par les dieux et les rois Élysée embelli,
A ton aspect dans ma pensée,
Comme sur l'herbe aride une fraîche rosée,
Coule un peu de calme et d'oubli.

Paris me semble un autre empire,
Dès que chez toi je vois sourire

---

(1) Nous n'avons pas besoin de rappeler qu'Homère, le plus grand poëte de l'antiquité, est l'auteur de deux épopées à jamais célèbres, l'*Iliade* et l'*Odyssée*. La première de ces épopées a pour sujet la guerre de Troie ; la seconde a pour sujet les aventures de l'un des héros de ce siége, Ulysse, roi d'Itaque. La vie d'Homère est couverte d'une obscurité profonde ; on pense qu'il vivait vers le dixième siècle avant notre ère. On dit qu'il était aveugle et qu'il allait de bourgade en bourgade chantant ses vers et vivant d'aumônes ; c'est à cette tradition que fait allusion la belle pièce d'André Chénier.

(2) Cette ode a été écrite peu de temps après le massacre des prisonniers de Versailles.

(3) Ici Versaille est écrit sans S ; c'est une licence, justifiée par les nécessités de la mesure. Le vers est de huit syllabes et la lettre S est supprimée pour élider l'E muet avec la voyelle suivante.

Mes pénates secrets couronnés de rameaux,
    D'où souvent les monts et les plaines
Vont dirigeant mes pas aux campagnes prochaines,
    Sous de triples ceintres d'ormeaux.

    Les chars, les royales merveilles,
    Des gardes les nocturnes veilles,
Tout a fini; des grandeurs tu n'es plus le séjour :
    Mais le sommeil, la solitude,
Dieux jadis inconnus, et les arts, et l'étude,
    Composent aujourd'hui ta cour.

    Ah! malheureux, à ma jeunesse
    Une oisive et morne paresse
Ne laisse plus goûter les studieux loisirs,
    Mon âme, d'ennui consumée,
S'endort dans les langueurs. Louange et renommée
    N'inquiètent plus mes désirs.

    L'abandon, l'obscurité, l'ombre,
    Une paix taciturne et sombre,
Voilà tous mes souhaits. Cache mes tristes jours,
    Versailles, s'il faut que je vive;
Nourris de mon flambeau la clarté fugitive,
    Aux douces chimères d'amours.

    Ah! témoin des succès du crime,
    Si l'homme juste et magnanime
Pouvait ouvrir son cœur à la félicité,
    Versailles, tes routes fleuries,
Ton silence, fertile en belles rêveries,
    N'auraient que joie et volupté.

    Mais souvent tes vallons tranquilles,
    Tes sommets verts, tes frais asiles,
Tout à coup à mes yeux s'enveloppent de deuil.
    J'y vois errer l'ombre livide
D'un peuple d'innocents qu'un tribunal perfide
    Précipite dans le cercueil.

LA FRANCE.

France, ô belle contrée, ô terre généreuse,
Que les dieux complaisants formaient pour être heureuse,
Tu ne sens point du nord les glaçantes horreurs ;
Le midi de ses feux t'épargne les fureurs ;
Tes arbres innocents n'ont point d'ombres mortelles ;
Ni des poisons épars dans tes herbes nouvelles
Ne trompent une main crédule, ni tes bois
Des tigres frémissants ne redoutent la voix ;
Ni les vastes serpents ne traînent sur tes plantes
En longs cercles hideux leurs écailles sonnantes.

Les chênes, les sapins et les ormes épais
En utiles rameaux ombragent tes sommets ;
Et de Beaune et d'Aï les rives fortunées,
Et la riche Aquitaine, et les hauts Pyrénées,
Sous leurs bruyants pressoirs font couler en ruisseaux
Des vins délicieux mûris sur leurs coteaux.
La Provence odorante et de Zéphire aimée
Respire sur les mers une haleine embaumée,
Au bord des flots couvrant, délicieux trésor,
L'orange et le citron de leur tunique d'or,
Et plus loin, au penchant des collines pierreuses,
Formant la grasse olive aux liqueurs savoureuses,
Et ces réseaux légers, diaphanes habits,
Où la fraîche grenade enferme ses rubis.
Sur tes rochers touffus la chèvre se hérisse ;
Tes prés enflent de lait la féconde génisse,
Et tu vois les brebis, sur le jeune gazon,
Épaissir le tissu de leur blanche toison.
Dans les fertiles champs voisins de la Touraine,
Dans ceux où l'Océan boit l'urne de la Seine,
S'élèvent pour le frein des coursiers belliqueux.
Ajoutez cet amas de fleuves tortueux :
L'indomptable Garonne aux vagues insensées,
Le Rhône impétueux, fils des Alpes glacées,
La Seine au flot royal, la Loire dans son sein
Incertaine, et la Saône, et mille autres enfin
Qui nourrissent partout, sur tes nobles rivages,
Fleurs, moissons et vergers, et bois, et pâturages.

Rampent au pied des murs d'opulentes cités,
Sous les arches de pierre à grand bruit emportés.

Dirai-je ces travaux, source de l'abondance,
Ces ports où des deux mers l'active bienfaisance
Amène les tribus du rivage lointain,
Que visite Phœbus le soir et le matin?
Dirai-je ces canaux, ces montagnes percées,
De bassins en bassins ces ondes amassées
Pour joindre au pied des monts l'une et l'autre Thétis :
Et ces vagues chemins en tous lieux départis,
Où l'étranger, à l'aise achevant son voyage,
Pense au nom des Trudaine et bénit leur ouvrage?
Ton peuple industrieux est né pour les combats.
Le glaive, le mousquet, n'accablent point ses bras;
Il s'élance aux assauts, et son fer intrépide
Chassa l'impie Anglais, usurpateur avide.
Le ciel les fit humains, hospitaliers et bons,
Amis des doux plaisirs, des festins, des chansons ;
Mais faibles, opprimés, la tristesse inquiète
Glace ces chants joyeux sur leur bouche muette,
Pour les jeux, pour la danse, appesantit leurs pas,
Renverse devant eux les tables des repas,
Flétrit de longs soucis, empreinte douloureuse,
Et leur front et leur âme. O France trop heureuse,
Si tu voyais tes biens, si tu profitais mieux
Des dons que tu reçus de la bonté des cieux!...

IAMBES.

Quand au mouton bêlant la sombre boucherie
    Ouvre ses cavernes de mort,
Pauvres chiens et moutons, toute la bergerie
    Ne s'informe plus de son sort.
Les enfants qui suivaient ses ébats dans la plaine,
    Les vierges aux belles couleurs
Qui le baisaient en foule, et sur sa blanche laine
    Entrelaçaient rubans et fleurs,
Sans plus penser à lui, le mangent s'il est tendre.
    Dans cet abîme enseveli,

J'ai le même destin. Je m'y devais attendre.
  Accoutumons-nous à l'oubli.
Oubliés comme moi dans cet affreux repaire,
  Mille autres moutons comme moi
Pendus aux crocs sanglants du charnier populaire,
  Seront servis au peuple-roi.
Que pouvaient mes amis? Oui, de leur main chérie
  Un mot, à travers ces barreaux,
A versé quelque baume en mon âme flétrie;
  De l'or peut-être à mes bourreaux...
Mais tout est précipice. Ils ont eu droit de vivre.
  Vivez, amis; vivez contents.
En dépit de Bavus, soyez lents à me suivre;
  Peut-être en de plus heureux temps,
J'ai moi-même, à l'aspect des pleurs de l'infortune,
  Détourné mes regards distraits;
A mon tour aujourd'hui mon malheur importune
  Vivez, amis; vivez contents.

LES ADIEUX A LA VIE.

Comme un dernier rayon, comme un dernier zéphyre
  Anime la fin d'un beau jour,
Au pied de l'échafaud j'essaie encore ma lyre.
  Peut-être est-ce bientôt mon tour;
Peut-être avant que l'heure en cercle promenée
  Ait posé sur l'émail brillant,
Dans les soixante pas où sa route est bornée,
  Son pied sonore et vigilant,
Le sommeil du tombeau pressera mes paupières!
  Avant que de ses deux moitiés
Ce vers que je commence ait atteint la dernière,
  Peut-être en ces murs effrayés
Le messager de mort, noir recruteur des ombres,
  Escorté d'infâmes soldats,
Remplira de mon nom ces longs corridors sombres
  . . . .

ROUCHER.

Un poëme didactique en douze chants intitulé *les Mois* et quelques poésies fugitives composent l'héritage littéraire de Roucher. Le poëme ne présente aucun plan, aucune idée générale ; l'auteur prend en quelque sorte le calendrier pour cadre, et chante, à la rencontre, la neige, les fleurs, les moissons ; il se perd souvent dans des descriptions sans intérêt, mais animé du sentiment profond des beautés de la nature, il rencontre parfois des inspirations dignes d'un grand poëte, et des tableaux pleins de grâce et de fraîcheur. Né à Montpellier en 1745, Roucher fut nommé, au commencement du règne de Louis XVI, receveur des gabelles à Montfort Lamaury, et c'est là qu'il composa son poëme des *Mois*. Il fut arrêté sous la terreur, et guillotiné le même jour qu'André Chénier. On les conduisit tous deux à l'échafaud dans la même charrette, et telle était leur sérénité en face de la mort, qu'ils discutaient, peu d'instants avant d'être livrés au bourreau, sur un vers de Virgile qu'André Chénier avait cité d'une manière inexacte. La veille du supplice, Roucher avait envoyé son portrait à sa femme et à sa fille avec ces vers touchants :

> Ne vous étonnez pas, objets charmants et doux,
> Si quelque air de tristesse assombrit mon visage ;
> Lorsqu'un pinceau fidèle a tracé cette image,
> J'attendais l'échafaud et je pensais à vous.

LA PLUIE DU PRINTEMPS.

Le zéphir, qui des bois agitait la ramure,
Tout à coup de son vol assoupit le murmure ;
Il se tait : avec lui les airs semblent dormir.
Le feuillage du tremble a cessé de frémir.
Les flots sont déridés : D'un beuglement sauvage
Le bœuf n'attriste point les échos du rivage,
Et l'arbre n'entend plus de sons mélodieux.
L'homme au milieu des champs lève un front radieux :
L'âme ouverte à l'espoir, il jouit en idée
Des plaisirs et des biens que versera l'ondée.
Elle a percé la nue ; elle coule : un doux bruit
A peine dans les bois de sa chute m'instruit :
A peine, goutte à goutte, humectant le feuillage,
Laisse-t-elle à mes yeux soupçonner son passage.

L'urne des airs s'épuise, un frais délicieux
Ranime la verdure; et cependant, aux cieux,
Le soleil, que voilait la vapeur printanière,
Commence à dégager sa flamme prisonnière.
Elle brille. Le dieu transforme en vagues d'or
Les nuages flottants dans l'air humide encor,
Jette un réseau de pourpre au sommet des montagnes,
Enflamme les forêts, les fleuves, les campagnes,
Et sur l'émail des prés étincelle en rubis.
Jusqu'au règne du soir, les tranquilles brebis
De leurs doux bêlements remplissent la colline;
L'ormeau plus amoureux vers le tilleul s'incline;
Zéphyre se réveille, et le chant des oiseaux
Se marie en concert au murmure des eaux.

. . . .

LES GLACIERS DES ALPES.

Monts chantés par Haller, recevez un poëte,
Errant parmi ces monts, imposante retraite,
Au front de Grindelval je m'élève et je vois...
Dieu! quel pompeux spectacle étalé devant moi!
Sous mes yeux enchantés la nature rassemble
Tout ce qu'elle a d'horreurs et de beautés ensemble.
Dans un lointain qui fuit un monde entier s'étend
Et comment embrasser ce mélange éclatant
De verdure, de fleurs, de moissons ondoyantes,
De paisibles ruisseaux, de cascades bruyantes,
De fontaines, de lacs, de fleuves, de torrents,
D'hommes et de troupeaux sur les plaines errants,
De forêts de sapins au lugubre feuillage,
De terrains éboulés, de rocs minés par l'âge,
Pendants sur des vallons où le printemps fleurit,
De coteaux escarpés où l'automne sourit,
D'abîmes ténébreux, de cimes éclairées,
De neiges couronnant de brûlantes contrées,
Et de glaciers enfin, vaste et solide mer,
Où règne sur son trône un éternel hiver?
Là, pressant sous ses pieds les nuages humides,
Il hérisse les monts de hautes pyramides,

Dont le bleuâtre éclat, au soleil s'enflammant,
Change ces pics glacés en rocs de diamant.
Là viennent expirer tous les feux du solstice.
En vain l'astre du jour, embrassant l'écrevisse,
D'un déluge de flamme assiége ces déserts;
La masse inébranlable insulte au roi des airs.
Mais trop souvent la neige, arrachée à leur cime,
Roule en bloc bondissant, court d'abîme en abîme,
Gronde comme un tonnerre, et, grossissant toujours,
A travers les rochers fracassés dans son cours,
Tombe dans les vallons, s'y brise, et des campagnes
Remonte en brume épaisse au sommet des montagnes.

SEDAINE.

Une excellente comédie : *le Philosophe sans le savoir*, et la création sur la scène française de *l'opéra comique*, ont placé Sedaine dans un rang très-honorable parmi les écrivains dramatiques du xviiie siècle. Ses principaux ouvrages dans ce genre sont le *Déserteur, Rose et Colas, Richard-Cœur-de-Lion, Aline, reine de Golconde*. Ces pièces, très-habilement conduites, offrent des situations intéressantes, et elles se distinguent par le naturel et une simplicité pleine de charme, qui leur ont valu une grande popularité. On doit aussi à Sedaine quelques poésies fugitives d'un véritable mérite. Cet écrivain a laissé, comme homme privé, les plus honorables souvenirs. Fils d'un architecte sans fortune, il se trouva, à l'âge de dix-huit ans, le seul soutien de sa famille; pour subvenir à ses besoins, il se fit tailleur de pierres et au milieu des fatigues de ce dur métier, il trouva le temps de perfectionner son instruction qui avait été fort négligée. Né à Paris en 1719, il fit jouer son premier opéra en 1759, et mourut en 1797.

ÉPITRE A MON HABIT.

Ah! mon habit, que je vous remercie,
Que je valus hier, grâce à votre valeur!
 Je me connais, et plus je m'apprécie,
 Plus j'entrevois qu'il faut que mon tailleur,
  Par une secrète magie,
Ait caché dans vos plis un talisman vainqueur,
Capable de gagner et l'esprit et le cœur.

Dans ce cercle nombreux de bonne compagnie,
Quels honneurs je reçus! quels égards! quel accueil
Auprès de la maîtresse, et dans un grand fauteuil,
Je ne vis que des yeux toujours prêts à sourire,
J'eus le droit d'y parler et parler sans rien dire.
  Cette femme à grands falbalas
  Me consulta sur l'air de son visage :
  Un blondin sur un mot d'usage ;
  Un robin sur des opéras ;
Ce que je décidai fut le nec plus ultra.
On applaudit à tout, j'avais tant de génie !
  Ah! mon habit, que je vous remercie !
  C'est vous qui me valez cela !
  De compliments bons pour une maîtresse
  Un petit-maître m'accabla,
  Et pour m'exprimer sa tendresse,
Dans ses propos guindés me dit tout *Angola*.
  Ce poupart à simple tonsure,
Qui ne songe qu'à vivre et ne vit que pour soi,
Oublia quelque temps son rabat, sa figure,
  Pour ne s'occuper que de moi.
Ce marquis, autrefois mon ami de collége,
Me reconnut enfin, et du premier coup d'œil
  Il m'accorda par privilége
Un tendre embrassement qu'approuvait son orgueil.
  Ce qu'une liaison dès l'enfance établie,
Ma probité, mes mœurs que rien ne dérégla,
  N'eussent obtenu de ma vie,
  Votre aspect seul me l'attira.
  Ah! mon habit, que je vous remercie !
  C'est vous qui me valez cela.
  Mais ma surprise fut extrême :
  Je m'aperçus que sur moi-même
  Le charme sans doute opérait.
  J'entrais jadis d'un air discret ;
Ensuite suspendu sur les bords de ma chaise,
J'écoutais en silence, et ne me permettais
  Le moindre si, le moindre mais ;
Avec moi tout le monde était fort à son aise,
  Et moi je ne l'étais jamais ;
  Un rien aurait pu me confondre :
  Un regard, tout m'était fatal ;

Je ne parlais que pour répondre,
Je parlais bas, je parlais mal.
Un sot provincial arrivé par le coche
Eût été moins que moi tourmenté dans sa peau ;
Je me mouchais presque au bord de ma poche,
J'éternuais dans mon chapeau ;
On pouvait me priver sans aucune indécence
De ce salut que l'usage introduit,
Il n'en coûtait de révérence
Qu'à quelqu'un trompé par le bruit.
Mais à présent, mon cher habit,
Tout est de mon ressort, les airs, la suffisance ;
Et ces tons décidés, qu'on prend pour de l'aisance,
Deviennent mes tons favoris ;
Est-ce ma faute, à moi, puisqu'ils sont applaudis ?
Dieu ! quel bonheur pour moi, pour cette étoffe,
De ne point habiter ce pays limitrophe
Des conquêtes de notre roi.
Dans la Hollande il est une autre loi :
En vain j'étalerais ce galon qu'on renomme,
En vain j'exalterais sa valeur, son débit ;
Ici l'habit fait valoir l'homme,
Là l'homme fait valoir l'habit.
Mais chez nous (peuple aimable), où les grâces, l'esprit,
Brillent à présent dans leur force,
L'arbre n'est point jugé sur ses fleurs, sur son fruit ;
On le juge sur son écorce.

SAINT-LAMBERT.

Né en 1717, en Lorraine, Saint-Lambert, après avoir été attaché à la cour du roi Stanislas, prit du service dans l'armée française ; il se distingua dans la campagne de 1756, et vint à cette époque se fixer à Paris où il s'occupa exclusivement de littérature et publia divers ouvrages en prose et en vers. Le plus connu de ces ouvrages est le poëme des *Saisons*, qui le fit entrer, en 1770, à l'Académie française. Nous en reproduisons ici un fragment, pour donner une idée du genre descriptif tel que le comprenait le XVIIIe siècle. Saint-Lambert qui était l'un des représentants des doctrines sensualistes du XVIIIe siècle, est mort en 1803 à Montmorency, près Paris.

L'ORAGE.

On voit à l'horizon de deux points opposés
Des nuages monter dans les airs embrasés ;
On les voit s'épaissir, s'élever et s'étendre,
D'un tonnerre éloigné le bruit s'est fait entendre ;
Les flots en ont frémi, l'air en est ébranlé,
Et le long du vallon le feuillage a tremblé ;
Les monts ont prolongé le lugubre murmure
Dont le son lent et sourd attriste la nature.
Il succède à ce bruit un calme plein d'horreur,
Et la terre en silence attend dans la terreur ;
Des monts et des rochers le vaste amphithéâtre
Disparaît tout à coup sous un voile grisâtre ;
Le nuage élargi les couvre de ses flancs ;
Il pèse sur les airs tranquilles et brûlants.

Mais des traits enflammés ont sillonné la nue,
Et la foudre, en grondant, roule dans l'étendue ;
Elle redouble, vole, éclate dans les airs ;
Leur nuit est plus profonde, et de vastes éclairs
En font sortir sans cesse un jour pâle et livide.
Du couchant ténébreux s'élance un vent rapide
Qui tourne sur la plaine, et, rasant les sillons,
Enlève un sable noir qu'il roule en tourbillons.
Ce nuage nouveau, ce torrent de poussière,
Dérobe à la campagne un reste de lumière.
La peur, l'airain sonnant dans les temples sacrés
Font entrer à grands flots les peuples égarés.
Grand Dieu ! vois à tes pieds leur foule consternée
Te demander le prix des travaux de l'année.

Hélas ! d'un ciel en feu les globules glacés
Écrasent en tombant les épis renversés.
Le tonnerre et les vents déchirent les nuages ;
Le fermier de ses champs contemple les ravages,
Et presse dans ses bras ses enfants effrayés.
La foudre éclate, tombe ; et des monts foudroyés
Descendent à grand bruit les graviers et les ondes,
Qui courent en torrents sur les plaines fécondes.
Ô récolte ! ô moissons ! Tout périt sans retour :
L'ouvrage de l'année est détruit en un jour.

COLLIN D'HARLEVILLE.

L'un de nos bons poëtes comiques du second ordre, Collin d'Harleville a laissé un assez grand nombre de pièces qui se distinguent par le naturel, la finesse des observations, l'honnêteté des sentiments, mais qui pèchent par l'action et l'entente des effets scéniques. La meilleure de ces pièces est le *Vieux célibataire*, qui fut joué en 1792. On cite encore *l'Optimiste*, *M. de Crac*, *les châteaux en Espagne*, qui ont obtenu un véritable succès, et qu'on lit encore aujourd'hui avec plaisir. Collin d'Harleville, né à Maintenon (Eure-et-Loir), en 1755, est mort en 1806. Ses œuvres, qui forment quatre volumes in-8°, contiennent des comédies qui n'ont jamais été représentées, entre autres *les Mœurs du jour* et *Malice pour Malice*. Toutes les pièces de cet auteur sont écrites en vers.

LES CHATEAUX EN ESPAGNE.

... Chacun fait des châteaux en Espagne ;
On en fait à la ville, ainsi qu'à la campagne ;
On en fait en dormant, on en fait éveillé.
Le pauvre paysan, sur sa bêche appuyé,
Peut se croire un moment seigneur de son village.
Le vieillard ne sent plus les glaces de son âge,
. . . .
Il sourit...... Son neveu sourit de son côté,
En songeant qu'un matin du bonhomme il hérite.
Telle femme se croit sultane favorite ;
Un commis est ministre ; un jeune abbé, prélat ;
Le prélat....... Il n'est pas jusqu'au simble soldat
Qui ne se soit, un jour, cru maréchal de France ;
Et le pauvre lui-même est riche en espérance.
. . . .
Mais chacun redevient Gros-Jean comme devant.
Eh bien, chacun du moins fut heureux en rêvant !
C'est quelque chose encor que de faire un beau rêve ;
A nos chagrins réels c'est une utile trêve ;
Nous en avons besoin : nous sommes assiégés
De maux dont à la fin nous serions surchargés
Sans ce délire heureux qui se glisse en nos veines.
Flatteuse illusion ! doux oubli de nos peines !

Oh ! qui pourrait compter les heureux que tu fais ;
L'espoir et le sommeil sont de moindres bienfaits.
Délicieuse erreur ! tu nous donnes d'avance
Le bonheur que promet seulement l'espérance ;
Le doux sommeil ne fait que suspendre nos maux,
Et tu mets à la place un plaisir : en deux mots,
Quand je songe, je suis le plus heureux des hommes ;
Et dès que nous croyons être heureux, nous le sommes.
. . . .
On peut bien quelquefois se flatter dans la vie :
J'ai, par exemple, hier, mis à la loterie,
Et mon billet enfin pourrait bien être bon.
Je conviens que cela n'est pas certain : oh ! non ;
Mais la chose est possible, et cela doit suffire.
Puis, en me le donnant, on s'est mis à sourire,
Et l'on m'a dit : « Prenez, car c'est là le meilleur. »

Si je gagnais pourtant le gros lot, quel bonheur !
J'achèterai d'abord une ample seigneurie....
Non, plutôt une bonne et grasse métairie ;
Oh ! oui, dans ce canton ; j'aime ce pays-ci :
Et Justine, d'ailleurs, me plait beaucoup aussi.
J'aurai donc à mon tour des gens à mon service.
Dans le commandement je serai bien novice ;
Mais je ne serai point dur, insolent, ni fier,
Et me rappellerai ce que j'étais hier ;
Ma foi, j'aime déjà ma ferme à la folie.
Moi ! gros fermier ! j'aurai ma basse-cour remplie
De poules, de poussins que je verrai courir :
De mes mains chaque jour je prétends les nourrir.
C'est un coup d'œil charmant ! et puis cela rapporte.
Quel plaisir quand, le soir, assis devant ma porte,
J'entendrai le retour de mes moutons bêlants,
Que je verrai de loin revenir à pas lents
Mes chevaux vigoureux et mes belles génisses !
Ils sont nos serviteurs, elles sont nos nourrices.
Et mon petit Victor, sur son âne monté,
Fermant la marche avec un air de dignité !
Je serai plus heureux que Monsieur sur un trône.
Je serai riche, riche, et je ferai l'aumône.
Tout bas, sur mon passage, on se dira : « Voilà
Ce bon monsieur Victor. » Cela me touchera.

Je puis bien m'abuser; mais ce n'est pas sans cause;
Mon projet est au moins fondé sur quelque chose;
(*Il cherche.*)
Sur un billet. Je veux revoir ce cher..... Eh! mais...
Où donc est-il? tantôt encore je l'avais.
Depuis quand ce billet est-il donc invisible?
Ah! l'aurais je perdu? Serait-il bien possible?
Mon malheur est certain : me voilà confondu.
(*Il crie.*)
Que vais-je devenir? Hélas! j'ai tout perdu.

LEBRUN.

Ponce-Denis-Écouchard Lebrun, — qu'il ne faut pas confondre avec Charles-François Lebrun, duc de Plaisance, — a reçu de ses contemporains le titre de *Pindare français* et a été considéré par eux comme le premier de nos poëtes lyriques; mais la critique moderne, tout en rendant justice à son incontestable talent, ne l'a point maintenu dans ce rang élevé. Il a laissé cent quarante odes, six cents épigrammes, deux livres d'épîtres, quatre livres d'élégies, et deux poëmes qui n'ont point été terminés, *les Veillées du Parnasse* et *la Nature.* « Son talent lyrique, dit M. Sainte-Beuve, est grand, quelquefois immense, presque partout incomplet... Son style a quelque chose de fort, de noble, de nu, de roide, de sec et de décharné; l'accent déclamatoire y perce à tout moment. » Ce jugement exprime toute la vérité sur Lebrun; et il n'y a rien à y ajouter. Né à Paris en 1759, Lebrun est mort en 1807.

ODE A BUFFON SUR SES DÉTRACTEURS.

Buffon, laisse gronder l'Envie;
C'est l'hommage de sa terreur :
Que peut sur l'éclat de ta vie
Son obscure et lâche fureur?
Olympe, qu'assiége un orage,
Dédaigne l'impuissante rage
Des aquilons tumultueux;
Tandis que la noire tempête
Gronde à ses pieds, sa noble tête
Garde un calme majestueux.

Pensais-tu donc que le génie
Qui te place au trône des arts
Longtemps d'une gloire impunie
Blesserait de jaloux regards ?
Non, non, tu dois payer la gloire ;
Tu dois expier ta mémoire
Par les orages de tes jours ;
Mais ce torrent qui dans ton onde
Vomit sa fange vagabonde
N'en saurait altérer le cours.

Mais si tu crains la tyrannie
D'un monstre jaloux et pervers,
Quitte le sceptre du génie,
Cesse d'éclairer l'univers.
Descends des hauteurs de ton âme,
Abaisse tes ailes de flamme,
Brise tes sublimes pinceaux,
Prends les envieux pour modèles,
Et de leurs vernis infidèles
Obscurcis tes brillants tableaux.

Flatté de plaire aux goûts volages,
L'esprit est le dieu des instants,
Le génie est le dieu des âges,
Lui seul embrasse tous les temps.
Qu'il brûle d'un noble délire
Quand la gloire autour de sa lyre
Lui peint les siècles assemblés,
Et leur suffrage vénérable
Fondant son trône inaltérable
Sur les empires écroulés !

Ceux dont le présent est l'idole
Ne laissent point de souvenir :
Dans un succès vain et frivole
Ils ont usé leur avenir.
Amants des roses passagères,
Ils ont les grâces mensongères,
Et le sort des rapides fleurs ;
Leur plus long règne est d'une aurore ;

Mais le temps rajeunit encore
L'antique laurier des neuf Sœurs.

Quoi ! tour-à-tour dieux et victimes,
Le sort fait marcher les talents
Entre l'Olympe et les abîmes,
Entre la satire et l'encens !
Malheur au mortel qu'on renomme.
Vivant, nous blessons le grand homme ;
Mort, nous tombons à ses genoux :
On n'aime que la gloire absente ;
La mémoire est reconnaissante ;
Les yeux sont ingrats et jaloux.

Buffon, dès que rompant ses voiles,
Et fugitive du cercueil,
De ces palais peuplés d'étoiles
Ton âme aura franchi le seuil,
Du sein brillant de l'empyrée
Tu verras la France éplorée
T'offrir des honneurs immortels,
Et le Temps, vengeur légitime,
De l'envie expier le crime,
Et l'enchaîner à tes autels.

Moi, sur cette rive déserte
Et de talents et de vertus,
Je dirai, soupirant ma perte :
Illustre ami, tu ne vis plus !
La nature est veuve et muette !
Elle te pleure ! et son poëte
N'a plus d'elle que des regrets ;
Ombre divine et tutélaire,
Cette lyre qui t'a su plaire
Je la suspends à tes cyprès !

MARIE-JOSEPH CHÉNIER.

Le caractère distinctif de Joseph Chénier, c'est d'avoir été le poëte de la révolution française. Comme auteur dramatique, on lui doit de nombreuses tragédies, qui sont toutes empreintes de l'inspiration républicaine et dont les principales sont : *Charles IX, Henri VIII, Calas, Caïus Gracchus, Fénelon* et *Tibère.* On y trouve quelques belles scènes, des tirades d'une grande vigueur, mais l'auteur tombe à chaque instant dans la déclamation, et sacrifie beaucoup trop la littérature à la politique de circonstance. Outre les tragédies que nous venons de citer, on doit encore à Chénier de nombreuses pièces de vers composées pour les fêtes de la Révolution, et des épîtres et des satires, qui sont, sans aucun doute, la partie la plus brillante et la plus durable de ses œuvres. Il a aussi donné quelques écrits en prose, parmi lesquels on estime particulièrement le *Tableau de la littérature française depuis* 1789. Né à Constantinople en 1764, Joseph Chénier est mort à Paris en 1811.

LA PROMENADE.

Roule avec majesté tes ondes fugitives,
Seine ; j'aime à rêver sur tes paisibles rives,
En laissant comme toi la reine des cités.
Ah ! lorsque la nature à mes yeux attristés,
Le front orné de fleurs, brille en vain renaissante ;
Lorsque du renouveau l'haleine caressante
Rafraîchit l'univers de jeunesse paré
Sans ranimer mon front pâle et décoloré,
Du moins auprès de toi que je retrouve encore
Ce calme inspirateur que le poëte implore,
Et la mélancolie errante au bord des eaux.
Jadis, il m'en souvient, au fond de leurs roseaux,
Tes nymphes répétaient le chant plaintif et tendre
Qu'aux échos de Passy ma voix faisait entendre.
Jours heureux ! Temps lointain, mais jamais oublié,
Où les arts consolants, où la douce amitié,
Et tout ce dont le charme intéresse à la vie,
Egayaient mes destins ignorés de l'envie.
Le soleil affaibli vient dorer ces vallons ;
Je vois Auteuil sourire à ses derniers rayons.
Oh ! que de fois j'errai dans tes belles retraites,
Auteuil ! lieu favori ! lieu saint pour les poëtes !
Que de rivaux de gloire unis sous tes berceaux !
C'est là qu'au milieu d'eux l'élégant Despréaux,
Législateur du goût, au goût toujours fidèle,
Enseignait le bel art dont il offre un modèle.
Là Molière, esquissant ses comiques portraits,
De Chrysale ou d'Arnolphe a dessiné les traits.

LA PROMENADE.

Dans la forêt ombreuse ou le long des prairies,
La Fontaine égarait ses douces rêveries ;
Là Racine évoquait Andromaque et Pyrrhus,
Contre Néron puissant faisait tonner Burrhus,
Peignait de Phèdre en pleurs le tragique délire.
Ces pleurs harmonieux que modulait sa lyre
Ont mouillé le rivage ; et de ses vers sacrés
La flamme anime encor les échos inspirés.

. . . .
. . . .

Le troupeau se rassemble à la voix des bergers ;
J'entends frémir du soir les insectes légers ;
Des nocturnes zéphyrs je sens la douce haleine,
Le soleil de ses feux ne rougit plus la plaine,
Et cet astre plus doux, qui luit au haut des cieux,
Argente mollement les flots silencieux.
Mais une voix qui sort du vallon solitaire
Me dit : « Viens, tes amis ne sont plus sur la terre ;
Viens, tu veux rester libre, et le peuple est vaincu. »
Il est vrai : jeune encor, j'ai déjà trop vécu.
L'espérance lointaine et les vastes pensées
Embellissaient mes nuits tranquillement bercées ;
A mon esprit déçu, facile à prévenir,
Des mensonges riants coloraient l'avenir.
Flatteuse illusion, tu m'es bientôt ravie !
Vous m'avez délaissé, doux rêves de la vie ;
Plaisirs, gloire, bonheur, patrie et liberté,
Vous fuyez loin d'un cœur vide et désenchanté.
Les travaux, les chagrins, ont doublé mes années,
Ma vie est sans couleur, et mes pâles journées
M'offrent de longs ennuis l'enchaînement certain,
Lugubres comme un soir qui n'eut pas de matin.
Je vois le but, j'y touche, et j'ai soif de l'atteindre.
Le feu qui me brûlait a besoin de s'éteindre ;
Ce qui m'en reste encor n'est qu'un morne flambeau
Eclairant à mes yeux le chemin du tombeau.
Que je repose en paix sous le gazon rustique,
Sur les bords du ruisseau pur et mélancolique !
Vous, amis des humains et des champs et des vers,
Par un doux souvenir peuplez ces lieux déserts ;
Suspendez aux tilleuls qui forment ces bocages

Mes derniers vêtements, mouillés de tant d'orages;
Là quelquefois encor daignez vous rassembler :
Là prononcez l'adieu ; que je sente couler
Sur le sol enfermant mes cendres endormies
Des mots partis du cœur et des larmes amies.

ESMÉNARD.

Cet écrivain, député à l'Assemblée nationale, censeur des théâtres et de la librairie sous l'Empire, membre de l'Académie française, est né en 1770 à Pelissanne. Il est mort en 1811, à Fondi, en Italie, d'une chute que fit la voiture dans un précipice où l'entraînèrent les chevaux qui s'étaient emportés. On lui doit les opéras de *Trajan* et de *Fernand Cortès* et le poëme de *la Navigation*, dans lequel se trouvent quelques beaux passages.

LA PRIÈRE DU SOIR A BORD D'UN NAVIRE.

.... Le soleil, sur les ondes calmées,
Touche de l'horizon les bornes enflammées ;
Son disque étincelant, qui semble s'arrêter,
Revêt de pourpre et d'or les flots qu'il va quitter !
Il s'éloigne, et Vesper, commençant sa carrière,
Mêle au jour qui s'éteint sa timide lumière.
J'entends l'airain pieux, dont les sons éclatans
Appellent la prière et divisent le temps.
Pour la seconde fois, le nautonnier fidèle,
Adorant à genoux la puissance éternelle,
Dès que l'astre du jour a brillé dans les airs.
Adresse l'hymne sainte au Dieu de l'univers.
Entre l'homme et le ciel, sur des mers sans rivages,
Un prêtre en cheveux blancs conjure les orages ;
Son zèle des nochers adoucit les travaux,
Épure leur hommage, et console leurs maux.
« Dieu créateur ! dit-il toi dont les mains fécondes
« Dans les champs de l'espace ont suspendu les mondes,
« Dieu des vents et des mers, dont l'œil conservateur
« De l'Océan qui gronde arrête la fureur,
« Et, d'un regard chargé de tes ordres sublimes,
« Suis un frêle vaisseau flottant sur les abîmes,
« Que peuvent devant toi nos travaux incertains ?

« Dieu, que sont les mortels sous tes puissantes mains ?
« Par des vœux suppliants nos alarmes t'implorent ;
« Bénis, Dieu paternel, tes enfants qui t'adorent ;
« Rends-les à leur patrie, à ton culte, à ta loi :
« La force et la vertu ne viennent que de toi.
« Daigne remplir nos cœurs ; éloigne la tempête ;
« Que le sombre ouragan se dissipe et s'arrête
« Devant ces pavillons qui te sont consacrés ;
« Et qu'un jour nos drapeaux, par toi-même sacrés,
« Aux doutes de l'orgueil opposant nos exemples,
« Appellent le respect et la foi dans tes temples ! »
Il dit, et prie encor ; ses chants consolateurs
D'espérance et d'amour pénètrent tous les cœurs :
O spectacle touchant, ravissantes images !
Tandis que l'œil fixé sur un ciel sans nuages,
Du prêtre, dont la voix semble enchaîner les vents,
Les nautonniers émus répètent les accents,
Le couchant a brillé d'une clarté plus pure ;
L'Océan de ses flots apaise le murmure ;
Et seule, interrompant ce calme solennel,
La prière s'élève aux pieds de l'Éternel.

DELILLE.

Il est peu d'écrivains qui aient joui de leur vivant d'une plus grande réputation ; mais, par cela même que l'admiration avait été excessive, la réaction en sens contraire s'est portée aux extrêmes, et Delille, proclamé par ses contemporains l'un de nos plus grands poëtes, n'est guère regardé aujourd'hui que comme l'un de nos plus habiles versificateurs. Il nous semble quant à nous qu'après avoir exagéré l'éloge, on a singulièrement exagéré la critique. Sans doute ses poëmes, exclusivement renfermés dans le genre descriptif et didactique, ne brillent ni par l'invention, ni par la grandeur, ni par la nouveauté du sujet ; ils ressemblent beaucoup trop à une amplification qui tourne toujours autour de la même idée et du même mot, et se perd dans les infiniment petits du détail. Les plans en sont défectueux et froidement arrêtés ; mais, ces réserves faites, il n'en faut pas moins reconnaître que Delille a manié la langue poétique en véritable maître ; quelques-unes de ses descriptions, quelques-uns de ses tableaux, sont empreints de toute la majesté de la grande poésie, et il a su revêtir les sujets les plus familiers des grâces de la plus exquise élégance : il suffit de citer comme preuve les vers sur *le Café*, que nous reproduisons plus loin.

Les œuvres de Delille comprennent deux parties distinctes : des traductions et des poëmes originaux. Les traductions sont celles du *Paradis perdu* de Milton, des *Géorgiques* et de l'*Énéide* de Virgile. Dans le *Paradis perdu*, le traducteur s'est élevé souvent à la hauteur de l'original, et dans les *Géorgiques* il s'est approché du poëte latin aussi près que le permettait l'immense distance qui sépare le génie des deux langues.

Les poëmes originaux de Delille sont : *l'Homme des champs* ou *les Géorgiques françaises* ; — *la Pitié*, courageuse protestation contre les crimes de la Terreur ; — *les Jardins*; — *les Trois Règnes de la nature*; — *la Conversation*; — et *l'Imagination*, la plus brillante de toutes ses œuvres, et celle où il a trouvé l'inspiration la plus soutenue.

Delille était un enfant naturel, abandonné à la commisération publique. Recueilli par des personnes charitables, il reçut une instruction distinguée, et consacra les premières années de sa vie à l'enseignement. La traduction des *Géorgiques*, publiée en 1769, le fit admettre à l'Académie française et au collège de France comme professeur de poésie latine. Il fut arrêté sous la Terreur, émigra sous le Directoire, rentra en France sous le Consulat; et, grâce à ses relations, à l'aménité de son caractère, à ses goûts modestes, à l'admiration qu'il inspirait au pays tout entier, il aurait été heureux de tout le bonheur qu'on peut souhaiter en ce monde si la perte de la vue n'était pas venue affliger son âge mûr. Malgré cette infirmité, il n'en continua pas moins de cultiver les lettres, et d'occuper la première place parmi les poëtes de son temps. Né à Aigueperse en 1738, il mourut en 1813.

LES CATACOMBES DE ROME.

Sous les remparts de Rome, et sous ses vastes plaines,
Sont des antres profonds, des voûtes souterraines
Qui pendant deux mille ans, creusés par les humains,
Donnèrent leurs rochers aux palais des Romains.
Avec ses monuments et sa magnificence,
Rome entière sortit de cet abîme immense.
Depuis, loin des regards et du fer des tyrans,
L'Église encor naissante y cacha ses enfants,
Jusqu'au jour où, du sein de cette nuit profonde,
Triomphante, elle vint donner des lois au monde,
Et marqua de sa croix les drapeaux des Césars.

Jaloux de tout connaître, un jeune amant des arts,

L'amour de ses parents, l'espoir de la peinture,
Brûlait de visiter cette demeure obscure,
De notre antique foi vénérable berceau.
Un fil dans une main et de l'autre un flambeau,
Il entre ; il se confie à ces voûtes nombreuses
Qui croisent en tous sens leurs routes ténébreuses.
Il aime à voir ce lieu, sa triste majesté,
Ce palais de la nuit, cette sombre cité,
Ces temples où le Christ vit ses premiers fidèles,
Et de ces grands tombeaux les ombres éternelles.
Dans un coin écarté se présente un réduit,
Mystérieux asile où l'espoir le conduit :
Il voit des vases saints et des urnes pieuses ;
Des vierges, des martyrs, dépouilles précieuses.
Il saisit ce trésor ; il veut poursuivre : hélas !
Il a perdu le fil qui conduisait ses pas.
Il cherche, mais en vain : il s'égare, il se trouble,
Il s'éloigne, il revient, et sa crainte redouble ;
Il prend tous les chemins que lui montre la peur.

Enfin, de route en route, et d'erreur en erreur,
Dans les enfoncements de cette obscure enceinte,
Il trouve un vaste espace, effrayant labyrinthe,
D'où vingt chemins divers conduisent à l'entour.
Lequel choisir ? lequel doit le conduire au jour ?
Il les consulte tous : il les prend, il les quitte ;
L'effroi suspend ses pas, l'effroi les précipite.
Il appelle : l'écho redouble sa frayeur ;
De sinistres pensers viennent glacer son cœur.
L'astre heureux qu'il regrette a mesuré dix heures
Depuis qu'il est errant dans ces noires demeures.
Ce lieu d'effroi, ce lieu d'un silence éternel,
En trois lustres entiers voit à peine un mortel ;
Et, pour comble d'effroi, dans cette nuit funeste,
Du flambeau qui le guide il voit périr le reste.
Craignant que chaque pas, que chaque mouvement,
En agitant la flamme en use l'aliment,
Quelquefois il s'arrête et demeure immobile.
Vaines précautions ! tout soin est inutile ;
L'heure approche, et déjà son cœur épouvanté
Croit de l'affreuse nuit sentir l'obscurité.

Il marche, il erre encor sous cette voûte sombre,
Et le flambeau mourant fume et s'éteint dans l'ombre.
Il gémit; toutefois d'un souffle haletant,
Le flambeau ranimé se rallume à l'instant.
Vain espoir! par le feu la cire consumée,
Par degré s'abaissant sur la mèche enflammée,
Atteint sa main souffrante, et de ses doigts vaincus
Les nerfs découragés ne la soutiennent plus;
De son bras défaillant enfin la torche tombe,
Et ses derniers rayons ont éclairé sa tombe.
L'infortuné déjà voit cent spectres hideux;
Le délire brûlant, le désespoir affreux,
La mort!... non cette mort qui plaît à la victoire,
Qui vole avec la foudre, et que pare la gloire;
Mais lente, mais horrible, et traînant par la main
La faim qui se déchire et se ronge le sein.
Son sang, à ces pensers, s'arrête dans ses veines.
Et quels regrets touchants viennent aigrir ses peines!
Ses parents, ses amis, qu'il ne reverra plus,
Et ces nobles travaux qu'il laissa suspendus;
Ces travaux qui devaient illustrer sa mémoire,
Qui donnaient le bonheur et promettaient la gloire!
Et celle dont l'amour, celle dont le souris
Fut son plus doux éloge et son plus digne prix!
Quelques pleurs de ses yeux coulent à cette image,
Versés par le regret et séchés par la rage.
Cependant il espère; il pense quelquefois
Entrevoir des clartés, distinguer une voix,
Il regarde, il écoute....Hélas! dans l'ombre immense
Il ne voit que la nuit, n'entend que le silence,
Et le silence ajoute encor à sa terreur.

Alors, de son destin sentant toute l'horreur,
Son cœur tumultueux roule de rêve en rêve;
Il se lève, il retombe, et soudain se relève;
Se traîne quelquefois sur de vieux ossements,
De la mort qu'il veut fuir horribles monuments,
Quand tout à coup son pied trouve un léger obstacle:
Il y porte la main. O surprise! ô miracle!
Il sent, il reconnaît le fil qu'il a perdu;
Et de joie et d'espoir il tressaille éperdu.
Ce fil libérateur, il le baise, il l'adore,

Il s'en assure, il craint qu'il ne s'échappe encore ;
Il veut le suivre, il veut revoir l'éclat du jour.
Je ne sais quel instinct l'arrête en ce séjour.
A l'abri du danger, son âme encor tremblante
Veut jouir de ces lieux et de son épouvante.
A leur aspect lugubre, il éprouve en son cœur
Un plaisir agité d'un reste de terreur ;
Enfin, tenant en main son conducteur fidèle,
Il part, il vole aux lieux où la clarté l'appelle.
Dieux ! quel ravissement quand il revoit les cieux,
Qu'il croyait pour jamais éclipsés à ses yeux !
Avec quel doux transport il promène sa vue
Sur leur majestueuse et brillante étendue !
La cité, le hameau, la verdure, les bois,
Semblent s'offrir à lui pour la première fois ;
Et, rempli d'une joie inconnue et profonde,
Son cœur croit assister au premier jour du monde.

LES RUINES.

Tantôt d'un vieux château s'offre la masse énorme,
Pompeusement bizarre et noblement informe.
Combien de souvenirs ici sont retracés !
J'aime à voir ces glacis, ces angles, ces fossés,
Ces vestiges épars des siéges, des batailles,
Ces boulets qu'arrêta l'épaisseur des murailles.
J'aime à me rappeler ces fameux différends
Des peuples et des rois, des vassaux et des grands,
Des Nemours, des Coucys les amours trop célèbres,
Ces spectres, ces lutins rôdant dans les ténèbres :
Vieux récits, dont le charme, amusant les hameaux,
Abrége la veillée et suspend les fuseaux.
Non, tous les vieux romans de cette Grèce antique,
Sa fabuleuse histoire et sa fable historique
N'offraient rien de si grand, rien de si merveilleux
Que tous les longs récits qu'on nous fait de ces lieux.
. . . .
Là, nos gais troubadours et nos vieux romanciers
Célébraient la tendresse et les exploits guerriers ;
Là, nos fiers paladins, à la gloire fidèles,

Combattaient pour leur Dieu, leur monarque et leurs belles.
Contemplez ces armets, ces casques, ces cuissards,
Des Nemours, des Clissons, des Coucys, des Bayards ;
J'aime à les revêtir de ces armes antiques :
J'y replace leur corps, leurs âmes héroïques.
Je crois les voir encore, et rêve tour à tour
De joutes, de tournois, de féerie et d'amour......

Plus loin une abbaye antique, abandonnée,
Tout à coup s'offre aux yeux de bois environnée.
Quel silence ! C'est là qu'amante du désert,
La méditation avec plaisir se perd
Sous ces portiques saints, où des vierges austères,
Jadis, comme ces feux, ces lampes solitaires
Dont les mornes clartés veillent dans le saint lieu,
Pâles, veillaient, brûlaient, se consumaient pour Dieu.
Le saint recueillement, la paisible innocence,
Semble encor de ces lieux habiter le silence.
La mousse de ces murs, ce dôme, cette tour,
Les arcs de ce long cloître impénétrable au jour,
Les degrés de l'autel usés par la prière,
Ces noirs vitraux, ce sombre et profond sanctuaire,
Où peut-être des cœurs, en secret malheureux,
A l'inflexible autel se plaignaient de leurs nœuds,
Et, pour des souvenirs encor trop pleins de charmes,
A la religion dérobaient quelques larmes ;
Tout parle, tout émeut dans ce séjour sacré :
Là, dans la solitude, en rêvant égaré,
Quelquefois vous croiriez, au déclin d'un jour sombre,
D'une Héloïse en pleurs entendre gémir l'ombre.

LE BONHEUR DES CHAMPS.

Ah ! loin des fiers combats, loin d'un luxe imposteur,
Heureux l'homme des champs, s'il connaît son bonheur !
Fidèle à ses besoins, à ses travaux docile,
La terre lui fournit un aliment facile.
Sans doute il ne voit pas, au retour du soleil,
De leur patron superbe adorant le réveil,
Sous les lambris pompeux de ses toits magnifiques,

Des flots d'adulateurs inonder ses portiques.
Il ne voit pas le peuple y dévorer des yeux
De riches tapis d'or, des vases précieux ;
D'agréables poisons ne brûlent point ses veines ;
Tyr n'altéra jamais la blancheur de ses laines ;
Il n'a point tous ces arts qui trompent notre ennui :
Mais que lui manque-t-il ? la nature est à lui.
Des grottes, des étangs, une claire fontaine
Dont l'onde en murmurant l'endort sous un vieux chêne ;
Un troupeau qui mugit, des vallons, des forêts :
Ce sont là ses trésors, ce sont là ses palais.
C'est dans les champs qu'on trouve une mâle jeunesse ;
C'est là qu'on sert les dieux, qu'on chérit la vieillesse :
La justice, fuyant nos coupables climats,
Sous le chaume innocent porta ses derniers pas.

. . . .

D'autres, la rame en main, tourmenteront la mer,
Ramperont dans les cours, aiguiseront le fer ;
L'avide conquérant, la terreur des familles,
Egorge les vieillards, les mères et les filles
Pour dormir sur la pourpre et pour boire dans l'or ;
L'avare ensevelit et couve son trésor ;
L'orateur au barreau, le poëte au théâtre,
S'enivrent de l'encens d'une foule idolâtre ;
Le frère égorge un frère, et va sous d'autres cieux
Mourir loin des lieux chers qu'habitaient ses aïeux.

Le laboureur en paix coule des jours prospères ;
Il cultive le champ que cultivaient ses pères :
Ce champ nourrit l'Etat, ses enfants, ses troupeaux,
Et ses bœufs, compagnons de ses heureux travaux.
Ainsi que les saisons sa richesse varie :
Ses agneaux, au printemps, peuplent sa bergerie ;
L'été remplit sa grange, affaisse ses greniers ;
L'automne d'un doux poids fait gémir ses paniers ;
Et les derniers soleils, sur les côtes vineuses,
Achèvent de mûrir les grappes paresseuses.

L'hiver vient, mais pour lui l'automne dure encor :
Les bois donnent leurs fruits, l'huile coule à flots d'or.
Cependant ses enfants, ses premières richesses,

A son cou suspendus, disputent ses caresses.
Chez lui de la pudeur tout respecte les lois ;
Le lait de ses troupeaux écume dans ses doigts ;
Et ses chevreaux, tout fiers de leur corne naissante,
Se font en bondissant une guerre innocente.

Les fêtes, je le vois partager ses loisirs
Entre un culte pieux et d'utiles plaisirs ;
Il propose des prix à la force, à l'adresse :
L'un déploie en luttant sa nerveuse souplesse ;
L'autre frappe le but d'un trait victorieux,
Et d'un cri triomphant fait retentir les cieux.

Ainsi les vieux Sabins vivaient dans l'innocence ;
Ainsi des fiers Toscans s'agrandit la puissance ;
Ainsi Rome, aujourd'hui reine des nations,
Seule en sa vaste enceinte a renfermé sept monts ;
Même avant Jupiter, avant que l'homme impie
Du sang des animaux osât souiller sa vie,
Ainsi vivait Saturne : alors d'affreux soldats
Au bruit des fiers clairons ne s'entr'égorgeaient pas,
Et le marteau pesant sur l'enclume bruyante
Ne forgeait point encor l'épée étincelante.

LES FOURMIS.

Souvent aussi l'instinct varie avec les lieux:
Comparez ces fourmis, moins dignes de nos yeux,
Méconnaissant les arts de la paix, de la guerre,
Durant l'hiver entier sommeillant sous la terre,
Mais qui rôdent sans cesse, et d'un amas de grains
Remplissent à l'envi leurs greniers souterrains,
A ces nobles fourmis dont se vante l'Afrique,
En trois classes rangeant leur sage république ;
Peuple heureux d'ouvriers, de nobles, de soldats.
Que de grands monuments dans leurs petits États !
De leurs toits, dont dix pieds nous donnent la mesure,
Les yeux aiment à voir la ferme architecture ;
Sur le cône aplati le buffle quelquefois
Guette pour l'éviter le fier tyran des bois.
Au-dedans quelle heureuse et savante industrie

De leurs compartiments règle la symétrie,
Aligne leur cité, dessine leurs maisons,
Leurs escaliers tournants et leurs solides ponts,
Qui, partout présentant de faciles passages,
Pour alléger leur peine abrégent leurs voyages !
Au centre, tout entière à la postérité,
Et mêlant la grandeur à la captivité,
Leur noble souveraine, en une paix profonde,
Ne quitte point sa couche incessamment féconde,
Et par son ventre énorme et son énorme poids
Surpasse ses sujets un million de fois.
Quatre-vingt mille enfants la connaissent pour mère :
Au fond de son palais, auguste sanctuaire,
Des serviteurs choisis entre tous ses sujets
Dans sa chambre royale ont seuls un libre accès.
Leur foule emplit ses murs, et par une humble porte
Déposent en leur lieu les œufs qu'elle transporte.
L'ordre règne partout ; épars de tout côté
Leurs riches magasins entourent la cité.
Ailleurs sont élevés les enfants de la reine ;
La cour habite enfin près de sa souveraine :
Le voyageur, de loin découvrant leurs travaux,
D'une heureuse peuplade a cru voir les hameaux.
O Nil ! ne vante plus ces masses colossales,
Des sommets abyssins orgueilleuses rivales ;
L'insecte constructeur est plus grand à mes yeux
Que l'homme amoncelant ces rocs audacieux ;
Et, quand une fourmi bâtit des pyramides,
Nos arts semblent bornés et nos travaux timides.

LES ABEILLES.

Mais quel bourdonnement a frappé mes oreilles !
Ah ! je les reconnais mes aimables abeilles.
Cent fois on a chanté ce peuple industrieux ;
Mais comment sans transport voir ces filles des cieux ?
Quel art bâtit leurs murs, quel travail peut suffire
A ces trésors de miel, à ces amas de cire ?
Je ne vous dirai point leurs combats éclatants,
Si la mort est donnée à l'un des combattants,

Si ce peuple est régi par une seule reine,
S'il peut d'un ver commun créer sa souveraine,
Si leur cité contient trois peuples à la fois,
Époux, reine, ouvrière, hôtes des mêmes toits,
D'autres décideront : mais leur noble industrie,
Mais ces hardis calculs de leur géométrie,
Leurs fonds pyramidaux savamment compassés,
En six angles égaux leurs bâtiments tracés,
Cette forme, élégante autant que régulière,
Qui ménage l'espace autant que la matière,
Cette reine étonnante en sa fécondité,
Qui seule tous les ans fait sa postérité,
Et les profonds respects de son peuple qui l'aime,
Sont toujours un prodige, et non pas un problème.
Aussi de nos savants le regard curieux
Souvent pour une ruche abandonne les cieux.
Les Huber, les Réaumur, ont décrit ces merveilles,
Et le chantre d'Auguste a chanté les abeilles.

LE CAFÉ.

Il est une liqueur au poëte plus chère,
Qui manquait à Virgile et qu'adorait Voltaire.
C'est toi, divin café, dont l'aimable liqueur,
Sans altérer la tête épanouit le cœur.
Aussi, quand mon palais est émoussé par l'âge,
Avec plaisir encor je goûte ton breuvage.
Que j'aime à préparer ton nectar précieux !
Nul n'usurpe chez moi ce soin délicieux.
Sur le réchaud brûlant moi seul tournant ta graine,
A l'or de ta couleur fais succéder l'ébène ;
Moi seul contre la noix, qu'arment ses dents de fer,
Je fais, en le broyant, crier ton fruit amer.
Charmé de ton parfum, c'est moi seul qui dans l'onde
Infuse à mon foyer ta poussière féconde ;
Qui, tour à tour calmant, excitant les bouillons,
Suis d'un œil attentif tes légers tourbillons.
Enfin de ta liqueur lentement reposée
Dans le vase fumant la lie est déposée ;
Ma coupe, ton nectar, le miel américain,

Que du suc des roseaux exprima l'Africain,
Tout est prêt : du Japon l'émail reçoit tes ondes,
Et seul tu réunis les tributs des deux mondes.
Viens donc, divin nectar, viens donc, inspire-moi :
Je ne veux qu'un désert, mon Antigone et toi.
A peine j'ai senti ta vapeur odorante,
Soudain de ton climat la chaleur pénétrante
Réveille tous mes sens ; sans trouble, sans chaos,
Mes pensers plus nombreux accourent à grands flots.
Mon idée était triste, aride, dépouillée ;
Elle rit, elle sort richement habillée ;
Et je crois, du génie éprouvant le réveil,
Boire dans chaque goutte un rayon de soleil.

LE COIN DU FEU.

Le foyer des plaisirs est la source féconde ;
Il fixe doucement notre humeur vagabonde,
Au retour du printemps, de nos toits échappés,
Nous portons en tous lieux nos esprits dissipés ;
Le printemps nous disperse, et l'hiver nous rallie ;
Auprès de nos foyers, notre âme recueillie
Goûte ce doux commerce à tous les cœurs si cher ;
Oui, l'instinct social est enfant de l'hiver.
En cercle un même attrait rassemble autour de l'âtre
La vieillesse conteuse et l'enfance folâtre.
Là courent à la ronde et les propos joyeux,
Et la vieille romance, et les aimables jeux.
Là, se dédommageant de ses longues absences,
Chacun vient retrouver ses vieilles connaissances....

Suis-je seul, je me plais encore au coin du feu.
De nourrir mon brasier mes mains se font un jeu ;
J'agace mes tisons ; mon adroit artifice
Reconstruit de mon feu l'élégant édifice :
J'éloigne, je rapproche, et du hêtre brûlant
Je corrige le feu trop rapide ou trop lent.
Chaque fois que j'ai pris mes pincettes fidèles,
Partent en pétillant des milliers d'étincelles ;
J'aime à voir s'envoler leurs légers bataillons ;
Que m'importent du nord les fougueux tourbillons ?

La neige, les frimas qu'un froid piquant resserre
En vain sifflent dans l'air, en vain battent la terre.
Quel plaisir, entouré d'un double paravent,
D'écouter la tempête et d'insulter au vent !
Qu'il est doux, à l'abri du toit qui me protége,
De voir à gros flocons s'amonceler la neige !
Leur vue à mon foyer prête un nouvel appas :
L'homme se plaît à voir les maux qu'il ne sent pas......

Tantôt environné d'auteurs que je chéris,
Je prends, quitte et reprends mes livres favoris ;
A leur feu tout à coup ma verve se rallume,
Soudain sur le papier je laisse errer ma plume,
Et goûte, retiré dans mon heureux réduit,
L'étude, le repos, le silence et la nuit.
Tantôt, prenant en main l'écran géographique,
D'Amérique en Asie, et d'Europe en Afrique,
Avec Cook et Forster, dans cet espace étroit,
Je cours plus d'une mer, franchis plus d'un détroit,
Chemine sur la terre, et navigue sur l'onde,
Et fais, dans mon fauteuil, le voyage du monde.

DUCIS.

Sincèrement religieux et sans ambition, Ducis eut le noble désir de consacrer son talent à propager l'amour du devoir et de la vertu. « S'il m'est donné, disait-il, d'être un peu utile à mon pays, ce ne « peut être qu'en mettant en action quelques-unes de ces grandes « vérités morales qui peuvent rendre les hommes meilleurs, vérités « que la réflexion saisit bien dans un livre, mais que le théâtre rend « vivantes en parlant à l'âme et aux yeux. » Le but qu'il se proposait fut atteint, car toutes ses œuvres dramatiques respirent une morale pure et des sentiments élevés. — Il emprunta au poëte anglais Shakspeare le sujet des tragédies d'*Hamlet, Roméo et Juliette, Macbeth, Otello, le Roi Lear*, qu'il traduisit si brillamment sur notre scène. On lui doit aussi *OEdipe chez Admète* et *Abufar*, qui renferment de grandes beautés, des *Mémoires* intéressants sur sa vie et un assez grand nombre de poésies légères. — « Ducis, dit « M. Villemain, était un de ces hommes les plus faits pour frapper « l'imagination et laisser un long souvenir. Il n'avait rien du monde; « il ne s'inquiétait pas de toutes les petites affaires, de toutes les « petites ambitions de la vie. Sauvage et doux, poëte au plus haut

« degré, n'ayant besoin de rien pour être poëte, il a chanté les plai-
« sirs de la campagne, du fond de sa petite maison, dans une rue
« de Versailles ; c'était là qu'il rêvait, dans sa poésie inculte, cette
« nature pittoresque, négligée, qui lui plaît et qui lui ressemble. »
— Il était né à Versailles en 1733, et mourut le 30 mars 1816.

ŒDIPE CHEZ ADMÈTE.
FRAGMENT.

ŒDIPE, POLYNICE, ANTIGONE.

Polynice et Etéocle, fils d'Œdipe, roi de Thèbes, avaient chassé leur père pour s'emparer de son trône. Seule, sa fille Antigone ne l'avait pas abandonné. Exilé et errant de royaume en royaume, il vient en Thessalie, où il retrouve Polynice, qui implore son pardon et l'obtient. Il fait part à ses enfants de la résolution qu'il a prise de mourir à la place d'Admète, roi de Thessalie, qu'un oracle condamnait à être immolé aux Euménides.

OEDIPE.

Mes enfants,
Point de cris, point de pleurs : et je vous les défends.
Polynice, en tes bras je remets Antigone :
C'est ta sœur... c'est la mienne... et je te l'abandonne.
Je vais bientôt mourir : elle n'a plus que toi.
Fais pour elle, mon fils, ce qu'elle a fait pour moi.
Hélas ! depuis qu'au jour j'ai fermé ma paupière,
Ses yeux n'ont pas cessé de veiller sur ton père.
Elle a guidé mes pas, sans plaintes, sans regrets,
Sur les rochers déserts, dans le fond des forêts,
Quand le soleil brûlant dévorait les campagnes,
Quand les vents orageux grondaient sur les montagnes,
N'entendant autour d'elle, à la fleur de ses ans,
Que les sanglots d'un père et le bruits des torrents.
Et si dans le sommeil quelque songe exécrable,
M'offrant de mes destins la suite épouvantable,
Me réveillait soudain avec des cris d'effroi,
Elle essuyait mes pleurs, ou pleurait avec moi.

POLYNICE.

Ah ! ne me parlez pas de ses soins magnanimes ;
En peignant ses vertus, vous peignez tous mes crimes.
Que le cercueil déjà ne m'a-t-il englouti !

OEDIPE.

As-tu donc oublié que tu t'es repenti?
Vis pour chérir ta sœur, et renonce à l'empire.

POLYNICE.

Il est une autre gloire où mon courage aspire.
Dieux! quel espoir me luit! je crois, ma sœur, je crois
Respirer l'innocence, et m'égaler à toi.
Va, je ne craindrai plus que ce sang qui m'anime
Même au sein des remords ne me rengage au crime ;
Et voici, pour mon cœur si longtemps agité,
Le plus heureux moment qu'il ait jamais goûté.

. . . .

OEDIPE, ANTIGONE.

OEDIPE.

. . . .
Conduis mes pas, ma fille, au fond du sanctuaire.

ANTIGONE.

Chercheriez-vous la mort? Où courez-vous, mon père?
Vous me faites frémir.

OEDIPE.

     Ma fille, que dis-tu?
Où serait sans la mort l'espoir de la vertu?
Va, l'immortalité, quand le juste succombe,
Comme un astre naissant se lève sur sa tombe.
J'irai, du Cythéron remontant vers les cieux,
Sur le malheur de l'homme interroger les dieux :
Marchons. . . . .

. . . .
O mort, entends ma voix! Grands dieux, apaisez-vous!
J'ai mérité l'honneur de suspendre vos coups.
Du trône en expirant j'emporterai l'offense :
Mourir pour ces époux, voilà ma récompense ;
Vous m'avez réservé pour ce noble trépas.
Mais le marbre s'ébranle, il frémit sous mes pas.
Quel rayon descendu sur ces autels funèbres
Me luit confusément à travers les ténèbres?

Grands dieux! par vous bientôt mon âme va s'ouvrir
A ce jour éternel qui doit tout découvrir.
L'ouvrage est accompli, je peux quitter la terre.
A mes yeux étonnés vous rendez la lumière;
Votre éclat immortel m'offre un séjour nouveau.
Vous allez en autel convertir mon tombeau.
Tout fuit; le temps n'est plus; je meurs, je vais renaître.
Je vous suis, je vous vois; vous daignez m'apparaître.
Votre calme éternel succède à mon effroi;
Et Thèbe et Cythéron sont déjà loin de moi. . .
. . . .
... Que ta douleur, ma fille, se dissipe.
Est-ce au moment qu'il meurt qu'on doit pleurer Œdipe?
J'ai prouvé, grâce au ciel, sans en être abattu,
Qu'il n'est point de malheur où survit la vertu.
Mais je sens que mon âme, en dédaignant la terre
A l'approche des dieux s'agrandit et s'éclaire.
Il est temps que, sans crainte, oubliant ses forfaits,
Œdipe dans leur sein se repose à jamais.
Antigone, tu sais si mon cœur te regrette.
Enfin, le ciel m'inspire. Approchez-vous, Admète.
Je vous lègue en mourant, pour protéger ces lieux,
Et ma fille, et ma cendre, et la faveur des cieux.
Et vous, dieux tout-puissants, si vous daignez m'absoudre,
Annoncez mon pardon par le bruit de la foudre;
Consumez dans ses feux votre Œdipe à genoux.
Il s'offre, il vous implore; il est digne de vous;
Soixante ans de malheurs ont paré la victime...
Mais quel nouveau transport me saisit et m'anime!
Mon esprit se dégage; il n'est plus arrêté;
Je tombe, et je m'élève à l'immortalité.

LA GRANDE-CHARTREUSE (1).

Quel calme! quel désert! Dans une paix profonde
Je n'entends plus mugir les orages du monde.

---

(1) Monastère fondé à la fin du XI siècle, auprès de Grenoble, par saint Bruno. Son nom de Grande-Chartreuse lui vient du village de Chartreuse, et c'est de là que les moines de l'ordre de Saint-Bruno ont pris le nom de Chartreux.

Le monde a disparu, le temps s'est arrêté;
Commences-tu pour moi, terrible éternité?
Ah! je sens que déjà, dans cette auguste enceinte,
Un Dieu consolateur daigne apaiser ma crainte.
Je le sais, c'est un père, il chérit les humains.
Pourquoi briserait-il l'ouvrage de ses mains?
C'est lui qui m'a formé dans le sein de ma mère;
Il veut mon repentir, mais il veut que j'espère.
O toi qui sur ces monts blanchis par les hivers
Vins chercher les frimas, un tombeau, des déserts,
Et qui, volant plus haut, par ton amour extrême,
Semblais, voisin du ciel, habiter le ciel même,
Que j'aime à voir tes pas empreints dans ces saints lieux!
Le berceau de ton ordre est caché dans les cieux;
C'est là que, du Seigneur répétant les louanges,
La voix de tes enfants s'unit au chœur des anges.
Là, de ses faux plaisirs, par le siècle égaré,
Le voyageur pensif a souvent soupiré.
Ces rochers, ces sapins, ce torrent solitaire,
Tout parle, tout m'instruit à mépriser la terre,
La terre où le bonheur est un fruit étranger
Que toujours quelque ver en secret vient ronger;
Partout de la douleur j'y trouvai les images :
L'amour a ses tourments, l'amitié ses outrages.
Que de désirs trompés, de travaux superflus!
Vous qui, vivant pour Dieu, mourez dans ces retraites,
Heureux qui vient vous voir dans le port où vous êtes;
Mais plus heureux cent fois celui qui n'en sort plus.

STANCES (1).

Heureuse solitude,
Seule béatitude,
Que votre charme est doux!
De tous les biens du monde,
Dans ma grotte profonde,
Je ne veux plus que vous!

(1) Ducis écrivit ces stances peu de jours avant sa mort. Il disait dans une de ses lettres à Lemercier : « Pourvu que mon vrai moi « vive, il y a un autre moi que j'abandonne. L'air de ce globe n'est « pas bon; ce soleil-ci n'est pas le véritable, je m'attends à mieux. »

Qu'un vaste empire tombe,
Qu'est-ce au loin pour ma tombe
Qu'un vain bruit qui se perd ;
Et les rois qui s'assemblent,
Et leurs sceptres qui tremblent,
Que les jours du désert?

Mon Dieu! ta croix que j'aime,
En mourant à moi-même,
Me fait vivre pour toi.
Ta force est ma puissance,
Ta grâce ma défense,
Ta volonté ma loi.

Déchu de l'innocence,
Mais par la pénitence
Encor cher à tes yeux,
Triomphant par tes armes,
Baptisé par mes larmes,
J'ai reconquis les cieux.

Souffrant octogénaire,
Le jour pour ma paupière
N'est qu'un brouillard confus.
Dans l'ombre de mon être
Je cherche à reconnaître
Ce qu'autrefois je fus.

O mon père! ô mon guide !
Dans cette Thébaïde
Toi qui fixas mes pas,
Voici ma dernière heure :
Fais, mon Dieu, que je meure
Couvert de ton trépas!

Paul, ton premier ermite,
Dans ton sein qu'il habite,
Exhala ses cent ans.
Je suis prêt; frappe, immole,
Et qu'enfin je m'envole
Au séjour des vivants.

MILLEVOYE.

Charles Hubert Millevoye naquit à Abbeville le 24 décembre 1782, et mourut à Paris le 26 août 1816. Dès son enfance il manifesta son amour pour les lettres, et n'avait que treize ans quand il composa ses premières poésies, dont plusieurs figurent dans le recueil de ses œuvres. Il essaya presque tous les genres, publia des poëmes, des satires, des traductions en vers, mais il réussit surtout dans l'élégie. Ses œuvres sont empreintes d'un goût pur et d'une sensibilité exquise, ses élégies d'une douce mélancolie.

« Son souvenir, dit M. Sainte-Beuve, est resté intéressant et cher; ce qui a suivi de brillant ne l'a pas effacé. Toutes les fois qu'on a à parler des derniers éclats harmonieux d'une voix puissante qui s'éteint, on rappelle le chant du cygne, a dit Buffon. Toutes les fois qu'on aura à parler des premiers accords doucement expirants, signal d'un chant plus mélodieux, le nom de Millevoye se présentera. Il a sa place assurée dans l'histoire de la poésie française, et sa *Chute des feuilles* en marque un moment. » Il convient d'ajouter que parmi les poëtes modernes, Millevoye est par le style l'un des plus accomplis.

FRAGMENT (1).

Il est un dieu qui préside aux campagnes,
Dieu des coteaux, des bois et des vergers;
Il règne assis sur les hautes montagnes,
Et ne reçoit que les vœux des bergers,
Que les présents de leurs douces compagnes.
A son signal d'aimables messagers,
Prenant l'essor, vont couvrir de leur aile
La fleur naissante ou la tige nouvelle.
A la clarté des célestes flambeaux,
Il veille au loin. Famille des oiseaux,
Il recommande aux brises du bocage
De balancer vos paisibles berceaux
Dans la fraîcheur du mobile feuillage.
Il ne veut pas que le froid aquilon

---

(1) Ce morceau est emprunté à la charmante pièce intitulée : *Le bois détruit.*

Avant le temps jaunisse les fougères ;
Il ne veut pas que les lis du vallon
Tombent foulés sous le pied des bergères......

LA CHUTE DES FEUILLES.

De la dépouille de nos bois
L'automne avait jonché la terre ;
Le bocage était sans mystère,
Le rossignol était sans voix.
Triste et mourant, à son aurore,
Un jeune malade, à pas lents,
Parcourait une fois encore
Le bois cher à ses jeunes ans :
« Bois que j'aime! adieu... je succombe;
« Votre deuil me prédit mon sort;
« Et dans chaque feuille qui tombe
« Je vois un présage de mort.
« Fatal oracle d'Épidaure,
« Tu m'as dit : Les feuilles des bois
« A tes yeux jauniront encore,
« Mais c'est pour la dernière fois.
« L'éternel cyprès t'environne :
« Plus pâle que la pâle automne,
« Tu t'inclines vers le tombeau.
« Ta jeunesse sera flétrie
« Avant l'herbe de la prairie,
« Avant les pampres du coteau.
« Et je meurs!... De leur froide haleine
« M'ont touché les sombres autans :
« Et j'ai vu comme une ombre vaine
« S'évanouir mon beau printemps.
« Tombe, tombe, feuille éphémère!
« Voile aux yeux ce triste chemin ;
« Cache au désespoir de ma mère
« La place où je serai demain...... »
Il dit, s'éloigne... et sans retour!
La dernière feuille qui tombe
A signalé son dernier jour.
Sous le chêne on creusa sa tombe...
Sa mère peu de temps hélas!

Visita la pierre isolée;
Et le pâtre de la vallée
Troubla seul du bruit de ses pas
Le silence du mausolée (1).

LA FLEUR.

Fleur mourante et solitaire,
Qui fus l'honneur du vallon,
Tes débris jonchent la terre,
Dispersés par l'aquilon.

La même faux nous moissonne,
Nous cédons au même dieu :
Une feuille t'abandonne,
Un plaisir nous dit adieu.

Chaque jour le temps nous vole
Un goût, une passion ;
Et chaque instant qui s'envole
Emporte une illusion.

L'homme, perdant sa chimère,
Se demande avec douleur :
Quelle est la plus éphémère
De la vie ou de la fleur?

---

(1) Millevoye a publié plusieurs versions de cette pièce. Nous en avons pris la fin dans l'édition en deux volumes in-8°, qui a paru en 1833. Le poëte, dans la touchante élégie que l'on vient de lire, pleurait en quelque sorte sa propre destinée; le sentiment de sa fin prochaine s'est encore révélé dans quelques autres pièces, telles que le *Poëte mourant*, l'une des belles élégies de notre langue, donc voici les deux premières strophes :

> Le poëte chantait : de sa lampe fidèle
> S'éteignaient par degrés les rayons pâlissants :
> Et lui prêt à mourir comme elle
> Exhalait ces tristes accents :
> La fleur de ma vie est fanée ;
> Il fut rapide, mon destin.
> De mon orageuse journée
> Le soir touche presqu'au matin..., etc.
> . . . .
> Le poëte chantait, quand sa lyre fidèle
> S'échappa tout à coup de sa débile main.
> Il s'éteignit le lendemain.

CHÊNEDOLLÉ.

L'œuvre capitale de cet écrivain est un poëme intitulé le *Génie de l'homme*, dans lequel on trouve de belles pensées et de beaux vers. On lui doit encore des *Etudes poétiques* et quelques écrits en prose qui se distinguent par d'excellents principes littéraires. Né à Vire en 1769, Chênedollé quitta la France au moment de la révolution. Il s'empressa d'y revenir après le 18 brumaire, qui plaça le général Bonaparte à la tête des affaires, et fit rentrer dans leur patrie la plupart de ceux que la terreur en avait chassés. Après avoir rempli les fonctions d'inspecteur de l'académie de Caen, et plus tard celles d'inspecteur général de l'université, Chênedollé mourut en 1833.

LE VOYAGEUR ÉGARÉ DANS LES NEIGES DU SAINT-BERNARD.

La neige au loin accumulée
En torrents épaissis tombe du haut des airs,
Et sans relâche amoncelée
Couvre du Saint-Bernard les vieux sommets déserts.

Plus de routes, tout est barrière ;
L'ombre accourt, et déjà, pour la dernière fois,
Sur la cime inhospitalière
Dans les vents de la nuit l'aigle a jeté sa voix.

A ce cri d'effroyable augure,
Le voyageur transi n'ose plus faire un pas ;

La même note de poétique et douloureux attendrissement se retrouve encore dans la romance intitulée : *Priez pour moi*, composée par le poëte huit jours avant sa mort. En voici encore la première strophe :

Dans la solitaire bourgade
Rêvant à ses maux tristement
Languissait un pauvre malade
D'un long mal qui va consumant.
Il disait : Gens de la chaumière,
Voici l'heure de la prière
Et les tintements du beffroi :
Vous, qui priez, priez pour moi.

Millevoye n'a fait que quelques romances, mais ce sont les chefs-d'œuvre du genre.

Mourant, et vaincu de froidure,
Au bord d'un précipice il attend le trépas.

Là, dans sa dernière pensée,
Il songe à son épouse, il songe à ses enfants ;
Sur sa couche affreuse et glacée
Cette image a doublé l'horreur de ses tourments.

C'en est fait ; son heure dernière
Se mesure pour lui dans ces terribles lieux,
Et chargeant sa froide paupière,
Un funeste sommeil déjà cherche ses yeux.

Soudain, ô surprise ! ô merveille !
D'une cloche il a cru reconnaître le bruit ;
Le bruit augmente à son oreille ;
Une clarté subite a brillé dans la nuit.

Tandis qu'avec peine il écoute,
A travers la tempête un autre bruit s'entend :
Un chien jappe, et s'ouvrant la route,
Suivi d'un solitaire, approche au même instant.

Le chien, en aboyant de joie,
Frappe du voyageur les regards éperdus :
La mort laisse échapper sa proie,
Et la charité compte un miracle de plus.

ANDRIEUX.

Le caractère le plus sympathique, l'esprit le plus aimable et le plus vif, la vie la plus honorable avaient fait d'Andrieux, au milieu de la société de son temps, une sorte de type à part, plein de bonhomie et de fine malice, et qui par certains côtés rappelait la Fontaine. Peu d'hommes ont été plus honorés et plus aimés, et dans les nombreuses fonctions qu'il a remplies il n'a laissé que de bons souvenirs. Avocat avant la révolution, il fut successivement juge au tribunal de cassation, membre du conseil des Cinq-Cents, professeur de littérature à la faculté des lettres de Paris, et membre de l'Académie française. On lui doit des comédies charmantes, dont l'une, entre autres, les *Etourdis*, jouée en 1787, est un véritable petit modèle de gaieté et d'esprit, et des contes philosophiques et satiriques, en vers et en prose, qui ont obtenu une légitime popularité. Né à Strasbourg en 1759, Andrieux est mort à Paris en 1833.

LE MEUNIER DE SANS-SOUCI.

L'homme est, dans ses écarts, un étrange problème.
Qui de nous en tous temps est fidèle à soi-même?
Le commun caractère est de n'en point avoir :
Le matin incrédule, on est dévot le soir.
Tel s'élève et s'abaisse, au gré de l'atmosphère,
Le liquide métal balancé sous le verre.
L'homme est bien variable; et ces malheureux rois,
Dont on dit tant de mal, ont du bon quelquefois.
J'en conviendrai sans peine, et ferai mieux encore ;
J'en citerai pour preuve un trait qui les honore :
Il est de ce héros, de Frédéric second,
Qui, tout roi qu'il était, fut un penseur profond......

Il voulait se construire un agréable asile,
Où, loin d'une étiquette arrogante et futile,
Il pût, non végéter, boire et courir des cerfs,
Mais des faibles humains méditer les travers,
Et, mêlant la sagesse à la plaisanterie,
Souper avec d'Argens, Voltaire et la Mettrie.

Sur le riant coteau par le prince choisi
S'élevait le moulin du meunier Sans-souci.
Le vendeur de farine avait pour habitude
D'y vivre au jour le jour, exempt d'inquiétude;
Et, de quelque côté que vînt souffler le vent,
Il y tournait son aile, et s'endormait content.

Fort bien achalandé, grâce à son caractère,
Le moulin prit le nom de son propriétaire;
Et des hameaux voisins, les filles, les garçons
Allaient à Sans-souci pour danser aux chansons.
Sans-souci !... ce doux nom d'un favorable augure
Devait plaire aux amis des dogmes d'Épicure.
Frédéric le trouva conforme à ses projets,
Et du nom d'un moulin honora son palais.

Hélas ! est-ce une loi sur notre pauvre terre
Que toujours deux voisins auront entre eux la guerre;
Que la soif d'envahir et d'étendre ses droits
Tourmentera toujours les meuniers et les rois?

En cette occasion le roi fut le moins sage;
Il lorgna du voisin le modeste héritage.

On avait fait des plans, fort beaux sur le papier,
Où le chétif enclos se perdait tout entier.
Il fallait, sans cela, renoncer à la vue,
Rétrécir les jardins, et masquer l'avenue.
Des bâtiments royaux l'ordinaire intendant
Fit venir le meunier, et d'un ton important :

« Il nous faut ton moulin ; que veux-tu qu'on t'en donne ?
— Rien du tout, car j'entends ne le vendre à personne.
Il vous faut, est fort bon... mon moulin est à moi...
Tout aussi bien, au moins, que la Prusse est au roi.
— Allons, ton dernier mot, bonhomme, et prends-y garde.
— Faut-il vous parler clair ? — Oui. — C'est que je le garde :
Voilà mon dernier mot. » Ce refus effronté
Avec un grand scandale au prince est raconté.
Il mande auprès de lui le meunier indocile,
Presse, flatte, promet ; ce fut peine inutile,
Sans-souci s'obstinait. « Entendez la raison,
Sire, je ne peux pas vous vendre ma maison :
Mon vieux père y mourut, mon fils y vient de naître ;
C'est mon Potsdam, à moi. Je suis tranchant peut-être :
Ne l'êtes-vous jamais ? Tenez, mille ducats,
Au bout de vos discours, ne me tenteraient pas.
Il faut vous en passer, je l'ai dit, j'y persiste. »

Les rois malaisément souffrent qu'on leur résiste.
Frédéric un moment par l'humeur emporté :
« Parbleu ! de ton moulin c'est bien être entêté ;
Je suis bon de vouloir t'engager à le vendre :
Sais-tu que sans payer je pourrais bien le prendre ?
Je suis le maître. — Vous !... de prendre mon moulin ?
Oui, si nous n'avions pas des juges à Berlin. »

Le monarque, à ce mot, revient de son caprice.
Charmé que sous son règne on crût à la justice,
Il rit, et se tournant vers quelques courtisans :
« Ma foi, messieurs, je crois qu'il faut changer nos plans.
Voisin, garde ton bien ; j'aime fort ta réplique. »
Qu'aurait-on fait de mieux dans une république ?

Le plus sûr est pourtant de ne pas s'y fier :
Ce même Frédéric, juste envers un meunier,
Se permit maintes fois telle autre fantaisie :
Témoin ce certain jour qu'il prit la Silésie ;
Qu'à peine sur le trône, avide de lauriers,
Epris du vain renom qui séduit les guerriers,
Il mit l'Europe en feu. Ce sont là jeux de prince :
On respecte un moulin, on vole une province.

LE RAT DE VILLE ET LE RAT DES CHAMPS.

Certain rat de campagne, en son modeste gîte,
De certain rat de ville eut un jour la visite,
Ils étaient vieux amis : quel plaisir de se voir !
Le maître du logis veut, selon son pouvoir,
Régaler l'étranger : il vivait de ménage,
Mais donnait de bon cœur, comme on donne au village.
Il va chercher au fond de son garde-manger
Du lard qu'il n'avait pas achevé de ronger,
Des noix, des raisins secs. Le citadin à table
Mange du bout des dents, trouve tout détestable.
« Pouvez-vous bien, dit-il, végéter tristement
Dans un trou de campagne, enterré tout vivant ?
Croyez-moi, laissez là cet ennuyeux asile,
Venez voir de quel air nous vivons à la ville :
Hélas ! nous ne faisons que passer ici-bas ;
Les rats, petits et grands, marchent tous au trépas.
Ils meurent tout entiers, et leur philosophie
Doit être de jouir d'une si courte vie,
D'y chercher le plaisir : qui s'en passe est bien fou. »

L'autre, persuadé, saute hors de son trou.
Vers la ville à l'instant ils trottent côte à côte ;
Ils arrivent de nuit : la muraille était haute ;
La porte était fermée : heureusement nos gens
Entrent sans être vus ; sous le seuil se glissant,
Dans un riche logis nos voyageurs descendent ;
A la salle à manger promptement ils se rendent.
Sur un buffet ouvert trente plats desservis
Du souper de la veille étalaient les débris.

L'habitant de la ville, aimable et plein de grâce,
Introduit son ami, fait les honneurs, le place;
Et puis, pour le servir, sur le buffet trottant,
Apporte chaque mets, qu'il goûte en l'apportant.

Le campagnard, charmé de sa nouvelle aisance,
Ne songeait qu'au plaisir et qu'à faire bombance,
Lorsqu'un grand bruit de porte épouvante nos rats.
Ils étaient au buffet, ils se jettent en bas,
Courent, mourant de peur, tout autour de la salle :
Pas un trou !... De vingt chats une bande infernale
Par de longs miaulements redouble leur effroi.
— « Oh! oh! ce n'est pas là ce qu'il me faut, à moi,
Dit le bon campagnard : mon humble solitude
Me garantit du bruit et de l'inquiétude ;
Là, je n'ai rien à craindre ; et, si je mange peu,
J'y mange en paix du moins, et j'y retourne... Adieu. »

ARNAULT.

Cet écrivain, à qui l'on doit de nombreuses tragédies, des fables, une *Vie de Napoléon* et de curieux *Mémoires*, naquit à Paris en 1766. Employé à la cour avant la révolution, il émigra après la journée du dix août, fut ensuite attaché à la personne du premier consul, qui avait pour lui une affection particulière, et qui l'appela à diverses fonctions administratives importantes. Après la chute de l'empire, il fut exilé par les Bourbons et ne rentra en France qu'en 1819. L'Académie française, où il avait été reçu en 1829, le nomma en 1833 son secrétaire perpétuel; il mourut l'année suivante. Ses meilleures tragédies sont *Marius à Mainturnes* et *les Vénitiens*, dans lesquelles se trouvent de très-belles scènes. Quant à ses fables, elles jouissent d'une réputation méritée.

LA CHATAIGNE.

« Que l'étude est chose maussade !
A quoi sert de tant travailler ? »
Disait, et non pas sans bâiller,
Un enfant que menait son maître en promenade.
Que répondait l'abbé ? Rien. L'enfant sous ses pas
Rencontre cependant une cosse fermée

Et de dards menaçants de toutes parts armée ;
    Pour la prendre il étend le bras.
    « — Mon pauvre enfant, n'y touchez pas !
— Eh ! pourquoi ? — Voyez-vous mainte épine cruelle
Toute prête à punir vos doigts trop imprudents.
— Un fruit exquis, monsieur, est caché là-dedans.
— Sans se piquer peut-on l'en tirer ? — Bagatelle.
    Vous voulez rire, je le crois,
Pour profiter d'une aussi bonne aubaine,
    On peut bien prendre un peu de peine,
    Et se faire piquer les doigts.
— Oui, mon fils : mais de plus, que cela vous enseigne
    A vaincre les petits dégoûts
    Qu'à présent l'étude a pour vous.
Ces épines aussi cachent une châtaigne. »

LA FEUILLE.

« De la tige détachée,
Pauvre feuille desséchée,
Où vas-tu ? — Je n'en sais rien.
L'orage a frappé le chêne
Qui seul était mon soutien.
De son inconstante haleine,
Le zéphir ou l'aquilon
Depuis ce jour me promène
De la forêt à la plaine,
De la montagne au vallon.
Je vais où le vent me mène.
Sans me plaindre ou m'effrayer,
Je vais où va toute chose,
Où va la feuille de rose
Et la feuille de laurier. »

RAYNOUARD.

Comme érudit, comme philologue et comme poëte dramatique, Raynouard a dignement marqué sa place dans la littérature de notre temps. On lui doit de savantes recherches sur la langue romane, qui était parlée au moyen âge dans la Provence et une partie du midi de la France, et dont il a reconstitué la grammaire et le dictionnaire; — un *Choix de poésies des troubadours*; et une *Histoire du droit municipal en France*. Ces travaux, qui ont ouvert des voies nouvelles à l'érudition, jouissent d'une grande estime et se distinguent par l'étendue des recherches et la solidité des vues; mais c'est surtout à sa belle tragédie des *Templiers* que Raynouard doit sa popularité. Cette tragédie, où se retrouvent quelques échos de la muse de Corneille, fut jouée en 1805 avec un immense succès, et elle est justement regardée comme l'une des meilleures de notre répertoire moderne. L'auteur, né à Brignolles en 1761, fut d'abord avocat au parlement d'Aix, puis député suppléant à la convention, député du Var au Corps législatif, secrétaire perpétuel de l'Académie française. Il est mort à Paris en 1836.

SUPPLICE DES TEMPLIERS (1).

Un immense bûcher, dressé pour leur supplice,
S'élève en échafaud, et chaque chevalier
Croit mériter l'honneur d'y monter le premier;

(1) Les Templiers nommés aussi *Frères de la milice du Temple*, *Chevaliers du Temple*, formaient un ordre à la fois militaire et religieux, fondé en Palestine, pour combattre les infidèles. Soumis à toutes les austérités de la vie monastique, et animés d'une bravoure qui faisait l'admiration de leurs ennemis eux-mêmes, les Templiers s'illustrèrent dans une foule de combats et formèrent la milice héroïque des croisades. Leur ordre, recruté parmi la haute noblesse, avait fini par posséder dans toute l'Europe de nombreux établissements, et au douzième siècle le nombre de leurs domaines s'élevait à plus de 9,000 et le chiffre de leurs revenus à plus de 112 millions. Ces immenses richesses causèrent leur perte. Ils se relâchèrent de la sévérité de leur règle et firent la guerre pour leur propre compte. Le roi de France, Philippe le Bel, qui convoitait leurs richesses et qui redoutait leur puissance militaire, exploita pour les supprimer et les dépouiller les rumeurs qui circulaient sur leur compte. Il les accusa de faits odieux et les fit mettre à la torture; enfin, après de nombreux incidents judiciaires, où leur culpabilité ne fut jamais établie, le grand-maître de l'ordre, Jacques Molay, et deux autres chevaliers furent brûlés vivants à Paris, le 18 mars 1314. Le supplice de Jacques Molay et de ses compagnons, qui fait le sujet du récit que nous empruntons à la tragédie de Raynouard, a marqué le règne de Philippe le Bel d'une tache ineffaçable. L'ordre tout entier fut supprimé en 1812 par le pape Clément V.

Mais le grand maître arrive; il monte, il les devance;
Son front est rayonnant de gloire et d'espérance;
Il lève vers les cieux un regard assuré ;
Il prie et l'on croit voir un mortel inspiré.
D'une voix formidable aussitôt il s'écrie :
« Nul de nous n'a trahi son Dieu ni sa patrie ;
Français, souvenez-vous de nos derniers moments ;
Nous sommes innocents, nous mourrons innocents.
L'arrêt qui nous condamne est un arrêt injuste;
Mais il est dans le ciel un tribunal auguste
Que le faible opprimé jamais n'implore en vain ,
Et j'ose t'y citer, ô pontife romain !
Encor quarante jours !..... je t'y vois comparaître. »
Chacun en frémissant écoutait le grand maître.
Mais quel étonnement, quel trouble, quel effroi,
Quand il dit : « O Philippe, ô mon maître, ô mon roi,
Je te pardonne en vain, ta vie est condamnée;
Au tribunal de Dieu je t'attends dans l'année (1). »
Les nombreux spectateurs, émus et consternés ,
Versent des pleurs sur vous (2), sur ces infortunés.
De tous côtés s'étend la terreur, le silence.
Il semble que du ciel descende la vengeance.
Les bourreaux interdits n'osent plus approcher;
Ils jettent en tremblant le feu sur le bûcher,
Et détournent la tête.... Une fumée épaisse
Entoure l'échafaud, roule et grossit sans cesse ;
Tout à coup le feu brille : à l'aspect du trépas
Ces braves chevaliers ne se démentent pas.
On ne les voyait plus , mais leurs voix héroïques
Chantaient de l'Éternel les sublimes cantiques;
Plus la flamme montait, plus ce concert pieux
S'élevait avec elle et montait vers les cieux.
Votre envoyé paraît, s'écrie.... Un peuple immense,
Proclamant avec lui votre auguste clémence ,
Auprès de l'échafaud soudain s'est élancé....
Mais il n'était plus temps.... les chants avaient cessé.

(1) Ce fait de l'ajournement du pape Clément V et du roi de France au tribunal de Dieu a été révoqué en doute par quelques écrivains modernes ; mais il n'en paraît pas moins incontestable.

(2) Sur vous, c'est-à-dire sur le roi Philippe le Bel auquel s'adresse dans la tragédie l'acteur qui rend compte du supplice.

HÉGÉSIPPE MOREAU.

Par la supériorité de son talent, les tristes épreuves de sa vie et sa mort prématurée, Hégésippe Moreau a pris place, dans notre histoire littéraire, à côté de Malfilâtre et de Gilbert. Comme eux il a lutté contre l'indifférence de ses contemporains, et c'est seulement au delà du tombeau qu'il a trouvé la renommée que méritaient ses œuvres. Né à Paris en 1810, il fut élevé au séminaire de Fontainebleau; plus tard il entra comme correcteur chez un imprimeur de Provins, et publia ses premières poésies dans le journal de cette petite ville. Mais un théâtre aussi modeste ne pouvait lui suffire : il vint à Paris dans l'espoir d'y trouver des encouragements et des ressources; par malheur, il porta dans ses relations la douloureuse susceptibilité d'un talent méconnu aux prises avec la misère; son caractère, naturellement ardent et inquiet, s'aigrit et s'irrita ; les privations et les chagrins développèrent en lui le germe d'une maladie de poitrine, et il mourut en 1838, à l'hôpital de la Charité. Ses vers, pleins de grâce, de fraîcheur, d'originalité, le placent, à notre avis, parmi les poëtes les plus éminents de notre temps. Ils ont été réunis dans un petit volume auquel on a donné le nom de la fleur qui est prise pour l'emblème du souvenir : le *Myosotis*.

LA VOULZIE (1).

ÉLÉGIE.

S'il est un nom bien doux fait pour la poésie,
Oh ! dites, n'est-ce pas le nom de la Voulzie ?
La Voulzie, est-ce un fleuve aux grandes îles ? Non :
Mais, avec un murmure aussi doux que son nom,
Un tout petit ruisseau coulant visible à peine ;
Un géant altéré le boirait d'une haleine ;
Le nain vert Obéron, jouant au bord des flots,
Sauterait par-dessus sans mouiller ses grelots.
Mais j'aime la Voulzie et ses bois noirs de mûres,
Et dans son lit de fleurs ses bonds et ses murmures.
Enfant, j'ai bien souvent, à l'ombre des buissons,
Dans le langage humain traduit ses vagues sons ;
Pauvre écolier rêveur, et qu'on disait sauvage,
Quand j'émiettais mon pain à l'oiseau du rivage,

(1) Nom d'une petite rivière qui passe à Provins.

L'onde semblait me dire : « Espère ! aux mauvais jours
Dieu te rendra ton pain. » Dieu me le doit toujours !
C'était mon Égérie, et l'oracle prospère
A toutes mes douleurs jetait ce mot : « Espère !
Espère et chante; enfant dont le berceau trembla,
Plus de frayeur : Camille et ta mère sont là ;
Moi, j'aurai pour tes chants de longs échos.... » Chimère !
Le fossoyeur m'a pris et Camille et ma mère.
J'avais bien des amis ici-bas quand j'y vins,
Bluet éclos parmi les roses de Provins :
Du sommeil de la mort, du sommeil que j'envie,
Presque tous maintenant dorment, et, dans la vie,
Le chemin dont l'épine insulte à mes lambeaux
Comme une voie antique est bordé de tombeaux.
Dans le pays des sourds j'ai promené ma lyre ;
J'ai chanté sans échos; et, pris d'un noir délire,
J'ai brisé mon luth, puis de l'ivoire sacré
J'ai jeté les débris au vent.... et j'ai pleuré !
Pourtant je te pardonne, ô ma Voulzie ! et même
Triste, j'ai tant besoin d'un confident qui m'aime,
Me parle avec douceur et me trompe, qu'avant
De clore au jour mes yeux battus d'un si long vent,
Je veux faire à tes bords un saint pèlerinage,
Revoir tous les buissons si chers à mon jeune âge,
Dormir encore au bruit de tes roseaux chanteurs,
Et causer d'avenir avec tes flots menteurs.

LA FERMIÈRE,

ROMANCE.

Amour à la fermière ! elle est
   Si gentille et si douce !
C'est l'oiseau des bois qui se plaît
   Loin du bruit dans la mousse ;
Vieux vagabond qui tends la main,
   Enfant pauvre et sans mère,
Puissiez-vous trouver en chemin
   La ferme et la fermière !

De l'escabeau vide au foyer
　Là le pauvre s'empare,
Et le grand bahut de noyer
　Pour lui n'est point avare ;
C'est là qu'un jour je vins m'asseoir,
　Les pieds blancs de poussière ;
Un jour…, puis en marche ! et bonsoir
　La ferme et la fermière !

Mon seul beau jour a dû finir,
　Finir dès son aurore :
Mais pour moi ce doux souvenir
　Est du bonheur encore :
En fermant les yeux, je revois
　L'enclos plein de lumière,
La haie en fleur, le petit bois,
　La ferme et la fermière !

. . . .
. . . .

Chaque hiver, qu'un groupe d'enfants
　A son fuseau sourie,
Comme les anges aux fils blancs
　De la Vierge Marie !
Que tous, par la main, pas à pas,
　Guidant un petit frère,
Réjouissent de leurs ébats
　La ferme et la fermière !

ENVOI.

Ma chansonnette, prends ton vol !
　Tu n'es qu'un faible hommage ;
Mais qu'en avril le rossignol
　Chante et la dédommage :
Qu'effrayé par ses chants d'amour,
　L'oiseau du cimetière
Longtemps, longtemps se taise pour
　La ferme et la fermière !

BERCHOUX.

Soldat dans sa jeunesse, juge de paix dans son âge mûr et amateur zélé des lettres à toutes les époques de sa vie, Berchoux s'est fait une réputation par un aimable badinage poétique : *la Gastronomie*; c'est là son principal titre. On ne peut point donner à Berchoux le titre de poëte, mais on ne saurait lui refuser celui d'homme d'esprit, tournant fort agréablement le vers. Il était né à Saint-Symphorien (Isère), en 1765 ; il est mort en 1839.

LA MORT DE VATEL.

Condé .... que ce grand nom ne vous alarme pas,
J'écris pour tous les temps et pour tous les climats ;
Condé, le grand Condé, que la France révère,
Recevait de son roi la visite bien chère,
Dans ce lieu fortuné, ce brillant Chantilly,
Longtemps de race en race à grands frais embelli ;
Jamais plus de plaisirs et de magnificence
N'avait d'un souverain signalé la présence.
Tout le soin des festins fut remis à Vatel,
Du vainqueur de Rocroi fameux maître d'hôtel.
Il mit à ses travaux une ardeur infinie ;
Mais avec des talents il manqua de génie.
Accablé d'embarras, Vatel est averti
Que deux tables en vain réclament leur rôti ;
Il prend pour en trouver une peine inutile.
« Ah ! » dit-il, s'adressant à son ami Gourville,
De larmes, de sanglots, de douleur suffoqué :
« Je suis perdu d'honneur ; deux rôtis ont manqué ;
« Un seul jour détruira toute ma renommée ;
« Mes lauriers sont flétris, et la cour alarmée
« Ne peut plus désormais se reposer sur moi :
« J'ai trahi mon devoir, avili mon emploi.... »
Le prince, prévenu de sa douleur extrême,
Accourt le consoler, le rassurer lui-même.
« Je suis content, Vatel, mon ami, calme-toi :
« Rien n'était plus brillant que le souper du roi.
« Vas, tu n'as pas perdu ta gloire et mon estime :

« Deux rôtis oubliés ne sont pas un grand crime.
« — Prince, votre bonté me trouble et me confond :
« Puisse mon repentir effacer mon affront ! »
Mais un autre chagrin l'accable et le dévore ;
Le matin, à midi, point de marée encore.

Ses nombreux pourvoyeurs, dans leur marché entravés,
A l'heure du dîner n'étaient point arrivés.
Sa force l'abandonne, et son esprit s'effraye
D'un festin sans turbot, sans barbue et sans raie.
Il attend, s'inquiète, et maudissant son sort,
Appelle en furieux la marée ou la mort.
La mort seule répond : l'infortuné s'y livre.
Déjà percé trois fois il a cessé de vivre.
Ses jours étaient sauvés, ô regrets ! ô douleur !
S'il eût pu supporter un instant son malheur.
A peine est-il parti pour l'infernale rive,
Qu'on sait de toutes parts que la marée arrive.
On le nomme, on le cherche, on le trouve ; grands dieux !
La Parque pour toujours avait fermé ses yeux.

Ainsi finit Vatel, victime déplorable,
Dont parleront longtemps les fastes de la table.
O vous ! qui par état présidez aux repas,
Donnez lui des regrets, mais ne l'imitez pas.

LEMERCIER.

Peu d'écrivains ont été aussi féconds que Lemercier. Tragédies, drames, comédies, poëmes, romans, satires, odes, il a essayé tous les genres et parcouru dans le domaine de l'imagination le cercle le plus étendu. Placé sur les limites de l'école classique et de l'école romantique, il a gardé un caractère propre, et a pour ainsi dire servi de transition aux deux écoles, se montrant toujours hardi novateur et écrivain original. Parmi ses œuvres les plus remarquables, on doit compter les tragédies d'*Agamemnon* et de *Christophe Colomb*, *Richard III* et *Jeanne Shore*, drame historique, la comédie de *Pinto*, la *Panhypocrisiade*, poëme satirique qui, malgré ses défauts, contient de rares beautés. Népomucène Lemercier était né à Paris, le 21 avril 1771, et mourut dans la même ville le 6 juin 1840. Peu d'instants avant sa mort, il faisait lui-même son épitaphe dans ces termes simples et vrais : *Il fut homme de bien, et cultiva les lettres.*

LA FOURMI ET LA MORT.

LA FOURMI.

Où fuirai-je? ô désastre! Ah! tout tombe en poussière.
Quel gouffre ensevelit ma nation entière?
Eh quoi! la terre, hélas! ébranlant ses soutiens,
Engloutit nos travaux, nos familles, nos biens...
Ciel! protége la cime où je fuis la tempête;
O mort! épargne-moi : cruelle mort, arrête!
Je suis seule échappée aux abîmes ouverts...
Prétends-tu qu'avec moi finisse l'univers?

LA MORT.

Que dis-tu, faible insecte, et quelle est ta pensée?
Toute ta république à jamais renversée
Changera seulement ton étroit horizon ;
L'ordre de l'univers en souffrira-t-il ? Non.

LA FOURMI.

Ah! Dieu qui fit pour nous l'ombre, la clarté pure,
Les eaux, les fleurs, les fruits et toute la nature,
Ne t'a pas commandé de nous exterminer.

LA MORT.

Le Dieu qui fit vos jours m'a dit de les borner.
Ce Dieu fit tout pour vous comme pour chaque race,
Dont la foule innombrable arrive au monde et passe.

LA FOURMI.

O triste mort! fléau de la création !

LA MORT.

Moi! je la reproduis par la destruction.
Chaque individu meurt, l'espèce est éternelle :
Je dois les frapper tous, et ne puis rien sur elle.
Quand je viens les saisir, Dieu, qui sait bien pourquoi,
Ne voit pas que la mort ait rien de triste en soi.

LA FOURMI.

Ainsi donc, sans pitié tu m'ôteras la vie,

Comme à ce peuple, hélas ! tu l'a déjà ravie !
Eh ! qu'avions-nous besoin d'établir nos maisons,
D'y nourrir nos enfants à l'abri des saisons,
Et de tant signaler notre active industrie,
Nos politiques lois, nos soins pour la patrie ?

LA MORT.

Ces mœurs sont votre instinct, jusqu'au temps du trépas ;
Par elles vous viviez, ne les déplorez pas.

LA FOURMI.

Après l'ébranlement de tout notre hémisphère,
Des êtres tels que nous restent-ils sur la terre ?

LA MORT.

Pauvre fourmi ! le choc a brouillé ton cerveau.
A quelques pas d'ici cherche un abri nouveau.
Tes yeux y trouveront des peuplades semblables
A celle qui périt sous un monceau de sables :
Bientôt, vers le butin courant par millions,
Elles vont t'enrôler en leurs noirs bataillons.

LA FOURMI.

Quel pouvoir a, du sol agitant la surface,
Subverti nos États et la terrestre masse ?

LA MORT.

Le pied d'un animal, et non le bras d'un Dieu,
Renversa votre empire en traversant ce lieu.

LA FOURMI.

Quel colosse puissant !

LA MORT.

   Ce colosse superbe
N'est qu'un cheval mortel, qui foule et qui paît l'herbe.
Aveugles l'un pour l'autre, et d'instinct séparés,
Vous existez ensemble et vous vous ignorez :
Il échappe à tes yeux par sa grandeur extrême ;
Ta petitesse aux siens te dérobe de même.
Ainsi tant d'animaux, diversement produits,

Sont au gré du hasard l'un par l'autre détruits;
Tour à tour l'un de l'autre utile pourriture,
A tous également je les livre en pâture;
Et les cédant sans choix aux rongeants appétits,
L'aigle est en proie aux vers, et les forts aux petits.
Te souvient-il d'un monstre à tes yeux si terrible,
Au long dos écaillé d'émeraude flexible,
Ce lézard, dont la gueule effrayait vos cités?
Un serpent en dîna dans ses trous écartés.
Ce pivert, qui dardait une langue affilée
Sur votre colonie à sa faim immolée,
Fut mangé d'un vautour; et son sanglant vainqueur
Fut pris d'un épervier qui lui rongea le cœur.
Cet ennemi si prompt, ignoré de ta vue,
Craint d'autres ennemis dont la serre le tue.
Tous vivent de carnage; et, rebelles au sort,
Tous, quand vient leur instant, se plaignent de la mort.

LA FOURMI.

Ces créatures-là n'ont pas des destinées
Si tristes que la nôtre et si tôt terminées.

LA MORT.

Étonne-toi bien moins de tes destins si courts,
Que de naître si faible, et de compter des jours.
Effet prodigieux de la toute-puissance,
Qui, d'organes si fins protégeant l'existence,
Défend à mille chocs de rompre les ressorts
Par qui ton cœur palpite en un si frêle corps!
Que peut contre mes dards ta fragile cuirasse?
Comment affermis-tu ton regard dans l'espace,
Et respires-tu l'air, souvent pernicieux
Au plus robuste oiseau né pour braver les cieux?
Ne murmure donc plus si ton destin s'arrête.
L'herbe qui maintenant te porte sur son faîte
Doit-elle autant durer que ce chêne au long bras,
Grand être encore vivant, que tu ne connais pas?
Ce géant des forêts va sous ma faux encore
Gémir, atteint des coups d'un être qu'il ignore;
Cet être, enfin, c'est l'homme, orgueilleux animal,
Et des lieux qu'il parcourt tyran le plus fatal.

APPARITION DE L'OMBRE DE BAYARD AU PIED D'UN CHÊNE DEVANT LE CONNÉTABLE DE BOURBON.

. . . .
Tout a changé d'aspect : dix jours sont écoulés.
La scène offre aux regards des chemins isolés ;
Ils tendent vers un camp dont l'enceinte est voisine :
Sur de larges vallons Pavie au loin domine.
Le soleil qui se couche éclaire encor les fronts
Des arbres dont le soir déjà noircit les troncs :
Là, d'un chêne élevé la grande ombre s'allonge,
Un coursier, qui hennit sous le frein d'or qu'il ronge,
Porte en ce lieu Bourbon, connétable fameux,
Transfuge de la France et proscrit belliqueux.
C'est l'heure où du sommeil accourent les fantômes ;
Où les esprits ailés, les sylphes et les gnômes,
Courbent, en voltigeant, la bruyère des bois
Et remplissent les airs de murmurantes voix.
Sous d'humides vapeurs tout semble se confondre ;
Le jour est prêt à fuir, et la nuit prête à fondre.

BOURBON.

Soleil ! en t'éloignant tu vois mes camps agir :
L'astre d'un prince ingrat comme toi va rougir ;
Et, me fuyant demain, sa splendeur éclipsée
Cédera pour sa honte à ma gloire offensée.
Heureux François premier, tremble d'être puni
Par ce même mortel que ta haine a banni.
Charles-Quint que je sers, mon juste et nouveau maître,
Des brigues de ta cour me vengera peut-être ;
Et je te convaincrai, plaisir digne de moi !
Qu'un sujet outragé peut avilir un roi.
Que vois-je ?... est-ce une erreur, une chimère vaine ?
Quel guerrier m'apparaît appuyé sous ce chêne ?...
C'est celui qu'à Rebec j'ai vu, de sang baigné,
Me jeter en mourant un regard indigné !
C'est lui ! je reconnais ses traits et sa stature,
Sa longue épée en croix et sa pesante armure...
Écarte-toi, fantôme ! et sors de mon chemin !...
Pour m'arracher la bride il étend une main !...
Avance, ô mon coursier !... presse le pas ! te dis-je...

Quoi! son crin se hérisse, il recule... ô prodige!
Bourbon même, Bourbon de crainte est combattu...
Et toi, chez les vivants pourquoi reparais-tu?
Rentre au lit de la mort, ou cette lance...

L'OMBRE DE BAYARD.

Approche.
Je suis le chevalier sans peur et sans reproche.

BOURBON.

Qui t'a fait du tombeau quitter la froide nuit?

L'OMBRE DE BAYARD.

Bayard vient consterner l'orgueil qui te conduit.

BOURBON.

Ton roi, dont l'amitié t'honora dans ta vie,
Humilia souvent ma vertu poursuivie :
Lui dûmes-nous tous deux garder la même foi?

L'OMBRE DE BAYARD.

L'honneur pour nos pareils n'a qu'une même loi.

BOURBON.

J'abhorrais d'un tyran l'injustice hautaine.

L'OMBRE DE BAYARD.

Lorsqu'il daigna de moi, modeste capitaine,
Recevoir l'accolade, aux champs de Marignan,
Valois s'annonça-t-il en superbe tyran,
Lui qui, devant l'honneur de la chevalerie,
Courba sa tête auguste, espoir de la patrie?

BOURBON.

Il voulut d'un prestige exalter nos vertus,
Pour vaincre ses rivaux par nos mains abattus.

L'OMBRE DE BAYARD.

Tu les sers contre lui, connétable perfide!

Regarde à tes côtés cette vierge rigide (1):
Elle te redira qu'on doit, au lit d'honneur,
Mourir pour son pays sans reproche et sans peur.
Adieu! va, déloyal! ton vil triomphe approche:
Mais tu n'éviteras la peur ni le reproche.

CASIMIR DELAVIGNE.

La vie de ce poëte ne présente aucune particularité remarquable; elle se résume tout entière dans ses œuvres, et offre l'exemple d'un noble caractère uni à un grand talent. Casimir Delavigne naquit au Havre, le 4 avril 1793, et mourut le 11 décembre 1843. — Il n'avait que vingt-deux ans quand il publia les premières *Messéniennes*, qui lui attirèrent une grande popularité. Inspirées par le patriotisme, ces poésies élégantes et harmonieuses respirent les sentiments les plus purs et les plus élevés. Ses succès dramatiques ne furent pas moins grands. *L'Ecole des vieillards, les Comédiens, la Popularité*, firent revivre sur la scène la comédie de mœurs et de caractère; et *les Vêpres siciliennes, Louis XI, le Paria, Marino Faliero, les Enfants d'Edouard*, par la perfection du style, la forme élégante et brillante, rappelèrent les tragédies de Racine et de Voltaire, tout en introduisant quelques éléments nouveaux empruntés au génie dramatique de l'Angleterre et de l'Allemagne.

LES VÊPRES SICILIENNES (2).

Du lieu saint, à pas lents, je montais les degrés,
Encor jonchés de fleurs et de rameaux sacrés.
Le peuple, prosterné sous ces voûtes antiques,
Avait du Roi-Prophète entonné les cantiques;
D'un formidable bruit le temple est ébranlé.
Tout à coup sur l'airain ses portes ont roulé.

(1) La conscience.
(2) Charles d'Anjou, frère de saint Louis, ayant reçu du pape l'investiture du royaume de Naples et de Sicile, établit dans l'Italie méridionale la domination française; mais cette domination fut impatiemment supportée par les Siciliens; et le jour de Pâques 1282, au moment où l'on sonnait les vêpres, un massacre général fut dirigé contre eux; c'est ce massacre qui a reçu le nom de Vêpres siciliennes.

Il s'ouvre ; des vieillards, des femmes éperdues,
Des prêtres, des soldats, assiégeant les issues,
Poursuivis, menaçants, l'un par l'autre heurtés,
S'élancent loin du seuil à flots précipités.
Les mots : Guerre aux tyrans ! volent de bouche en bouche !
Le prêtre les répète avec un œil farouche ;
L'enfant même y répond. Je veux fuir, et soudain
Ce torrent qui grossit me ferme le chemin.
Nos vainqueurs, qu'un amour profane et téméraire
Rassemblait pour leur perte au pied du sanctuaire,
Calmes, quoique surpris, entendent sans terreur
Ces cris tumultueux d'une foule en fureur.
Le fer brille, le nombre accablait leur courage...
Un chevalier s'élance, il se fraie un passage ;
Il marche, il court; tout cède à l'effort de son bras,
Et les rangs dispersés s'ouvrent devant ses pas.
Il affrontait leurs coups sans casque, sans armure...
C'est Montfort ! A ce cri succède un long murmure.
« Oui, traîtres, ce nom seul est un arrêt pour vous !
« Fuyez ! » dit-il, superbe, et pâle de courroux ;
Il balance dans l'air sa redoutable épée,
Fumante encor du sang dont il l'avait trempée.
Il frappe.... Un envoyé de la Divinité
Eût semblé moins terrible au peuple épouvanté.
Mais Procida paraît, et la foule interdite
Se rassure à sa voix, roule et se précipite :
Elle entoure Montfort ; par son père entraîné,
Lorédan le suivait, muet et consterné....
Du vainqueur, du vaincu les clameurs se confondent ;
Des tombeaux souterrains les échos leur répondent.
Le destin des combats flottait encor douteux ;
La nuit répand sur nous ses voiles ténébreux.
Parmi les assassins je m'égare ; incertaine,
Je cherche le palais, je marche, je me traîne.
Que de morts, de mourants ! Faut-il qu'un jour nouveau
Eclaire de ses feux cet horrible tableau ?
Puisse le soleil fuir, et cette nuit sanglante
Cacher au monde entier les forfaits qu'elle enfante !

L'ÉGOISME DU VIEUX GARÇON (1).

Je ne suis pas de ceux qui font leur volupté
Des embarras charmants de la paternité,
Pauvres dans l'opulence, et dont la vertu brille
A se gêner quinze ans pour doter leur famille ;
De ceux qu'on voit pâlir dès qu'un jeune éventé
Lorgne en courant leur femme assise à leur côté,
Et, geôliers maladroits de quelque Agnès nouvelle,
Sans fruit en soins jaloux se creuser la cervelle.
Jamais le bon plaisir de madame Bonnard
Pour danser jusqu'au jour ne me fait coucher tard,
Ne gonfle mon budget par des frais de toilette ;
Et jamais ma dépense, excédant ma recette,
Ne me force à bâtir un espoir mal fondé
Sur le terrain mouvant du tiers consolidé.
Aussi, sans trouble aucun, couché près de ma caisse,
Je m'éveille à la hausse ou m'endors à la baisse.
A deux heures je dîne : on en digère mieux.
Je fais quatre repas comme nos bons aïeux,
Et n'attends pas à jeun, quand la faim me talonne,
Que ma fille soit prête, ou que ma femme ordonne.
Dans mon gouvernement despotisme complet :
Je rentre quand je veux, je sors quand il me plaît :
Je dispose de moi, je m'appartiens, je m'aime,
Et sans rivalité je jouis de moi-même.
Célibat ! célibat ! le lien conjugal
A ton indépendance offre-t-il rien d'égal ?
Je me tiens trop heureux, et j'estime qu'en somme
Il n'est pas de bourgeois récemment gentilhomme,
De général vainqueur, de poëte applaudi,
De gros capitaliste à la bourse arrondi,
Plus libre, plus content, plus heureux sur la terre,
Pas même d'empereur, s'il n'est célibataire.

---

(1) Ce morceau est emprunté à la comédie intitulée : *l'Ecole des vieillards.*

LA MORT DE JEANNE D'ARC.

A qui réserve-t-on ces apprêts meurtriers ?
    Pour qui ces torches qu'on excite?
    L'airain sacré tremble et s'agite....
D'où vient ce bruit lugubre? où courent ces guerriers
Dont la foule à longs flots roule et se précipite?

    La joie éclate sur leurs traits,
    Sans doute l'honneur les enflamme;
Ils vont pour un assaut former leur rangs épais :
    Non, ces guerriers sont des Anglais
    Qui vont voir mourir une femme!

    Qu'ils sont nobles dans leur courroux !
Qu'il est beau d'insulter au bras chargé d'entraves !
La voyant sans défense, ils s'écriaient, ces braves :
    Qu'elle meure! elle a contre nous
Des esprits infernaux suscité la magie....
    Lâches! que lui reprochez-vous?
D'un courage inspiré la brûlante énergie,
L'amour du nom français, le mépris du danger,
    Voilà sa magie et ses charmes;
    En faut-il d'autres que des armes
Pour combattre, pour vaincre et punir l'étranger?

Du Christ avec ardeur Jeanne baisait l'image ;
Ses longs cheveux épars flottaient au gré des vents;
Au pied de l'échafaud, sans changer de visage,
    Elle s'avançait à pas lents.
Tranquille, elle y monta ; quand, debout sur le faîte,
Elle vit ce bûcher qui l'allait dévorer,
Les bourreaux en suspens, la flamme déjà prête,
Sentant son cœur faillir, elle baissa la tête
    Et se mit à pleurer.

    Ah! pleure, fille infortunée !
    Ta jeunesse va se flétrir
    Dans sa fleur trop tôt moissonnée !
    Adieu! beau ciel, il faut mourir.
Tu ne reverras plus tes riantes montagnes,
Le temple, le hameau, les champs de Vaucouleurs,

Et ta chaumière et tes compagnes,
Et ton père expirant sous le poids des douleurs.

Après quelques instants d'un horrible silence,
Tout à coup le feu brille, il s'irrite, il s'élance....
Le cœur de la guerrière alors s'est ranimé ;
A travers les vapeurs d'une fumée ardente,
 Jeanne, encore ici menaçante,
Montre aux Anglais son bras à demi consumé.
 Pourquoi reculer d'épouvante,
  Anglais, ce bras est désarmé !
La flamme l'environne, et sa voix expirante
Murmure encore : Ô France ! ô mon roi bien-aimé !.....

Que sur l'airain funèbre on grave des combats,
Des étendards anglais fuyant devant tes pas,
Dieu vengeant par tes mains la plus juste des causes.
Venez, jeunes beautés ; venez, braves soldats ;
Semez sur son tombeau les lauriers et les roses !
Qu'un jour le voyageur, en parcourant ces bois,
Cueille un rameau sacré, l'y dépose, et s'écrie :
« A celle qui sauva le trône et la patrie,
« Et n'obtint qu'un tombeau pour prix de ses exploits. »

TROIS JOURS DE CHRISTOPHE COLOMB.

« En Europe ! en Europe ! — Espérez ! — Plus d'espoir !
«—Trois jours, leur dit Colomb, et je vous donne un monde ! »
Et son doigt le montrait, et son œil, pour le voir,
Perçait de l'horizon l'immensité profonde.
Il marche, et des trois jours le premier jour à lui ;
Il marche, et l'horizon recule devant lui ;
Il marche, et le jour baisse. Avec l'azur de l'onde
L'azur d'un ciel sans borne à ses yeux se confond.
Il marche, il marche encore, et toujours ; et la sonde
Plonge et replonge en vain dans une mer sans fond.

Le pilote en silence, appuyé tristement
Sur la barre qui crie au milieu des ténèbres,
Écoute du roulis le sourd mugissement
Et des mâts fatigués les craquements funèbres.

Les astres de l'Europe ont disparu des cieux ;
L'ardente croix du sud épouvante ses yeux.
Enfin l'aube attendue, et trop lente à paraître,
Blanchit le pavillon de sa douce clarté :
« Colomb, voici le jour ! le jour vient de renaître !
« — Le jour ! et que vois-tu ? — Je vois l'immensité. »

Qu'importe ? il est tranquille... Ah ! l'avez-vous pensé ?
Une main sur son cœur, si sa gloire vous tente,
Comptez les battements de ce cœur oppressé,
Qui s'élève et retombe, et languit dans l'attente ;
Ce cœur qui, tour à tour brûlant ou sans chaleur,
Se gonfle de plaisir, se brise de douleur.
Vous comprendrez alors que durant ces journées
Il vivait, pour souffrir, des siècles par moments.
Vous direz : ces trois jours dévorent des années,
Et sa gloire est trop chère au prix de ses tourments.

Le second jour a fui. Que fait Colomb ? il dort ;
La fatigue l'accable, et dans l'ombre on conspire.
« Périra-t-il ? Aux voix : La mort ! la mort ! la mort !
« Qu'il triomphe demain, ou, parjure, il expire. »
Les ingrats ! quoi ! demain il aura pour tombeau
Les mers où son audace ouvre un chemin nouveau !
Et peut-être demain leurs flots impitoyables,
Le poussant vers ces bords que cherchait son regard,
Les lui feront toucher, en roulant sur les sables
L'aventurier Colomb, grand homme un jour plus tard !

Il rêve : comme un voile étendu sur les mers,
L'horizon qui les borne à ses yeux se déchire,
Et ce monde nouveau qui manque à l'univers,
De ses regards ardents il l'embrasse, il l'admire.
Qu'il est beau, qu'il est frais ce monde vierge encor !
L'or brille sur ses fruits, ses eaux roulent de l'or !
Déjà, plein d'une ivresse inconnue et profonde,
Tu t'écrias, Colomb : « Cette terre est mon bien !... »
Mais une voix s'élève, elle a nommé ce monde ;
O douleur ! et d'un nom qui n'était pas le tien...

AU VALLON D'ARGENTOL.

Retraite d'Argentol, vallon tranquille et sombre,
Qu'habitent le travail, la paix et le bonheur,
Que j'aime à respirer ce reste de fraîcheur,
A l'ardeur des étés échappé sous ton ombre :
Le zéphire se plaît dans tes longs peupliers ;
Ces monts, où deux forêts balancent leur verdure,
Environnent ton sein d'une double ceinture.
Courbez-vous sur mon front, rameaux hospitaliers ;
Source fraîche où ma main recueille une onde pure,
Reviens par cent détours aux bords que tu chéris ;
Poursuis, que ton murmure, en charmant mes oreilles,
Se mêle au bruit léger de cet essaim d'abeilles
Qui vole en bourdonnant sur les buissons fleuris.
Des chênes ébranlés mutilant les racines,
Puissent les noirs torrents, dont le cours inégal
Dans un lit de gravier gronde au pied des collines,
Ne jamais obscurcir ton paisible cristal !
Puissent le Dieu des champs et ses nymphes divines
Ecarter loin de toi le chasseur inhumain,
Quand, l'oreille aux aguets, sortant du bois voisin,
La biche au pied léger, ou le chevreuil timide,
Vient se désaltérer à ta source limpide.
Ah ! si jamais le ciel, soigneux de mes plaisirs,
Fixe ma vie errante au milieu de ces plaines,
Je veux que leur enceinte enferme mes désirs,
Que mon travail soit libre ainsi que mes loisirs :
J'y veux couler en paix des jours exempts de peines.
Quand l'ardent Sirius blanchit l'azur des cieux,
Quel bonheur de fouler des herbes verdoyantes ;
Ou dans les nuits d'hiver, quand un vent pluvieux
Vient battre à coups pressés les vitres frémissantes,
De rêver à ce bruit qui vous ferme les yeux !
Si je meurs entouré de riantes images,
Je ne veux pour tombeau que ces gazons épais.
Les passants fatigués de quelques longs voyages
Pourront s'y reposer sous des peupliers frais ;
Mon ombre écartera de leur couche tranquille
L'insecte malfaisant, le reptile odieux :
Un regret, un soupir, en quittant ces beaux lieux,

Me paîront au delà mes soins et mon asile.
Voilà mes seuls désirs : puissent-ils plaire aux Dieux !
O vallon fortuné ! paisibles promenades !
Tout ce faste imposant que Paris va m'offrir,
Ces palais, ces jardins et leurs tristes naïades,
Du besoin de vous voir ne sauraient me guérir ;
Entre vos monts altiers, au bruit de vos cascades,
Que ne m'est-il donné de vivre et de mourir !

ADIEU A LA MADELEINE (1).

Adieu, Madeleine chérie,
Qui te réfléchis dans les eaux,
Comme une fleur de la prairie
Se mire au cristal des ruisseaux.
Ta colline où j'ai vu paraître
Un beau jour qui s'est éclipsé,
J'ai rêvé que j'en étais maître ;
Adieu ! ce doux rêve est passé.

Assis sur la rive opposée,
Je te vois, lorsque le soleil
Sur tes gazons boit la rosée,
Sourire encor à ton réveil,
Et, d'un brouillard pâle entourée,
Quand le jour meurt avec le bruit,
Blanchir comme une ombre adorée
Qui vous apparaît dans la nuit.

Doux trésors de ma moisson mûre,
De vos épis un autre est roi :
Tilleuls dont j'aimais le murmure,
Vous n'aurez plus d'ombre pour moi.
Ton coq peut tourner à sa guise,
Clocher que je fuis sans retour :
Ce n'est plus à moi que la brise
Lui dit d'annoncer un beau jour.

(1). C'était le nom de la maison de campagne de Casimir Delavigne.

Adieu, prairie, où sur la brune,
Lorsque tout dort, jusqu'aux roseaux,
J'entendais rire au clair de lune
Les lutins des bois et des eaux,
Qui, sous ses clartés taciturnes,
Du trône disputant l'honneur,
Se livraient des assauts nocturnes
Autour des meules du faneur.

Adieu, mystérieux ombrage,
Sombre fraîcheur, calme inspirant ;
Mère de Dieu, de qui l'image
Consacre ce vieux tronc mourant,
Où, quand son heure est arrivée,
Le passereau, loin des larcins,
Vient cacher sa jeune couvée
Dans les plis de tes voiles saints.

Adieu, chers témoins de ma peine,
Forêts, jardins, flots que j'aimais !
Adieu, ma fraîche Madeleine !
Madeleine, adieu pour jamais !
Je pars, il le faut, et je cède ;
Mais le cœur me saigne en partant.
Qu'un plus riche qui te possède
Soit heureux où nous l'étions tant !

SOUMET.

On doit à Alexandre Soumet des tragédies, des poëmes, des odes, des élégies, qui lui ont mérité un rang distingué parmi nos poëtes contemporains. Ses œuvres les plus remarquables sont : les tragédies de *Jeanne d'Arc*, *Clytemnestre*, *Saül*, *Elisabeth*, le poëme de *Jeanne d'Arc*, enfin son élégie de *la Jeune fille pauvre*, qui suffirait à elle seule pour faire vivre son nom. Né à Castelnaudary en 1786, Soumet entra à l'Académie française en 1824, et mourut le 30 mars 1845.

LA PAUVRE FILLE.

J'ai fui ce pénible sommeil
Qu'aucun songe heureux n'accompagne ;

J'ai devancé sur la montagne
Les premiers rayons du soleil.

S'éveillant avec la nature,
Le jeune oiseau chantait sur l'aubépine en fleurs,
Sa mère lui portait la douce nourriture,
Mes yeux se sont mouillés de pleurs.

Oh! pourquoi n'ai-je pas de mère?
Pourquoi ne suis-je pas semblable au jeune oiseau,
Dont le nid se balance aux branches de l'ormeau?
Rien ne m'appartient sur la terre,
Je n'eus pas même de berceau,
Et je suis un enfant trouvé sur une pierre,
Devant l'église du hameau.

Loin de mes parents exilée,
De leurs embrassements j'ignore la douceur,
Et les enfants de la vallée
Ne m'appellent jamais leur sœur!
Je ne partage pas les jeux de la veillée;
Jamais sous son toit de feuillée
Le joyeux laboureur ne m'invite à m'asseoir,
Et de loin je vois sa famille,
Autour du sarment qui pétille,
Chercher sur ses genoux les caresses du soir.

Vers la chapelle hospitalière
En pleurant j'adresse mes pas,
La seule demeure ici-bas
Où je ne sois point étrangère,
La seule devant moi qui ne se ferme pas!

Souvent je contemple la pierre
Où commencèrent mes douleurs;
J'y cherche la place des pleurs
Qu'en m'y laissant, peut-être, y répandit ma mère.

Souvent aussi mes pas errants
Parcourent des tombeaux l'asile solitaire;
Mais pour moi les tombeaux sont tous indifférents.
La pauvre fille est sans parents
Au milieu des cercueils ainsi que sur la terre!

J'ai pleuré quatorze printemps
Loin des bras qui m'ont repoussée ;
Reviens, ma mère, je t'attends
Sur la pierre où tu m'as laissée !

GUIRAUD.

Alexandre Guiraud naquit à Limoux, le 25 décembre 1788. Entraîné par son amour pour les lettres, il quitta successivement l'étude du droit, la carrière industrielle, et se livra tout entier à la poésie. D'abord auteur dramatique, il donna au théâtre plusieurs tragédies, dont les plus remarquables sont : *Pélage, les Machabées, le comte Julien, Virginie.* Il publia aussi quelques poëmes, des chants élégiaques, des odes, des romans poétiques ; mais de toutes ses œuvres, la plus populaire, celle qui lui a justement mérité la célébrité, c'est un petit poëme intitulé : *Elégies savoyardes*, où des sentiments vrais sont exprimés avec grâce et simplicité. Il fut reçu membre de l'Académie française en 1827, et mourut le 24 février 1847.

LE PETIT SAVOYARD.

LE DÉPART.

Pauvre petit, pars pour la France.
Que te sert mon amour ? Je ne possède rien.
On vit heureux ailleurs, ici dans la souffrance ;
    Pars, mon enfant, c'est pour ton bien.

    Tant que mon lait put te suffire,
Tant qu'un travail utile à mes bras fut permis,
Heureuse et délassée en te voyant sourire,
    Jamais on n'eût osé me dire :
    Renonce aux baisers de ton fils.

Mais je suis veuve ; on perd sa force avec la joie.
    Triste et malade, où recourir ici ?
Où mendier pour toi ? chez des pauvres aussi !
Laisse ta pauvre mère, enfant de la Savoie ;
    Va, mon enfant, où Dieu t'envoie.

Mais, si loin que tu sois, pense au foyer absent ;
Avant de le quitter, viens, qu'il nous réunisse.

Une mère bénit son fils en l'embrassant :
 Mon fils, qu'un baiser te bénisse.

 Vois-tu ce grand chêne, là-bas?
Je pourrai jusque-là t'accompagner, j'espère.
Quatre ans déjà passés; j'y conduisis ton père;
 Mais lui, mon fils, ne revint pas.

Encor, s'il était à pour guider ton enfance,
Il m'en coûterait moins de t'éloigner de moi;
Mais tu n'as pas dix ans, et tu pars sans défense...
 Que je vais prier Dieu pour toi!...

Que feras-tu, mon fils, si Dieu ne te seconde,
Seul, parmi les méchants (car il en est au monde),
Sans ta mère, du moins, pour t'apprendre à souffrir...
Oh! que n'ai-je du pain, mon fils, pour te nourrir!

Mais Dieu le veut ainsi : nous devons nous soumettre.
 Ne pleure pas en me quittant;
Porte au seuil des palais un visage content.
Parfois mon souvenir t'affligera peut-être...
Pour distraire le riche il faut chanter pourtant.

Chante, tant que la vie est pour toi moins amère;
Enfant, prends ta marmotte et ton léger trousseau;
Répète, en cheminant, les chansons de ta mère,
Quand ta mère chantait autour de ton berceau.

Si ma force première encor m'était donnée,
J'irais, te conduisant moi-même par la main;
Mais je n'atteindrais pas la troisième journée;
Il faudrait me laisser bientôt sur ton chemin :
Et moi, je veux mourir aux lieux où je suis née.

Maintenant, de ta mère entends le dernier vœu :
Souviens-toi, si tu veux que Dieu ne t'abandonne,
Que le seul bien du pauvre est le peu qu'on lui donne.
Prie et demande au riche : il donne au nom de Dieu.
Ton père le disait; sois plus heureux : adieu.

Mais le soleil tombait des montagnes prochaines
Et la mère avait dit : Il faut nous séparer;
Et l'enfant s'en allait à travers les grands chênes,
Se tournant quelquefois, et n'osant pas pleurer.

PARIS.

J'ai faim : vous qui passez, daignez me secourir.
Voyez : la neige tombe, et la terre est glacée.
J'ai froid : le vent se lève et l'heure est avancée,
　　Et je n'ai rien pour me couvrir.

Tandis qu'en vos palais tout flatte votre envie,
A genoux sur le seuil, j'y pleure bien souvent.
Donnez : peu me suffit ; je ne suis qu'un enfant ;
　　Un petit sou me rend la vie.

On m'a dit qu'à Paris je trouverais du pain ;
Plusieurs ont raconté dans nos forêts lointaines
Qu'ici le riche aidait le pauvre dans ses peines ;
Eh bien ! moi, je suis pauvre et je vous tends la main.

　　Faites-moi gagner mon salaire :
Où me faut-il courir ? dites, j'y volerai.
Ma voix tremble de froid ; eh bien ! je chanterai,
　　Si mes chansons peuvent vous plaire.

　　Il ne m'écoute pas, il fuit ;
Il court dans une fête (et j'en entends le bruit),
　　Finir son heureuse journée.
Et moi, je vais chercher, pour y passer la nuit,
　　Cette guérite abandonnée.

Au foyer paternel quand pourrai-je m'asseoir !
　　Rendez-moi ma pauvre chaumière,
Le laitage durci qu'on partageait le soir,
Et, quand la nuit tombait, l'heure de la prière
Qui ne s'achevait pas sans laisser quelque espoir.

Ma mère, tu m'as dit, quand j'ai fui ta demeure :
Pars, grandis et prospère, et reviens près de moi.
Hélas ! et, tout petit, faudra-t-il que je meure
　　Sans avoir rien gagné pour toi !

　　Non, l'on ne meurt point à mon âge ;
Quelque chose me dit de reprendre courage...
Eh ! que sert d'espérer ?... que puis-je attendre enfin ?...
J'avais une marmotte, elle est morte de faim.

Et faible, sur la terre il reposait sa tête,
Et la neige, en tombant, le couvrait à demi ;

Lorsqu'une douce voix, à travers la tempête,
Vint réveiller l'enfant par le froid endormi.

  « Qu'il vienne à nous celui qui pleure,
Disait la voix mêlée au murmure des vents ;
    L'heure du péril est notre heure :
    Les orphelins sont nos enfants. »

Et deux femmes en deuil recueillaient sa misère.
Lui, docile et confus, se levait à leur voix.
Il s'étonnait d'abord ; mais il vit dans leurs doigts
Briller la croix d'argent au bout du long rosaire,
Et l'enfant les suivit en se signant deux fois.

LE RETOUR.

Avec leurs grands sommets, leurs glaces éternelles,
Par un soleil d'été, que les Alpes sont belles !
Tout dans leurs frais vallons sert à nous enchanter,
La verdure, les eaux, les bois, les fleurs nouvelles.
Heureux qui sur ces bords peut longtemps s'arrêter !
Heureux qui les revoit, s'il a pu les quitter !

Quel est ce voyageur que l'été leur renvoie,
Seul, loin dans la vallée, un bâton à la main ?
C'est un enfant..., il marche, il suit le long chemin
    Qui va de France à la Savoie.

Bientôt de la colline il prend l'étroit sentier :
Il a mis ce matin la bure du dimanche,
    Et dans son sac de toile blanche
Est un pain de froment qu'il garde tout entier.

Pourquoi tant se hâter à sa course dernière ?
C'est que le pauvre enfant veut gravir le coteau,
Et ne point s'arrêter qu'il n'ait vu son hameau,
    Et n'ait reconnu sa chaumière.

Les voilà !... tels encor qu'il les a vus toujours,
Ces grands bois, ce ruisseau qui fuit sous le feuillage !
Il ne se souvient plus qu'il a marché dix jours ;
    Il est si près de son village !

Tout joyeux, il arrive et regarde... Mais quoi !
Personne ne l'attend ! sa chaumière est fermée !

Pourtant du toit aigu sort un peu de fumée,
Et l'enfant plein de trouble : « Ouvrez, dit-il, c'est moi ! »

La porte cède, il entre : et sa mère attendrie,
Sa mère, qu'un long mal près du foyer retient,
Se relève à moitié, tend les bras et s'écrie :
    « N'est-ce pas mon fils qui revient ? »
Son fils est dans ses bras qui pleure et qui l'appelle.
« Je suis infirme, hélas ! Dieu m'afflige, dit-elle ;
Et depuis quelques jours je te l'ai fait savoir,
Car je ne voulais pas mourir sans te revoir. »

Mais lui : « De votre enfant vous étiez éloignée ;
Le voilà qui revient ; ayez des jours contents ;
Vous vivrez : je suis grand, vous serez bien soignée ;
    Nous sommes riches pour longtemps. »
Et les mains de l'enfant des siennes détachées
Jetaient sur ses genoux tout ce qu'il possédait,
Les trois pièces d'argent dans sa veste cachées,
Et le pain de froment que pour elle il gardait.

Sa mère l'embrassait, et respirait à peine ;
Et son œil se fixait, de larmes obscurci,
    Sur un grand crucifix de chêne
Suspendu devant elle et par le temps noirci.
« C'est lui, je le savais, le Dieu des pauvres mères
Et des petits enfants, qui du mien a pris soin ;
Lui, qui me consolait quand mes plaintes amères
    Appelaient mon fils de si loin.

« C'est le Christ du foyer que les mères implorent,
Qui sauve nos enfants du froid et de la faim ;
Nous gardons nos agneaux, et les loups les dévorent,
Nos fils s'en vont tout seuls... et reviennent enfin.

« Toi, mon fils, maintenant me seras-tu fidèle ?
Ta pauvre mère infirme a besoin de secours ;
Elle mourrait sans toi. » L'enfant, à ce discours,
Grave, et joignant ses mains, tombe à genoux près d'elle,
Disant : « Que le bon Dieu vous fasse de longs jours ! »

JEAN PIERRE DE BÉRANGER.

> Dans ce Paris, plein d'or et de misère,
> En l'an du Christ mil sept cen quatre-vingts,
> Chez un tailleur, mon pauvre et vieux grand-père,
> Moi nouveau-né, sachez ce qui m'advint.
> Rien ne prédit la gloire d'un Orphée
> A mon berceau qui n'était pas de fleurs.
> Or, mon grand-père, accourant à mes pleurs,
> Me trouve un jour dans les bras d'une fée ;
> Et cette fée avec de gais refrains
> Calmait le cri de mes premiers chagrins.

C'est Béranger lui-même qui dans ces vers nous donne la date de sa naissance, et nous apprend quel était le métier de sa famille. A neuf ans, il était garçon d'auberge chez une de ses tantes ; et quelques années plus tard, il entrait comme apprenti chez un imprimeur de Péronne. Le goût de la poésie lui vint, comme il le dit lui-même, en composant les œuvres des autres, et comme il n'avait point reçu d'autre instruction que celle des écoles primaires, il s'appliquait, tout en faisant son métier de typographe, à l'étude de la littérature. Son premier essai fut une comédie satirique, qui n'avait rien de remarquable, et ce n'est que vers l'âge de trente ans qu'il composa ses premières chansons. Cette fois, il avait trouvé sa véritable route, celle qu'il devait parcourir avec tant d'éclat.

Les chansons de Béranger ont été inspirées par les sentiments les plus divers : les unes, par le choix des sujets, le lyrisme, l'attendrissement mélancolique, placent leur auteur à côté de nos plus éminents écrivains, et sous leur titre modeste elles s'élèvent à la hauteur des plus belles odes ; les autres sont des satires pleines de verve et de fine observation ; d'autres, enfin, comme le *Cinq mai*, le *Vieux drapeau*, les *Enfants de la France*, sont de véritables dithyrambes patriotiques, qui rappellent les chants par lesquels les poëtes de la Grèce antique, tels que Tyrtée, célébraient les grands événements qui s'accomplissaient sous leurs yeux. Poëte lyrique ou élégiaque, satirique ou national, Béranger a produit sur ses contemporains la plus profonde impression, il a été l'écho fidèle des opinions de son époque, le chantre populaire de la grande épopée napoléonienne ; et si l'à-propos et les circonstances ont contribué au succès de quelques-unes de ses pièces politiques, il n'en est pas moins vrai que la plupart survivront à notre temps, et qu'elles sont entrées dès aujourd'hui dans la postérité. Par malheur, il a beaucoup trop sacrifié à ce triste genre qu'on est convenu d'appeler le *genre grivois* ; démocrate, il a oublié que la démocratie dans ce qu'elle a de sagement progressif est la fille de l'Évangile ; il a oublié le respect que l'on doit aux croyances religieuses, lors même que l'on a le malheur de ne point les partager, et par les erreurs volontaires de son talent, il en a trop souvent compromis l'incontestable beauté.

LES ÉTOILES QUI FILENT.

Berger, tu dis que notre étoile
Règle nos jours et brille aux cieux.
— Oui, mon enfant; mais dans son voile
La nuit la dérobe à nos yeux.
— Berger, sur cet azur tranquille
De lire on te croit le secret;
Quelle est cette étoile qui file,
Qui file, file et disparaît?

— Mon enfant, un mortel expire;
Son étoile tombe à l'instant.
Entre amis que la joie inspire,
Celui-ci buvait en chantant.
Heureux, il s'endort immobile
Auprès du vin qu'il célébrait...
— Encore une étoile qui file,
Qui file, file et disparaît.....

— Mon fils, c'est l'étoile rapide
D'un très-grand seigneur nouveau-né.
Le berceau qu'il a laissé vide
D'or et de pourpre était orné.
Des poisons qu'un flatteur distille
C'était à qui le nourrirait...
— Encore une étoile qui file,
Qui file, file et disparaît.

— Mon enfant, quel éclair sinistre !
C'était l'astre d'un favori
Qui se croyait un grand ministre
Quand de nos maux il avait ri (1).
Ceux qui servaient ce dieu fragile

---

(1) Il ne faut pas oublier, à propos de ce trait, que le plus grand nombre des pièces de Béranger a été composé au milieu des agitations qui ont suivi les événements de 1815.

Ont déjà caché son portrait...
— Encore une étoile qui file,
Qui file, file et disparaît.

— Mon fils, quels pleurs seront les nôtres
D'un riche nous perdons l'appui.
L'indigence glane chez d'autres,
Mais elle moissonnait chez lui.
Ce soir même, sûr d'un asile,
A son toit le pauvre accourait...
— Encore une étoile qui file,
Qui file, file et disparaît.

C'est celle d'un puissant monarque !...
Va, mon fils, garde ta candeur ;
Et que ton étoile ne marque
Par l'éclat ni par la grandeur.
Si tu brillais sans être utile,
A ton dernier jour on dirait :
Ce n'est qu'une étoile qui file,
Qui file, file et disparaît.

LES HIRONDELLES.

Captif au rivage du Maure,
Un guerrier, courbé sous les fers,
Disait : Je vous revois encore,
Oiseaux ennemis des hivers.
Hirondelles, que l'espérance
Suit jusqu'en ces brûlants climats ;
Sans doute vous quittez la France :
De mon pays ne me parlez-vous pas ?

Depuis trois ans je vous conjure
De m'apporter un souvenir
Du vallon où ma vie obscure
Se berçait d'un doux avenir ;
Au détour d'une eau qui chemine
A flots purs sous de frais lilas,
Vous avez vu notre chaumine :
De ce vallon ne me parlez-vous pas

L'une de vous peut-être est née
Au toit où j'ai reçu le jour ;
Là d'une mère infortunée
Vous avez dû plaindre l'amour.
Mourante, elle croit à toute heure
Entendre le bruit de mes pas ;
Elle écoute, puis elle pleure.
De son amour ne me parlez-vous pas ?

Ma sœur est-elle mariée ?
Avez-vous vu de nos garçons
La foule, aux noces conviée,
La célébrer dans leurs chansons ?
Et ces compagnons du jeune âge,
Qui m'ont suivi dans les combats,
Ont-ils revu tous le village ?
De tant d'amis ne me parlez-vous pas ?

Sur leur corps l'étranger, peut-être,
Du vallon reprend le chemin ;
Sous mon chaume il commande en maître,
De ma sœur il trouble l'hymen.
Pour moi plus de mère qui prie,
Et partout des fers ici-bas.
Hirondelles de ma patrie,
De ses malheurs ne me parlez-vous pas ?

LE CINQ MAI.

Des Espagnols m'ont pris sur leur navire,
Aux bords lointains où tristement j'errais.
Humble débris d'un héroïque empire,
J'avais dans l'Inde exilé mes regrets.
Mais loin du Cap, après cinq ans d'absence
Sous le soleil je vogue plus joyeux.
Pauvre soldat, je reverrai la France :
La main d'un fils me fermera les yeux.

Dieu ! le pilote a crié : Sainte-Hélène !
Et voilà donc où languit le héros !
Bons Espagnols, là s'éteint votre haine.

Nous maudissons ses fers et ses bourreaux.
Je ne puis rien, rien pour sa délivrance :
Le temps n'est plus des trépas glorieux !
Pauvre soldat, je reverrai la France :
La main d'un fils me fermera les yeux.

Peut-être il dort, ce boulet invincible
Qui fracassa vingt trônes à la fois.
Ne peut-il pas, se relevant terrible,
Aller mourir sur la tête des rois ?
Ah ! ce rocher repousse l'espérance :
L'aigle n'est plus dans le secret des dieux.
Pauvre soldat, je reverrai la France :
La main d'un fils me fermera les yeux.

Il fatiguait la victoire à le suivre :
Elle était lasse ; il ne l'attendit pas.
Trahi deux fois, ce grand homme a su vivre ;
Mais quels serpents enveloppent ses pas !
De tout laurier un poison est l'essence :
La mort couronne un front victorieux.
Pauvre soldat, je reverrai la France :
La main d'un fils me fermera les yeux.

Dès qu'on signale une nef vagabonde,
« Serait-ce lui ? disent les potentats ;
« Vient-il encor redemander le monde ?
« Armons soudain deux millions de soldats. »
Et lui peut-être, accablé de souffrance,
A la patrie adresse ses adieux.
Pauvre soldat, je reverrai la France :
La main d'un fils me fermera les yeux.

Bons Espagnols, que voit-on au rivage ?
Un drapeau noir ! ah ! grand dieux, je frémis !
Quoi ! lui, mourir ! ô Gloire, quel veuvage !
Autour de moi pleurent ses ennemis.
Loin de ce roc nous fuyons en silence ;
L'astre du jour abandonne les cieux.
Pauvre soldat, je reverrai la France :
La main d'un fils me fermera les yeux.

ADIEU A LA CAMPAGNE (1).

Soleil si doux au déclin de l'automne,
Arbres jaunis, je viens vous voir encor.
N'espérons plus que la haine pardonne
A mes chansons leur trop rapide essor.
Dans cet asile où reviendra Zéphire,
J'ai tout rêvé, même un nom glorieux.
Ciel vaste et pur, daigne encor me sourire ;
Echos des bois, répétez mes adieux.

Comme l'oiseau, libre sous la feuillée,
Que n'ai-je ici laissé mourir mes chants ?
Mais de grandeurs la France dépouillée
Courbait son front sous le joug des méchants,
Je leur lançai les traits de la satire ;
Pour mon bonheur l'amour m'inspirait mieux.
Ciel vaste et pur, daigne encor me sourire ;
Echos des bois, répétez mes adieux.

Que dans l'espoir d'humilier ma vie,
Bellart (2) s'amuse à mesurer mes fers;
Même aux regards de la France asservie
Un noir cachot peut illustrer mes vers.
A ses barreaux je suspendrai ma lyre,
La Renommée y jettera les yeux.
Ciel vaste et pur, daigne encor me sourire ;
Echos des bois, répétez mes adieux.

Sur ma prison vienne au moins Philomèle ;
Jadis un roi causa tous ses malheurs.
Partons : j'entends le geôlier qui m'appelle ;
Adieu les champs, les eaux, les prés, les fleurs.
Mes fers sont prêts : la liberté m'inspire,
Je vais chanter son hymne glorieux.
Ciel vaste et pur, daigne encor me sourire ;
Echos des bois, répétez mes adieux.

---

(1) Cette pièce fut composée à la suite d'un procès, intenté au poëte, à cause de la vive opposition qu'il faisait au gouvernement de la restauration.

(2) Nom u procureur général qui avait poursuivi Béranger.

ALFRED DE MUSSET.

Louis-Charles-Alfred de Musset naquit à Paris, le 11 novembre 1810. Dès son enfance il manifesta un goût très-vif pour la poésie, et il était encore au collége quand il publia son premier essai *l'Anglais mangeur d'opium*. A la sortie du collége, il s'adonna tour à tour au droit, à la médecine, à la peinture, mais son premier penchant finit par l'emporter : il revint à la poésie. A dater de cette époque, de 1830 jusqu'en 1851, il publia successivement des contes, des poëmes, des odes, des romances, des romans en vers, des poésies légères et quelques comédies qui obtinrent un très-grand succès. En 1852, il fut reçu à l'Académie française, et son discours de réception est une de ses dernières œuvres. Il mourut le 1er mai 1857. — Parmi nos poëtes modernes, Alfred de Musset occupe sans contredit l'un des rangs les plus élevés. Doué de l'originalité du génie, il n'a marché sur les traces d'aucun de ses prédécesseurs, et dès son début il s'est créé un genre, un caractère propre. Sa jeunesse ardente et poétique se traduit dans ses premières œuvres par la fraîcheur, l'originalité, la grâce. Si son âme passionnée le fit tomber plus tard dans bien des erreurs, au milieu de cette mélancolie si sombre de ses secondes poésies il s'est aussi élevé parfois aux accents du lyrisme le plus pur et aux plus nobles inspirations. D'une nature délicate, Alfred de Musset sentait vivement, et il reproduisait ce qu'il avait vu ou senti avec une puissance qui a fait la beauté de ses œuvres.

L'ANTIQUITÉ PAÏENNE ET LE MOYEN AGE.

FRAGMENT.

Regrettez-vous le temps où le ciel sur la terre
Marchait et respirait dans un peuple de dieux ?
Où Vénus Astarté, fille de l'onde amère,
Secouait, vierge encor, les larmes de sa mère,
Et fécondait le monde en tordant ses cheveux ?......
Où, du Nord au Midi, sur la création
Hercule promenait l'éternelle justice
Sous son manteau sanglant, taillé dans un lion ?
Où les Sylvains moqueurs, dans l'écorce des chênes,
Avec les rameaux verts se balançaient au vent,
Et sifflaient dans l'écho la chanson du passant ?

Où tout était divin, jusqu'aux douleurs humaines,
Où le monde adorait ce qu'il tue aujourd'hui ;
Où quatre mille dieux n'avaient pas un athée ;
Où tout était heureux, excepté Prométhée,
Frère aîné de Satan, qui tomba comme lui ?
— Et quand tout fut changé, le ciel, la terre et l'homme,
Quand le berceau du monde en devint le cercueil,
Quand l'ouragan du Nord sur les débris de Rome
De sa sombre avalanche étendit le linceul ? —
Regrettez-vous le temps où d'un siècle barbare
Naquit un siècle d'or, plus fertile et plus beau ?
Où le vieil univers fendit avec Lazare
De son front rajeuni la pierre du tombeau ?
Regrettez-vous le temps où nos vieilles romances
Ouvraient leurs ailes d'or vers leur monde enchanté ?
Où tous nos monuments et toutes nos croyances
Portaient le manteau blanc de leur virginité ?
Où, sous la main du Christ, tout venait de renaître ?
Où le palais du prince, et la maison du prêtre,
Portant la même croix sur leur front radieux,
Sortaient de la montagne en regardant les cieux ?
Où Cologne et Strasbourg, Notre-Dame et Saint-Pierre,
S'agenouillant au loin dans leurs robes de pierre,
Sur l'orgue universel des peuples prosternés
Entonnaient l'hosanna des siècles nouveau-nés ?
Les temps où se faisait tout ce qu'a dit l'histoire ;
Où sur les saints autels les crucifix d'ivoire
Ouvraient des bras sans tache et blancs comme le lait ;
Où la vie était jeune, — où la mort espérait ?

LE PÉLICAN.

Lorsque le pélican, lassé d'un long voyage,
Dans les brouillards du soir retourne à ses roseaux,
Ses petits affamés courent sur le rivage
En le voyant au loin s'abattre sur les eaux.
Déjà, croyant saisir et partager leur proie,
Ils courent à leur père avec des cris de joie
En secouant leurs becs sur leurs goîtres hideux.
Lui, gagnant à pas lents une roche élevée,

De son aile pendante abritant sa couvée,
Pêcheur mélancolique, il regarde les cieux.
Le sang coule à longs flots de sa poitrine ouverte;
En vain il a des mers fouillé la profondeur :
L'Océan était vide et la plage déserte ;
Pour toute nourriture il apporte son cœur.
Sombre et silencieux, étendu sur la pierre,
Dans son amour sublime il berce sa douleur ;
Et, regardant couler sa sanglante mamelle,
Sur son festin de mort il s'affaisse et chancelle,
Ivre de volupté, de tendresse et d'horreur.
Mais parfois, au milieu du divin sacrifice,
Fatigué de mourir dans un trop long supplice,
Il craint que ses enfants ne le laissent vivant;
Alors il se soulève, ouvre son aile au vent,
Et, se frappant le cœur avec un cri sauvage,
Il pousse dans la nuit un si funèbre adieu,
Que les oiseaux des mers désertent le rivage,
Et que le voyageur attardé sur la plage,
Sentant passer la mort, se recommande à Dieu.

PALE ÉTOILE DU SOIR.

Pâle étoile du soir, messagère lointaine,
Dont le front sort brillant des voiles du couchant,
De ton palais d'azur, au sein du firmament,
    Que regardes-tu dans la plaine ?
La tempête s'éloigne, et les vents sont calmés.
La forêt, qui frémit pleure sur la bruyère;
Le phalène doré en sa course légère
    Traverse les prés embaumés.
Que cherches-tu sur la terre endormie ?
Mais déjà vers les monts je te vois t'abaisser,
Tu fuis en souriant, mélancolique amie,
Et ton tremblant regard est près de s'effacer.

Étoile qui descends sur la verte colline,
Triste larme d'argent du manteau de la nuit,
Toi qui regarde au loin le pâtre qui chemine,
    Tandis que pas à pas son long troupeau le suit,

Etoile, où t'en vas-tu dans cette nuit immense?
Cherches-tu sur la rive un lit dans les roseaux ?
Ou t'en vas-tu, si belle, à l'heure du silence,
Tomber comme une perle au sein profond des eaux?
Ah! si tu dois mourir, bel astre, et si ta tête
Va dans la vaste mer plonger ses blonds cheveux,
Avant de nous quitter, un seul instant arrête;
Etoile de l'amour, ne descends pas des cieux !

BRIZEUX.

Né à Lorient, le 12 septembre 1806, Brizeux mourut à Montpellier en 1858. Ses poésies ont été en général inspirées par les souvenirs et les paysages de la Bretagne, son pays natal. Il publia en 1836 le poëme intitulé *Marie*, qui restera son principal titre; en 1841, des chants mystiques, *les Ternaires* ou *Fleurs d'or;* en 1846, *les Bretons*.

L'ÉLÉGIE DE LA BRETAGNE.

Silencieux men-hirs, fantômes de la lande,
Avec crainte et respect dans l'ombre je vous vois !
Sur nous descend la nuit, la solitude est grande ;
Parlons, ô noirs granits, des choses d'autrefois.

Quels bras vous ont dressés à l'occident des Gaules ?
Géants, n'êtes-vous pas fils des anciens géants ?

---

(1) Quelques explications sont nécessaires pour certains mots qui figurent dans cette pièce. Nous les réunissons toutes dans une note. — *Men-hirs*; monuments gaulois. Ce sont des pierres brutes et gigantesques dressées sur le sol séparément ou rangées de manière à former des avenues. — *Arvor*, ancien nom d'une partie de la Bretagne armoricaine, c'est-à-dire de l'ancienne province française de Bretagne. — *Brenn*, nom des chefs de tribus chez les Gaulois. — *Cotte de mailles*, armure défensive du moyen âge formée d'anneaux de fer enlacés. — *La bonne duchesse*, Claude de France, fille de Louis XII, qui succéda dans le titre de duchesse de Bretagne à la reine Anne, femme de ce prince, et qui épousa le duc d'Angoulême, lequel régna sous le nom de François 1er.

Une mousse blanchâtre entoure vos épaules,
Pareille à des cheveux nés depuis des mille ans.

Immobiles rêveurs, sur vos landes arides
Vous avez vu passer tous les hommes d'Arvor :
Dans leur robe de lin les austères druides,
Les *brenn* étincelants avec leurs colliers d'or ;

Puis les rois et les ducs sous leurs cottes de mailles,
Les ermites cachés à l'ombre des taillis,
Tous les saints de Léon, tous les saints de Cornouailles,
Et du pays de Vanne et des autres pays.

De l'orgueilleux César à la Bonne Duchesse,
Sur les envahisseurs vous avez vu courir
Ceux dont la liberté fut la seule richesse,
Et qui, brisant leur jong, criaient : *Plutôt mourir* ...

Jours anciens, jours sacrés ! Alors, puissantes gardes,
S'élevaient de grands bois autour des grands châteaux ;
Les salles résonnaient aux voix mâles des bardes,
Et la voûte des bois au concert des oiseaux.

Les châteaux sont détruits et nue est la campagne,
Des chanteurs sans abri les accords ont cessé,
L'ardent souffle s'éteint au cœur de la Bretagne,
Et partout l'intérêt jette un souffle glacé.

Sortez d'entre les morts, hommes des anciens âges !
Mettez en nous la force et les simples penchants !
Ah ! plutôt que vieillis, conservez-nous sauvages,
Comme aux jours où les cœurs s'animaient à vos chants !

Moi, je dévoue encore aux divines colères
Les profanations de cet âge insensé,
Avare destructeur des chênes séculaires
Et des sombres granits, ces témoins du passé ! ....

L'ÉGLISE.

La fleur de poésie éclôt sous tous nos pas,
Mais la divine fleur plus d'un ne la voit pas.
Dans cette pauvre église, à l'heure du silence
Où seule devant Dieu la lampe se balance,
Un vieillard appuyé sur la grille du chœur,
Les yeux baissés, priait du plus profond du cœur,
Et mes pas, qui troublaient les échos d'arche en arche,
Ne firent point lever les yeux du patriarche.
Puis, au bas de la nef où j'allais observant,
A genoux à côté de ses livres d'enfant,
Un petit villageois de six ans, d'un air d'ange,
Les mains jointes priait aussi.... concert étrange!
« Sous cette lampe pâle et par ce froid brouillard,
Quel sombre désespoir tient courbé ce vieillard,
Et quel beau rêve d'or et d'azur, me disais-je,
Éloigne de ses jeux l'enfant au front de neige ?
Du vieillard, de l'enfant, lequel t'a mieux touché,
Beau Christ aux bras ouverts de la voûte penché ?
Quelle fleur en parfums plus suaves s'exhale,
Seigneur, — la fleur du soir ou la fleur matinale ? »

LE PAYS.

Oh! ne quittez jamais, c'est moi qui vous le dis,
Le devant de la porte où l'on jouait jadis,
L'église, où tout enfant, et d'une voix légère,
Vous chantiez à la messe auprès de votre mère,
Et la petite école où, traînant chaque pas,
Vous alliez le matin, oh! ne la quittez pas;
Car une fois perdu parmi ces capitales,
Ces immenses Paris, aux tourmentes fatales,
Repos, fraîche gaîté, tout s'y vient engloutir,
Et vous les maudissez sans en pouvoir sortir.
Croyez qu'il sera doux de voir un jour peut-être
Vos fils étudier sous votre bon vieux maître,
Dans l'église avec vous chanter au même banc,
Et jouer à la porte où l'on jouait enfant.

SOUVENIRS D'ENFANCE.

Humble et bon vieux curé d'Arzanno, digne prêtre,
Que tel je respectais, que j'aimais comme maître,
Pour occuper tes jours, si pleins, si réguliers,
N'as-tu plus près de toi tes pauvres écoliers?
Hélas! je fus l'un d'eux; dans ma douleur présente,
J'aime à me rappeler cette vie innocente;
Leurs noms je les sais tous: Albin, Elô, Daniel,
Alan, du bourg de Scaer, Ives, de Ker-ihuel,
Tous jeunes paysans aux costumes étranges,
Portant de longs cheveux flottants comme les anges,
Oh! je pleurai d'abord longtemps et je gémis:
Pour la première fois je voyais mes amis,
Pour la première fois je quittais mes deux mères.
D'abord je répandis bien des larmes amères;
Le travail arriva, qui sut tout adoucir:
Le travail, mon effroi, bientôt fit mon plaisir.
Le premier point du jour nous éveillait: bien vite,
La figure lavée et la prière dite,
Chacun gagnait sa place, et, sur les grands paliers,
Dans les chambres, les cours, le long des escaliers,
En été dans les foins, couchés sous la verdure,
C'était tout le matin, c'était un long murmure,
Comme les blancs ramiers autour de leurs maisons,
D'écoliers à mi-voix répétant leur leçons.
Puis la messe, les jeux, et, les beaux jours de fête,
Des offices sans fin chantés à pleine tête.....
De ces jours de ferveur, oh! vous pouvez m'en croire,
L'éclat lointain réchauffe encore ma mémoire.
Le psaume retentit dans mon âme, et ma voix
Retrouve quelques mots des versets d'autrefois.
Jours aimés! jours éteints! comme un jeune lévite,
Souvent j'ai dans le chœur porté l'aube bénite,
Offert l'onde et le vin au calice, et, le soir,
Aux marches de l'autel balancé l'encensoir,
Cependant tout un peuple, à genoux sur la pierre,
Parmi les flots d'encens, les fleurs et la lumière,
Femmes, enfants, vieillards, hommes graves et mûrs,
Tous dans un même vœu, tous avec des cœurs purs,
Disaient le Dieu des fruits et des moissons nouvelles,

Qui darde ses rayons pour sécher les javelles,
Ou quelquefois permet aux fléaux souverains
De faucher les froments ou d'emporter les grains.
Les voix montaient, montaient ; moi, penché sur mon livre,
Et pareil à celui qu'un grand bonheur enivre,
Je tremblais, de longs pleurs ruisselaient de mes yeux :
Eh, comme si Dieu même eût dévoilé les cieux,
Introduit par sa main dans les saintes phalanges,
Je sentais tout mon être éclater en louanges,
Et, noyé dans des flots d'amour et de clarté,
Je m'anéantissais devant l'immensité.

Je fus poëte alors ! sur mon âme embrasée
L'imagination secoua sa rosée,
Et je reçus d'en haut le don intérieur
D'exprimer par des chants ce que j'ai dans le cœur.

Il est dans nos cantons, ô ma chère Bretagne,
Plus d'un terrain fangeux, plus d'une âpre montagne ;
Là de tristes landiers comme nés au hasard,
Où l'on voit à midi se glisser le lézard ;
Puis un silence lourd, fatigant, monotone,
Nul oiseau dont la voix vous charme et vous étonne,
Mais le grillon qui court de buisson en buisson,
Et toujours vous poursuit du bruit de sa chanson.
Dans nos cantons aussi, lointaines, isolées,
Il est de claires eaux et de fraîches vallées,
Et d'épaisses forêts, et des bosquets de buis,
Où le gibier craintif trouve de sûrs réduits.
Enfant, j'ai traversé plus d'un fleuve à la nage,
Ravi sa dure écorce à plus d'un houx sauvage,
Et sur les chênes verts, de rameaux en rameaux,
Visité dans leurs nids les petits des oiseaux....

Amour ! religion ! nature ! à mon aurore,
Ainsi vous m'appeliez de votre voix sonore ;
Et, comme un jeune faon qui court, à son réveil,
Aux lisières des bois saluer le soleil,
Brame en voyant au ciel la lumière sacrée,
Et, le reste du jour, errant sous la fourrée,
Le soir aspire encor de ses larges naseaux
Les feux qui vont mourir dans la fraîcheur des eaux,

Amour ! religion ! nature ! ainsi mon âme
Aspire les rayons de votre triple flamme,
Et, dans ce monde obscur où je m'en vais errant,
Vers vos divins soleils je me tourne en pleurant....
Oh ! lorsqu'après deux ans de poignantes douleurs,
Je revis mon pays et ses genêts en fleurs ;
Lorsque sur le chemin, un vieux pâtre celtique,
Me donna le bonjour dans son langage antique ;
Quand de troupeaux, de blés causant ainsi tous deux,
Vinrent d'autres Bretons avec leurs longs cheveux,
Oh ! comme alors, pareil au torrent qui s'écoule,
Mes songes les plus frais m'inondèrent en foule !
Je me voyais enfant, heureux comme autrefois,
Et, malgré moi, mes pleurs étouffèrent ma voix !...
Alors j'ai voulu voir les murs du presbytère
Dont jeune j'ai porté la règle salutaire,
Et, m'avançant à l'ouest par un sentier connu,
Au pays des vallons pensif je suis venu.

Déjà, non loin du bourg, j'entrais dans cette lande
Qui jette vers le soir une odeur de lavande,
Quand, d'un étroit chemin tout bordé de halliers,
Près de moi descendit un troupeau d'écoliers :
Leur maître les suivait quelques pas en arrière,
De son air souriant récitant le bréviaire.
Lui seul me reconnut ; cependant, à mon nom,
Je vis dans tous les yeux briller comme un rayon ;
Nous causâmes : au bout de cette promenade,
J'étais pour les plus grands un ancien camarade.
Mes amis d'autrefois, aujourd'hui dispersés,
Et comme moi peut-être en bien des lieux froissés,
Revenez comme moi vers cette maison sainte !
Notre jeunesse encor revit dans son enceinte.
Toujours même innocence et même piété,
Et dans l'emploi du temps même variété.
Le soir, comme autrefois, le plus jeune vicaire
Sur un auteur latin au curé fait la guerre ;
D'un vers de l'*Enéide* on discute le sens ;
César, surtout, César qui dans ses bras puissants
Etreignit l'Armorique, et, frissonnant et blême,
Dans les bras d'un Gaulois fut emporté lui-même,

Sur les crins d'un coursier traîné hors du combat,
Et ne dut son salut qu'au mépris du soldat.

Cependant la nuit tombe. Enfants et domestiques,
Quelques voisins amis des pieuses pratiques,
S'assemblent dans la salle, et leur humble oraison,
Encens du cœur, s'élève et remplit la maison ;
Et la journée ainsi, pieuse et régulière,
Comme elle a commencé, finit par la prière.

MADAME DESBORDES-VALMORE.

Née à Douai en 1787, cette dame s'est placée à un rang très-distingué parmi les femmes poëtes de la France; on lui doit des *élégies*, des *romances* qui portent l'empreinte d'un talent supérieur, quelques ouvrages charmants destinés à la jeunesse et un grand nombre de morceaux divers publiés dans les Journaux et les Revues. Une édition complète de ses œuvres a paru en 1860. Madame Valmore est morte le 23 juillet 1859, également honorée par son talent et son caractère.

L'ÉCOLIER.

Un tout petit enfant s'en allait à l'école.
On avait dit : Allez ! Il tâchait d'obéir ;
Mais son livre était lourd, il ne pouvait courir.
Il pleure, et suit des yeux une abeille qui vole.

« Abeille, lui dit-il, voulez-vous me parler ?
Moi, je vais à l'école, il faut apprendre à lire ;
Mais le maître est tout noir, et je n'ose pas rire :
Voulez-vous rire, abeille, et m'apprendre à voler ?

— Non, dit-elle, j'arrive et je suis très-pressée.
J'avais froid, l'aquilon m'a longtemps oppressée:
Enfin j'ai vu les fleurs, je redescends du ciel,
Et je vais commencer mon doux rayon de miel.
Voyez, j'en ai déjà puisé dans quatre roses ;

Vite, vite, à la ruche ! on ne rit pas toujours :
C'est pour faire le miel qu'on nous rend les beaux jours. »

Elle fuit et se perd sur la route embaumée.
Le frais lilas sortait d'un vieux mur entr'ouvert ;
Il saluait l'aurore, et l'aurore charmée
Se montrait sans nuage et riait de l'hiver.

Une hirondelle passe ; elle effleure la joue
Du petit nonchalant qui s'attriste et qui joue ;
Et, dans l'air suspendue, en redoublant sa voix,
Fait tressaillir l'écho qui dort au fond des bois.

« Oh ! bonjour, dit l'enfant, qui se souvenait d'elle,
Je t'ai vue à l'automne. Oh ! bonjour, hirondelle,
Viens, tu portais bonheur à ma maison, et moi
Je voudrais du bonheur. Veux-tu m'en donner, toi ?
Jouons. — Je le voudrais répond la voyageuse,
Car je respire à peine et je me sens joyeuse.
Mai j'ai beaucoup d'amis qui doutent du printemps ;
Ils rêveraient ma mort si je tardais longtemps.
Non, je ne puis jouer. Pour finir leur souffrance,
J'emporte un brin de mousse en signe d'espérance.
Nous allons relever nos palais dégarnis :
L'herbe croît, c'est l'instant des amours et des nids.
J'ai tout vu. Maintenant, fidèle messagère,
Je vais chercher mes sœurs là-bas sur le chemin.
Ainsi que nous, enfant, la vie est passagère,
Il en faut profiter. Je me sauve…. A demain. »

L'enfant reste muet, et, la tête baissée,
Rêve et compte ses pas pour tromper son ennui,
Quand le livre importun, dont sa main est lassée,
Rompt ses fragiles nœuds et tombe auprès de lui.
Un dogue l'observait du seuil de sa demeure.
Stentor, gardien sévère et prudent à la fois,
De peur de l'effrayer retient sa grosse voix.
Hélas ! peut-on crier contre un enfant qui pleure ?

« Bon dogue, voulez-vous que je m'approche un peu ?
Dit l'écolier plaintif. Je n'aime pas mon livre ;
Voyez, ma main est rouge, il en est cause. Au jeu

Rien ne fatigue, on rit, et moi je voudrais vivre
Sans aller à l'école, où l'on tremble toujours.
Je m'en plains tous les soirs, et j'y vais tous les jours ;
J'en suis très-mécontent. Je n'aime aucune affaire.
Le sort des chiens me plaît, car ils n'ont rien à faire,

— Ecolier, voyez-vous ce laboureur aux champs ?
Eh bien, ce laboureur, dit Stentor, c'est mon maître.
Il est très-vigilant ; je le suis plus peut-être.
Il dort la nuit, et moi j'écarte les méchants.
J'éveille aussi ce bœuf qui d'un pied lent mais ferme
Va creuser les sillons quand je garde la ferme.
Pour vous même on travaille ; et, grâce à vos brebis,
Votre mère en chantant vous file des habits.
Par le travail tout plaît, tout s'unit, tout s'arrange.
Allez donc à l'école, allez, mon petit ange ;
Les chiens ne lisent pas, mais la chaîne est pour eux :
L'ignorance toujours mène à la servitude.
L'homme est fin, l'homme est sage, il nous défend l'étude.
Enfants, vous serez homme, et vous serez heureux ;
Les chiens vous serviront. » L'enfant l'écouta dire,
Et même il le baisa. Son livre était moins lourd.
Et, quittant le bon dogue, il pense, il marche, il court.
L'espoir d'être homme un jour lui ramène un sourire.

A l'école un peu tard il arrive gaîment,
Et, dans le mois des fruits, il lisait couramment.

ALFRED DE VIGNY.

Une sensibilité profonde, un sentiment triste et résigné des souffrances de la vie, une aspiration mélancolique vers l'infini et une irréprochable perfection dans la forme, telles sont les qualités qui distinguent Alfred de Vigny et qui ont marqué sa place parmi les poëtes les plus éminents de notre temps. De Vigny débuta dans la *Littérature* en 1815 ; il n'était alors âgé que de dix-sept ans. En 1822, il fit paraître divers poëmes tels qu'*Héléna, la Somnambule, la Fille de Jephté* ; il donna ensuite *le Déluge, Moïse, Eloa*, qui établirent définitivement sa réputation ; ses œuvres théâtrales sont : *Othello*, traduit de Shakespeare, *le Maréchal d'Ancre, Chatterton.*

On lui doit en outre *Stella* et *Cinq-Mars*, romans; *Grandeur et servitude militaire*, ouvrage philosophique où se trouve tracé un tableau très-brillant de la carrière des armes. A partir de 1835, de Vigny ne fit plus rien paraître, mais il n'en continua pas moins de travailler avec le soin qu'il apportait à toutes choses, et les poésies des dernières années de sa vie ont été publiées en 1864 sous le titre de *Poëmes philosophiques*. Né à Paris le 27 mars 1799, de Vigny mourut dans cette ville le 17 septembre 1863. Il avait été reçu à l'Académie française en 1845.

MOÏSE.

Le soleil prolongeait sur la cime des tentes
Ces obliques rayons, ces flammes éclatantes,
Ces larges traces d'or qu'il laisse dans les airs,
Lorsqu'en un lit de sable il se couche aux déserts.
La pourpre et l'or semblaient revêtir la campagne.
Du stérile Nébo gravissant la montagne,
Moïse, homme de Dieu, s'arrête, et, sans orgueil,
Sur le vaste horizon promène un long coup d'œil.
Il voit d'abord Phasga, que des figuiers entourent ;
Puis, au delà des monts que ses regards parcourent,
S'étend tout Galaad, Éphraïm, Manassé,
Dont le pays fertile à sa droite est placé ;
Vers le midi, Juda, grand et stérile, étale
Ses sables où s'endort la mer occidentale ;
Plus loin, dans un vallon que le soir a pâli,
Couronné d'oliviers, se montre Nephtali ;
Pourquoi vous fallut-il tarir mes espérances,
Ne pas me laisser homme avec mes ignorances,
Puisque du mont Horeb jusques au mont Nébo
Je n'ai pas pu trouver le lieu de mon tombeau ?
Hélas ! vous m'avez fait sage parmi les sages !
Mon doigt du peuple errant a guidé les passages.
J'ai fait pleuvoir le feu sur la tête des rois ;
L'avenir à genoux adorera mes lois ;
Des tombes des humains j'ouvre la plus antique ;
La mort trouve à ma voix une voix prophétique ;
Je suis très-grand, mes pieds sont sur les nations,
Ma main fait et défait les générations.
Hélas ! je suis, Seigneur, puissant et solitaire,
Laissez-moi m'endormir du sommeil de la terre !

Hélas ! je sais aussi tous les secrets des cieux,
Et vous m'avez prêté la force de vos yeux.
Je commande à la nuit de déchirer ses voiles ;
Ma bouche par leur nom a compté les étoiles,
Et dès qu'au firmament mon geste l'appela,
Chacune s'est hâtée en disant : Me voilà !
J'impose mes deux mains sur le front des nuages
Pour tarir dans leurs flancs la source des orages ;
J'engloutis les cités sous les sables mouvants ;
Je renverse les monts sous les ailes des vents ;
Mon pied infatigable est plus fort que l'espace ;
Le fleuve aux grandes eaux se range quand je passe,
Et la voix de la mer se tait devant ma voix.
Lorsque mon peuple souffre ou qu'il lui faut des lois,
J'élève mes regards, votre esprit me visite ;
La terre alors chancelle et le soleil hésite,
Vos anges sont jaloux et m'admirent entre eux.
Et cependant, Seigneur, je ne suis pas heureux ;
Vous m'avez fait vieillir puissant et solitaire,
Laissez-moi m'endormir du sommeil de la terre !

Sitôt que votre souffle a rempli le berger,
Les hommes se sont dit : Il nous est étranger.
Et leurs yeux se baissaient devant mes yeux de flamme,
Car ils venaient, hélas ! d'y voir plus que mon âme.
J'ai vu l'amour s'éteindre et l'amitié tarir ;
Les vierges se voilaient et craignaient de mourir.

Dans des plaines de fleurs magnifiques et calmes
Jéricho s'aperçoit, c'est la ville des palmes ;
Et, prolongeant ses bois, des plaines de Phagor
Le lentisque touffu s'étend jusqu'à Ségor.
Il voit tout Chanaan et la Terre promise,
Où sa tombe, il le sait, ne sera point admise.
Il voit, sur les Hébreux étend sa grande main.
Puis vers le haut du mont il reprend son chemin.

Or, des champs de Moab couvrant la vaste enceinte,
Pressés au large pied de la montagne sainte,
Les enfants d'Israël s'agitaient au vallon
Comme les blés épais qu'agite l'aquilon.
Dès l'heure où la rosée humecte l'or des sables,

Et balance sa perle au sommet des érables,
Prophète centenaire, environné d'honneur,
Moïse était parti pour trouver le Seigneur.
On le suivait des yeux aux flammes de sa tête.
Et, lorsque du grand mont il atteignit le faîte,
Lorsque son front perça le nuage de Dieu
Qui couronnait d'éclairs la cime du haut lieu,
L'encens brûla partout sur les autels de pierre,
Et six cent mille Hébreux, courbés dans la poussière,
A l'ombre du parfum par le soleil doré,
Chantèrent d'une voix le cantique sacré ;
Et les fils de Lévi, s'élevant sur la foule,
Tel qu'un bois de cyprès sur le sable qui roule,
Du peuple avec la harpe accompagnant les voix,
Dirigeaient vers le ciel l'hymne du Roi des rois.

Et, debout devant Dieu, Moïse ayant pris place,
Dans le nuage obscur lui parlait face à face.
Il disait au Seigneur : Ne finirai-je pas ?
Où voulez-vous encor que je porte mes pas ?
Je vivrai donc toujours puissant et solitaire ?
Laissez-moi m'endormir du sommeil de la terre !
Que vous ai-je donc fait pour être votre élu ?
J'ai conduit votre peuple où vous avez voulu.
Voilà que son pied touche à la terre promise ;
De vous à lui qu'un autre accepte l'entremise,
Au coursier d'Israël qu'il attache le frein,
Je lui lègue mon livre et la verge d'airain.

. . . .
Ma main laisse l'effroi sur la main qu'elle touche,
L'orage est dans ma voix, l'éclair est sur ma bouche.
Aussi, loin de m'aimer, voilà qu'ils tremblent tous,
Et quand j'ouvre les bras, on tombe à mes genoux.
O Seigneur ! j'ai vécu puissant et solitaire,
Laissez-moi m'endormir du sommeil de la terre !

Or le peuple attendait, et, craignant son courroux,
Priait sans regarder le mont du Dieu jaloux ;
Car s'il levait les yeux, les flancs noirs du nuage
Roulaient et redoublaient les foudres de l'orage
Et le feu des éclairs, aveuglant les regards,

Enchaînait tous les fronts courbés de toutes parts
Bientôt le haut du mont reparut sans Moïse.
Il fut pleuré. Marchant vers la Terre promise,
Josué s'avançait pensif et pâlissant,
Car il était déjà l'élu du Tout-Puissant.

FIN DU DEUXIÈME ET DERNIER VOLUME.

TABLE DES MATIÈRES.

	Pages.
SAINT-AVIT..	1
Le Paradis terrestre...............................	1
ABBON LE COURBE.......................................	2
Le siège de Paris par les Normands	3
ERMOLD LE NOIR...	6
Fondation du monastère de Conques..............	6
Un Duel judiciaire..................................	8
LA CHANSON DE ROLAND................................	10
Le Débat de Ganélon et du duc Naisme..........	11
Les Adieux de Roland à son épée.................	13
Mort de Roland.....................................	16
LE ROMAN DE RAOUL DE CAMBRAI.....................	17
Incendie de l'abbaye d'Origny.....................	17
BERTRAND DE BORN......................................	22
Sirvente...	23
GUILLAUME DE LORRIS..................................	25
L'Oisiveté..	26
MARIE DE FRANCE.......................................	27
D'un Gresillon et d'un Fromi.....................	27
La Mors et le Bosquillon..........................	28
EUSTACHE DESCHAMPS..................................	28
Ballade..	29
CHARLES D'ORLÉANS....................................	30
Rondeau..	31
Le Renouveau.......................................	31
VILLON...	32
Ballade..	32

	Pages.
Le Gibet de Montfaucon	33
Les Dames du temps jadis	34
MARTIAL DE PARIS	35
Moralité	35
CLÉMENT MAROT	36
Epître au Roy	36
Epître à son ami Lyon	38
MELLIN DE SAINT-GELAIS	40
Epigramme	40
JOACHIM DU BELLAY	41
Du Bellay à son village de Lyré	41
Villanelle du Vanneur de blé s'adressant aux vents	42
PIERRE DE RONSARD	42
A un Aubespin	43
L'Alouette	44
Contre les bûcherons de la forêt de Castine	45
OLIVIER BASSELIN	47
A son nez — Vau-de-vire	48
CHARLES IX	48
A Ronsard	48
MATHURIN RÉGNIER	49
Fragment de la satire à Rapin	49
Les quatre âges de l'homme	50
FRANÇOIS MALHERBE	51
Epitaphe de la femme de Puget	52
Vers à Henri IV sur le rétablissement de l'ordre et de la paix	52
Stances — Consolation à Du Perrier	54
SCARRON	55
Sonnet	56
Epitaphe de Scarron composée par lui-même	56
RACAN	56
Le Bonheur de la vie champêtre	57
MOLIÈRE	58
Fragment du Misanthrope	59
Fragments des Femmes savantes	67
L'homme content de lui-même	76

	Pages.
CORNEILLE	76
Fragments de Polyeucte	79
Combat de Rodrigue contre les Maures (fragment du *Cid*).	86
Imprécations de Camille	88
L'Amour de Dieu	89
MADAME DESHOULIÈRES	91
A ses Enfants	91
Le Bon vieux temps	93
La Difficulté	93
LA FONTAINE	94
Le Meunier, son Fils et l'Ane	95
L'Alouette et ses petits, avec le maître d'un champ	98
Le Chêne et le Roseau	99
La Laitière et le Pot au lait	100
Elégie aux Nymphes de Vaux	101
Le Sage	103
JEAN RACINE	104
Fragments d'*Iphigénie*	105
Mithridate à ses fils	108
Le songe d'Athalie	111
Vaines occupations des gens du siècle, ou le Pain de vie..	112
Chant du matin	114
REGNARD	115
Fragment du *Joueur*	115
BOILEAU-DESPRÉAUX	120
Les Embarras de Paris	121
La Chicane	124
Du Vrai	125
L'Art d'écrire	126
La Campagne de Boileau	127
CHAULIEU	128
Fontenay	129
JEAN-BAPTISTE ROUSSEAU	131
Ode	132
L'Aveuglement des hommes	134
A Philomèle	135
LOUIS RACINE	136
Dieu manifesté par la création	137
L'Homme	138

TABLE DES MATIÈRES.

Pages.

Les Insectes.. 140
Les Oiseaux.. 141

MALFILÂTRE.. 142
    Le soleil fixe au milieu des planètes................. 142
    Fragment imité de Virgile............................. 145

GRESSET.. 145
    L'Image de la vie..................................... 145
    La Mansarde de Gresset................................ 146

VOLTAIRE... 147
    Fragment de Zaïre..................................... 147
    Existence de Dieu..................................... 149
    Essence et majesté de Dieu............................ 149
    Philosophie de Newton................................. 150
    La Conscience... 151
    Immortalité de l'âme.................................. 153
    La Bataille d'Ivry.................................... 153
    A madame de Boufflers................................. 157

GILBERT.. 158
    Le Jugement dernier................................... 158
    Derniers moments d'un jeune poëte..................... 160

LE FRANC DE POMPIGNAN.................................. 162
    La Résurrection....................................... 162
    La Mort de J. B. Rousseau............................. 163

RULHIÈRE... 165
    Les Disputes.. 165

FLORIAN.. 166
    L'Aveugle et le Paralytique........................... 166
    Le Lapin et la Sarcelle............................... 168
    Le Voyage... 170

ANDRÉ CHÉNIER.. 171
    L'Aveugle... 171
    Versailles.. 176
    La France... 178
    Iambes.. 179
    Les Adieux à la vie................................... 180

ROUCHER.. 181
    La Pluie du printemps................................. 181
    Les Glaciers des Alpes................................ 182

TABLE DES MATIÈRES.

Pages.

SÉDAINE... 183
    Épître à mon habit....................................... 183
SAINT-LAMBERT... 185
    L'Orage... 186
COLLIN-D'HARLEVILLE... 187
    Les Châteaux en Espagne............................... 187
LEBRUN... 189
    Ode à Buffon sur ses détracteurs...................... 189
MARIE-JOSEPH CHÉNIER...................................... 191
    La Promenade... 192
ESMÉNARD... 194
    La Prière du soir à bord d'un navire.................. 194
DELILLE... 195
    Les Catacombes de Rome............................... 196
    Les Ruines... 199
    Le Bonheur des champs................................. 200
    Les Fourmis... 202
    Les Abeilles... 203
    Le Café... 204
    Le Coin du feu.. 205
DUCIS.. 206
    Fragment d'Œdipe chez Admète....................... 207
    La Grande Chartreuse................................... 209
    Stances... 210
MILLEVOYE... 212
    Fragment d'une élégie................................... 212
    La Chute des feuilles.................................... 213
    La Fleur.. 214
CHÊNEDOLLÉ.. 215
    Le Voyageur égaré dans les neiges du Saint-Bernard...... 215
ANDRIEUX.. 216
    Le Meunier de Sans-Souci.............................. 217
    Le Rat de ville et le Rat des champs................. 219
ARNAULT.. 220
    La Châtaigne.. 220
    La Feuille.. 221

	Pages.
RAYNOUARD	221
Supplice des Templiers	222
HÉGÉSIPPE MOREAU	224
La Voulzie	224
La Fermière	225
BERCHOUX	227
La Mort de Vatel	227
LEMERCIER	228
La Fourmi et la Mort	229
Apparition de l'ombre de Bayard au pied d'un chêne devant le connétable de Bourbon	232
CASIMIR DELAVIGNE	234
Les Vêpres siciliennes	234
L'Égoïsme du vieux garçon	236
La Mort de Jeanne d'Arc	237
Trois jours de Christophe Colomb	238
Au vallon d'Argental	240
Adieu à la Madeleine	241
SOUMET	242
La Pauvre fille	242
GUIRAUD	244
Le Petit Savoyard	244
JEAN-PIERRE DE BÉRANGER	249
Les Étoiles qui filent	250
Les Hirondelles	251
Le Cinq mai	252
Adieu à la campagne	254
ALFRED DE MUSSET	255
Fragment, l'Antiquité païenne et le moyen âge	255
Le Pélican	256
Pâle étoile du soir	257
BRIZEUX	258
L'Élégie de la Bretagne	258
L'Église	260

	Pages.
Le Pays	260
Souvenirs d'enfance	261
MADAME DESBORDES-VALMOR	264
L'Écolier	264
ALFRED DE VIGNY	266
Moïse	267

FIN DE LA TABLE.

Imprimerie de Paul Dupont, rue Grenelle Saint-Honoré, 45.

EN VENTE A LA MÊME LIBRAIRIE.

BIBLIOTHÈQUE DES CAMPAGNES

Les Victoires de l'Empire, campagnes d'Italie,— d'Égypte, — d'Autriche, — de Prusse, — de Russie, — de France, — Crimée, etc., par M. E. LOUDUN. — 1 beau volume in-18, recommandé pour les lectures courantes dans les écoles primaires. Prix, broché ou cartonné, 1 fr. 50 c.

Dictionnaire usuel d'Histoire et de Géographie, publié par M. Ch. LOUANDRE. — 1 fort volume in-18 de 500 pages sur deux colonnes. Prix, *franco*, broché ou cartonné. 4 fr.

Dictionnaire usuel des Sciences, publié par M. Ch. LOUANDRE. — 1 fort volume in-18 sur deux colonnes. 4 fr.

Souvenirs du premier Empire, publiés par M. KERNOYSAN. — 1 volume in-18. Prix *franco*, broché ou cartonné. . . . . 1 fr. 50 c.

Entretiens sur l'hygiène, à l'usage des campagnes, par M. le Docteur DESCIEUX. — 1 beau volume in-18. Prix, *franco*, broché ou cartonné. . . . . 1 fr. 25 c.

Les Pères de l'Église. Choix de lectures morales, approuvé par S. E. Mgr. le Cardinal-Archevêque de Paris, précédé d'une introduction et accompagné de notes, par M. E. LOUDUN. Prix, *franco*, broché ou cartonné 1 fr. 50 c.

L'Industrie moderne. Récits familiers, précédés d'une étude sur les expositions industrielles, par Louis FORTOUL. — 2 beaux volumes in-18 jésus, avec vignettes. Prix, broché ou cartonné . . . . 3 fr.

Cours d'Agriculture pratique, par une Société de cultivateurs, publié sous la direction de M. YSABEAU, agronome, rédacteur de la partie agricole du *Journal des Instituteurs*. — 4 volumes in-18 jésus, accompagnés de nombreuses figures dans le texte, Prix, *franco*, . . 6 fr.

La Botanique au village, par M. S. Henry BERTHOUD. — 1 volume in-18. Prix, broché ou cartonné.. 1 fr. 50 c.

Il sera publié incessamment dans la même collection une série d'ouvrages pratiques sur les **Sciences usuelles** et la **Technologie.**

Paris. — Imp. de Paul Dupont, rue de Grenelle-Saint-Honoré, 45.

www.ingramcontent.com/pod-product-compliance
Lightning Source LLC
Chambersburg PA
CBHW050646170426
43200CB00008B/1179